# 現代教育法

Contemporary Educational Law

植野妙実子
Mamiko Ueno

宮盛邦友
Kunitomo Miyamori

[編著]

日本評論社

# はじめに

　教育法をめぐる環境がこのところすっかり変わってきているように思う。そうした危機感から本書の発刊を考えた。教育法とは、教育基本権を保障するための法の総体とその体系を指す。教育基本権とは教育に関する基本的人権である。人間が人間として生きていく基礎となる人権である。教育法は比較的新しい法の分野であるが、様々な学問領域とも関係している。教育法は時代とともに生成発展していくと考えられていた（有倉遼吉「日本教育法学会年報の発刊にあたって」日本教育法学会年報1号（1972年）参照）。しかしながら最近では、課題は山積しており、解決の糸口が見つからないように思えることもしばしばある。あるいは課題からむしろ意図的に目をそらさせようという動きさえある。そこで課題を洗い直し、本来の教育法として原理・原則をふまえ、体系的にどのような方向性をもつべきか考えたいと思った。

　編者のもう一人である宮盛邦友学習院大学准教授は、中央大学元教授の堀尾輝久先生のお弟子さんであり、当時私のゼミにも出入りしていて、私も相談を受けたらアドバイスをしたというような関係にあった。同じような危機感を持ち、一緒に本を出そうという話になった。教育法が教育学と憲法との総合的な学問であることから、それぞれの方向からどのようにとらえることができるか明らかにしたいと二人で考えた。私たちが危機感を持つのは次のような事柄である。

　第一に、教育基本法の抜本的改正がある。明治憲法下においては、神権的天皇支配の手段として教育勅語（1890年発布）による教育が行われた。教育勅語は天皇の詔であり、勅令であった。これにより、教科教育のみならず、学校儀式などを通じて臣民としての忠君愛国教育が行われていた。これに対し、日本国憲法の成立（1946年11月3日公布・47年5月3日施行）にともない、教育法規の法定主義が採用され、憲法の基本原理である平和主義と民主主義、個人の尊重を基礎に据えた教育法の基本原理を確認する教育基本法が成立した（1947年3月31日公布・施行）。成立当時、教育憲法的意味を有す

るといわれたものである（中村睦男「教育基本法解説」永井憲一編『基本法コンメンタール教育関係法』別冊法学セミナー115号（1992年）10-13頁）。しかしながら2006年12月15日、安倍政権は教育基本法の抜本的な改正（改悪）を成立させた。これにより、前文に「日本国憲法の精神にのっとり」という言葉は残ったものの、政府がその時々に必要と考える教育振興基本計画に沿った教育行政が行われることとなった。これによって、子ども主体の教育から政府の考える「あるべき社会」にふさわしい子どもの教育に移ってきたといえる。ところで法定主義は民主主義の成熟を前提としている。この民主主義の成熟にも教育は深く関わっている。

　第二に、教育の分野における新自由主義の席巻がある。新自由主義とは、国家による福祉・公共サービスの縮小、規制緩和、市場の自由競争による経済の効率化と発展の実現を意味する言葉である。2000年代後半になって教育の場における新自由主義の浸透の危険性が明らかにされてきた。何よりも公教育の「公」の意味を失わせるものである。人は平等に教育を受ける権利を持っている。しかし新自由主義によって競争の激化や格差の拡大が肯定されるようになってきた。競争から取り残されるのは自己責任と考えられている。教育の場における新自由主義の浸透を食い止めないかぎり、教育基本権の充実はない。

　第三に、子どもの置かれている過酷な状況がある。子どもの7人に1人が貧困、中高生の20人に1人がヤングケアラーである。小学校で1.0%、中学校で4.1%と不登校も少なからずいる。「ひやかし、からかい、悪口」や「パソコンや携帯電話で誹謗中傷される」などのいじめも多い。15-39歳人口の引きこもりの推計数は54.1万人とされているが、若い時に何らかの原因で引きこもるとそのまま引きこもりになるといわれている。他方で家庭内暴力や虐待も見られる。子どもが自由にのびのびと生きることのできる環境づくりが必要である。将来に社会を支えるべき子どもが、夢を描けない社会になっているのではないか、と思われる。

　第四に、教師の置かれている劣悪な労働状況がある。教科書の検定制度、教科書使用義務や細かな学習指導要領による締めつけを通して、教師の教育の自由はますますなくなっている。さらに日の丸掲揚や君が代斉唱への強制

の度合いがまして、教師の内心の自由、思想および良心の自由は侵害されている。自由で闊達な学校現場の姿はなく、教師の「やる気」が削がれている。教師はさらに教育公務員として（実際に公務員でなくとも）労働者性が否定されていて、労働基本権が認められていない。ここでも部活の民営化など新自由主義的な考えが登場している。教師の専門性の軽視がみられ、魅力ある職業ではなくなっている。

　こうした教育をめぐる課題をとらえ、解決へ方向づけるには、一つは、教育法が総合的な分野であることから関連する領域からのアプローチや提言が不可欠であることと、もう一つは教育法でこれまでに論じられてきたことをもう一度基本に返って捉え直すことが必要だと考えた。

　私自身は大学院生時代に、指導教授であった清水睦先生や中央大学で教育法を担当されていた永井憲一先生に誘われて（というか拐かされてといった方が正しいが）、日本教育法学会の事務局員として働かされた。任期のない辛い仕事であったが大学院生には断れない。当時は教育法についての議論が盛んで、しかし私自身は事務方であったので、議論の詳細をきちんと把握していなかったところもあった。その後漸く事務方を離れることができ、それと同時に憲法とフランス公法を専門とする者として、しばらく教育法とは「ご無沙汰」となったが、実はこの間にはフランス行政法研究会で兼子仁先生にお世話になっている。2000年ごろに堀尾輝久先生から改めて日本教育法学会で活動することを誘われて、中央大学での学会の開催などをお引き受けするなどをした。いわば古巣に戻るという形になった。しかし、私自身は教育法に関する体系的な本を手がけていない。学会発表は引き受けても断片的な報告をしたような感じになってしまっていた。こうしたことを反省し、もう一度教育法をきちんと基本から勉強したいと思っていた。本書の発刊はこうした機会となるものでもあった。

　このようなことから本書の編集に携われたことを大変嬉しく思い、また先人であった先生方に心から感謝を申し上げたい。本書の発刊を快く引き受けてくださった日本評論社社長の串崎浩氏、編集を担当してくださった武田彩氏にもお礼を申し述べたい。

編者代表　中央大学名誉教授　**植野妙実子**

iv

# 目　次

はじめに　i


## 第一部　教育法学の理論研究

第1章　憲法からみた教育法 ………………………………… 植野　妙実子　3
　　Ⅰ　はじめに
　　Ⅱ　憲法26条
　　Ⅲ　教育権の所在
　　Ⅳ　教育権の性格と内容
　　Ⅴ　公教育
　　Ⅵ　まとめにかえて

第2章　教育学からみた教育法 ……………………………… 宮盛　邦友　18
　　Ⅰ　はじめに
　　Ⅱ　教育法学の中核としての教育条理論
　　Ⅲ　日本国憲法・教育基本法・子どもの権利条約法制
　　　　1　教育の目的と人間像
　　　　2　教育行政と国家像
　　Ⅳ　国民の教育権論の諸相
　　Ⅴ　おわりに


## 第二部　教育法学の実践研究

第3章　憲法にとっての教育判例研究 ………………………… 寺川　史朗　35
　　Ⅰ　教育を受ける権利
　　　　1　教育を明記する憲法条文と教育判例への影響
　　　　2　教育を受ける権利
　　　　3　教育内容決定権をめぐって
　　　　4　旭川学力テスト事件最高裁判決
　　　　5　教師の教育の自由をめぐって

Ⅱ　教育をめぐる裁判例
　　1　国による教育内容・方法への介入
　　2　国・地方公共団体・学校と教師との関係
　　3　学校・教師と生徒との関係

第4章　教育学からみた教育裁判研究
　　——教育紛争の有り様をふまえて ……………………… 黒川 雅子　55
　Ⅰ　はじめに
　Ⅱ　戦後の教育裁判の動向
　Ⅲ　個別具体的な教育紛争の増加の要因
　Ⅳ　教育裁判研究にみる法学の視点と教育学の視点の差異
　Ⅴ　教育学からみる教育裁判研究の意義

第三部　教育法学の研究方法論と教育法の近接領域

第5章　教育法哲学における"common"試論
　　——学校教育における「権利」と「公共性」の衝突
　　………………………………………………………… 坂田 仰　69
　Ⅰ　はじめに
　Ⅱ　学校教育における公共性
　Ⅲ　common の確立
　Ⅳ　common をめぐる衝突
　Ⅴ　まとめにかえて

第6章　公教育の法社会学
　　——学校体罰と教育委員会の処分のあり方を素材に
　　………………………………………………………… 馬場 健一　82
　Ⅰ　法社会学とはどのような学問か
　Ⅱ　教育の法社会学的研究とは
　Ⅲ　教育法学におけるアポリア（難問）としての体罰問題
　Ⅳ　学校体罰とその処理過程の実情
　　1　学校体罰処分者数の推移
　　2　アンケートからみる学校体罰の減少状況
　　3　体罰処分状況の地域格差
　　4　体罰処分の法化——処分基準の作成と公開

Ⅴ　まとめ

### 第7章　比較教育法制史
──教育を受ける権利と教育の自由を中心にして
……………………………………………… 佐藤　修司　96
Ⅰ　教育法学における比較の視点
Ⅱ　教育を受ける権利・学習権
Ⅲ　教師の教育の自由と内外事項区分論


## 第四部　教育法学・教育法の先端的展開

### 第8章　子どもの権利と子ども法……………………… 宮盛　邦友　111
Ⅰ　はじめに
Ⅱ　子どもの権利の思想と法制
Ⅲ　子どもの権利とは何か
Ⅳ　子どもの権利をいかに保障・救済するか
Ⅴ　おわりに

### 第9章　教師の教育権論……………………………… 松原　幸恵　121
Ⅰ　教育権とは何か
Ⅱ　教育権の所在と教育権論争
　　1　国家の教育権
　　2　国民の教育権
　　3　教育権論争と旭川学力テスト事件最高裁判決
　　4　その後の判例の展開と公権力による教育介入
Ⅲ　教師の教育権を支えるもの：市民・労働者としての教師の権利

### 第10章　学校事故と学校安全……………………………… 安原　陽平　136
Ⅰ　はじめに
Ⅱ　学校事故に関する法や制度の概観
　　1　出発点としての憲法26条
　　2　学校・教師の責任に関する法
　　3　災害共済給付制度
　　4　学校保健安全法と文科省による指針や通知等
Ⅲ　学校事故の類型化と過失判断の法理

1 学校事故の類型化

2 教育活動中の事故

3 児童生徒間事故

4 施設設備の瑕疵に基づく事故

Ⅳ いじめ問題

1 学校事故におけるいじめの位置

2 いじめに対する学校・教師の安全配慮義務

Ⅴ 学校災害から考える学校事故

1 大川小児童津波被災訴訟の概要

2 安全確保義務と組織的過失

Ⅵ おわりに

第11章 学問の自由論……………………………… 石川 多加子 152

Ⅰ はじめに

Ⅱ 学問の自由保障の意義

Ⅲ 学問研究の自由の内容

Ⅳ 大学の自治

Ⅴ まとめにかえて

第12章 高等教育法 ……………………… 早田 幸政・堀井 祐介 177

Ⅰ はじめに

Ⅱ 「大学の自治」の保障のもとでの高等教育規範体系の特質

1 「大学の自治」保障と現行高等教育法体系の相克

2 高等教育規範体系と民間「ソフト・ロー」

Ⅲ 大学設置認可・監督行政と高等教育規範体系

1 大学設置認可と事後監督行政に関わる高等教育規範体系

2 大学における「3つの方針」と「内部質保証」

Ⅳ 大学の質保証における認証評価基準と国法との関係

Ⅴ 認証評価の準則としての「大学評価基準」の変質

第五部 教育法学と教育法の過去・現在・未来

第13章 「教育の自由」の意義と展望………………………… 安達 和志 193

Ⅰ はじめに

Ⅱ 兼子教育法学における「教育の自由」論

　　　1　子どもの学習権
　　　2　親の教育の自由
　　　3　国民の教育の自由
　　　4　教師の教育の自由
　　Ⅲ　教育の自由論の歴史的意義
　　　1　国家の教育権力から国民の教育の自由への転換
　　　2　憲法26条「教育を受ける権利」の法的性質をめぐる解釈
　　　3　教師の教育の自由の人権性
　　　4　最高裁判決による「教育の自由」論の受容
　　Ⅳ　教育の自由論をめぐる現代的状況
　　　1　教師の教育の自由論に対する批判とその克服
　　　2　教育の自由論と公民教育法論との対立

第14章　主権者教育権説の意義と展望………………………斎藤　一久　209
　　Ⅰ　はじめに
　　Ⅱ　主権者教育説の意義
　　Ⅲ　主権者教育論への批判
　　Ⅳ　主権者教育論の再評価
　　Ⅴ　主権者教育説の弱点
　　Ⅵ　教育における普遍的な価値
　　Ⅶ　憲法リテラシーへ
　　Ⅷ　主権者教育説の展望

第15章　人権としての教育と国民の教育権………………堀尾　輝久　220
　　Ⅰ　まえがき
　　　1　憲法と二つの教育基本法
　　　2　二つの視座から
　　Ⅱ　人権と教育
　　　1　子どもの権利と人権と子どもの人権
　　　2　子どもの権利の視点から憲法をよむ
　　Ⅲ　国民主権と国民の教育権
　　Ⅳ　人権としての教育と国民の教育権の構造

　　　［補論］………………………………………………………宮盛　邦友

ix

第16章　民主主義とシティズンシップ教育……………植野　妙実子　235
　Ⅰ　はじめに
　Ⅱ　民主主義の意義
　　1　立憲主義
　　2　自由民主主義
　　3　議院内閣制と地方自治
　Ⅲ　シティズンシップ教育の意義
　　1　教育基本法14条の解釈
　　2　子どもの権利条約
　　3　シティズンシップ教育
　　4　18歳選挙権
　Ⅳ　まとめにかえて

第一部

# 教育法学の理論研究

## 第1章

# 憲法からみた教育法

植野　妙実子

## I　はじめに

　教育法とは「教育制度に特有な法論理の体系」とされる。それは教育権概念を中心として、教育に関わる法律や判例に及ぶものである[1]。

　憲法から教育法をみるときには、まず憲法が最高法規であることから、憲法において、教育について、あるいは教育を受ける権利や自由について、どのように定められ、また解釈されているかを知り、さらにそれが法律や判例においていかに反映されているかを知ることが必要となる。

　教育が人間を育てるという基本的な事柄をさすことから、教育がどのようであるかは、憲法に定められた教育、あるいは教育を受ける権利や自由が、どのように制度や政策に反映して構築されているのかが問われる。教育基本法は、憲法で構想されている教育を具体化する法律である。

　こうしたことを念頭におき、憲法で定められている教育がどのようであるのかを検討することからはじめていきたい。

---

1)　兼子仁『教育法〔新版〕』（有斐閣、1978年）1頁。「教育法を、いくつかの存在次元にまたがる多様な存在として豊かに捉えていくことがのぞましい」としている。

## Ⅱ　憲法26条

　憲法26条は、1項で教育を受ける権利を定め、2項で保護する子どもに普通教育を受けさせる義務と義務教育の無償を定めている。

　人間は誰でも、学び、成長・発達する権利を有している。こうした権利は人間存在にともなういわば自然権とも位置づけられ権利のなかでも基本となる権利である。なぜなら、学ぶ権利が保障されなければ、人間としての成長・発達はない。自分にどのような権利や自由があるのか、どのような状況に自らがおかれているのか、社会や他人との関係を理解することも教育がなければ難しくなる。学ぶ権利、教育を受ける権利を通して自らの生存を確保することもできる。そこで、すべての者が教育について権利を有していることから、少なくとも初等及び基礎的な段階の教育は無償として保障され、さらに親等保護者は、その保護する子どもに教育を受けさせる義務を負うのである。他方で行政は、公教育として、すべての子どもが教育を受けることができるよう教育制度を整備する。

　ところで、憲法の権利の保障に関する条文には、その主体について「すべて国民は」としている場合と、「何人も」としている場合がある。25条から27条にかけての、いわゆる社会権とされる規定において「すべて国民は」としているが、とりわけ教育に関しては、人間存在において重要な権利であることから、権利の保障を国民に限るということを意味すると解すべきではない。国民に限らず、誰に対しても保障されるべき権利であることから、国家は教育を受ける権利の保障を考えるべきである。さらに子どもの教育を受ける権利や学ぶ権利（以下、「学習権」ともいう）は、人間としての成長・発達にとって欠かせないものであるが、成人したからといって学ぶ権利が疎かにされてよいということはない。子どもの学習権は、権利の基本として重要なものであるが、成人であっても学びたいとする希望が叶えられるものでなければならない。そこに教育を受ける権利の意義があり、子どもの学習権のみならず、社会教育や生涯学習の権利や自由も含むものである。また、学ぶ権利と密接に結びつくこととして知ること、考えること、考えたことを表現

すること、議論することがある。したがって教育を受ける権利は19条の思想及び良心の自由、21条の表現の自由や知る権利とも関係する。学ぶことを探求することは23条の学問の自由とも関わることになる。

　26条1項は、教育を受ける権利について、二つの原則を明らかにしている。一つは、「法律の定めるところにより」という法律主義（法定主義ともいう）と、もう一つは「教育を受ける」について、その機会及び教育条件において平等でなければならない、という平等原則を示している。

　教育を受ける権利は、日本国憲法においてはじめて権利として保障されたものである。大日本帝国憲法下においては、教育は憲法上の位置づけを持っておらず、天皇の大権事項とされて勅令により組織運営されていた。教育勅語が至上の教育価値とされて、これに基づいた忠君愛国のための国民教化という国家目的実現の手段としての教育がされていた[2]。こうした教育のあり方が、いかに国民の知育成長を妨げ、神権的天皇主権の肯定から戦争へとつき進んでいったことが反省されて、教育を受ける権利を憲法上保障し、この権利に関わることを、国民主権を受けるところの国会での法律として定めることを明示したものである。

　また、「その能力に応じて」とは、能力程度主義を示すこと[3]ではなく、すべての子どもが能力発達の仕方に応じてできる限り能力発達ができるような（能力発達上の必要に応じた）教育を保障される、という意味と解されている[4]。したがって、障害児についてもその発達の態様に適合する教育が保障されなければならない[5]。

　「ひとしく教育を受ける権利」の「ひとしく」は、教育の機会均等の要請を示している。教育の機会均等は、憲法14条1項の法の下の平等を受けて教育における平等原則を示し、さらにこの文言の具体化として、教育基本法

2）　山崎真秀「第26条」有倉遼吉・小林孝輔編『基本法コンメンタール憲法〔第3版〕』別冊法学セミナー78号（1986年）113頁。
3）　「教育を受けるに適するかどうかの能力に応じて」と解する考えをさす。宮澤俊義（芦部信喜補訂）『全訂日本国憲法』（日本評論社、1978年）274頁。
4）　兼子・前掲書（注1）231頁。
5）　成嶋隆「第26条」小林孝輔・芹沢斉編『基本法コンメンタール憲法〔第5版〕』別冊法学セミナー189号（2008年）198-199頁。

（以下、「教基法」ともいう）4条は、教育の機会均等を定める。そこには、経済的事情から教育を受けられないことのないように、「経済的地位」も示し、それによっても教育上差別されることがないように定められている。

　なお、教育における機会均等が、教育内容の均質化や画一化を意味としているか、との問題に直面するが、これについては、あくまでも教育の条件整備に関わるものであり、教育内容についてはむしろ子どもの能力発達の態様などに応じて個性的かつ多様に編成されるべき、と考えるのがふさわしいであろう[6]。

　26条2項は親等保護者の、その保護する子どもに普通教育を受けさせる義務を定める。ここにおいても法律主義が明定されている。

　まず普通教育とは、専門教育や職業教育に対する用語で、一般国民が日常の社会生活において必要とする基礎的な知識・技能を授ける教育を意味する[7]。教育基本法5条1項は、「国民は、その保護する子に、別に法律で定めるところにより、普通教育を受けさせる義務を負う」とし、2項は、「義務教育として行われる普通教育は、各個人の有する能力を伸ばしつつ社会において自立的に生きる基礎を培い、また、国家及び社会の形成者として必要とされる基本的な資質を養うことを目的として行われるものとする」と定めている。

　したがって、「義務教育として行われる普通教育」の存在が明らかとなっている。その義務教育が憲法26条2項後段の「義務教育はこれを無償とする」になるのである。教育基本法5条3項は、これを受けて国民及び地方公共団体の義務教育の機会の保障と水準の確保、実施の責任を明らかにし、5条4項は、あらためて「国又は地方公共団体の設置する学校における義務教育については、授業料を設置しない」としている。

　これらから普通教育は、すべての国民が共通に受けるべき基礎教育をさし、それが義務教育として行われることが明らかにされている。学校教育法においては、「第2章　義務教育」の16条で保護者の子に9年の普通教育を受け

6)　同上199頁。
7)　柴田義松「普通教育」日本教育法学会編『教育法学辞典』（学陽書房、1993年）502頁。

させる義務を定め、義務教育として行われる普通教育の目的、すなわち教育基本法5条2項の「各個人の有する能力を伸ばしつつ社会において自立的に生きる基礎を培い、また国家及び社会の形成者として必要とされる基本的な資質を養うこと」という教育の目的の具体化を示している。そのなかには「我が国と郷土の現状と歴史について、正しい理解に導き、伝統と文化を尊重し、それらをはぐくんできた我が国と郷土を愛する態度を養う」（3号）ということもみられ、教育基本法2条5号の規定を受けるものとはいえ、これがそもそも「平和で民主的な国家及び社会の形成者」という教育の目的（教基法1条）を達するものとなりうるのかは議論のあるところであろう。

　学校教育法（以下、「学教法」ともいう）では、小学校を「義務教育として行われる普通教育のうち基礎的なものを施す」場（29条）として設定し、中学校を「小学校における教育の基礎の上に心身の発達に応じて義務権者として行われる普通教育を施す」場（45条）として設定している。これに対し、高等学校は「高度な普通教育及び専門教育を施す」場（50条）として設定されている[8]。

　いずれにしても憲法26条2項の趣旨は、1項の教育を受ける権利の保障を受けて、子どもに普通教育を受けさせる親等保護者の義務を定め、これを充足させるために国及び地方公共団体がその条件整備に努め、義務教育を無償とすることによって、すべての者が学び、知り、考え、互いに知識を交換して、生存し、平和で民主主義的な社会の形成者となることが保障されているのである。

　この親等保護者の義務はどのような義務なのか。教育を受ける権利はすべての者が持っているが、とりわけ重要なのは子どもの学ぶ権利（学習権）である。子どものときにそうした権利が充足していることで子どもは成長・発達する。そこで親等保護者は自らの保護する子どもに対して義務をもっているのである。国や地方公共団体はこうした親等保護者の義務が達成できるよ

---

[8]　なお今日では、義務教育学校として一貫して行うことも想定されているし（「第5章の2義務教育学校」）、中学教育学校として中学校と高等学校を一貫して行うことも想定されている（「第7章 中学高等学校」）。

う学校等教育環境の整備にはげまなければならない。したがって無償の範囲
は、授業料無償のみならず、義務教育に要する一切の費用の無償と解すべき
であろう[9]。というのもそもそも公立学校は教育を受ける権利の平等主義の
保障を担うべき存在だからである。

　今日あらためて、子どもをめぐる現状を考えると、18歳未満の子どもの貧
困率は13.5％、約7人に1人の子どもが貧困ライン（その国の平均的所得の
半分以下の所得しかない家庭）を下回っている。ひとり親家庭の半数の子ど
もが貧困状態にあり、とりわけ母子家庭の貧困が顕著となっている。さらに
中高生の20人に1人がヤングケアラーと指摘されている。このような子ども
たちは給食費も払えない。夏休みになるとフードバンクに何日も食べていな
いという子どもたちが集まってくる。こうした現状を考えると授業料無償の
みならず就学に必要なすべてのものを無償として、子どもの能力や希望に応
じた教育環境を整備することが国や地方公共団体には求められているのであ
る。

## Ⅲ　教育権の所在

　26条をめぐっては、主として教育裁判を通して教育権の所在が問題となっ
た。すなわち、教育に関する権能が、とりわけ教育内容の決定権が国家（実
体的には政府・文科省）の側にあるのか、それとも国民の側にあるのかをめ
ぐる論争である。

　まず、国民が子どもに「普通教育を受けさせる義務を負ふ」の義務の対象
を国家にあると考えて、その反面からとして国家に教育内容を決定する権利
があるとする説がある。こうした国家に教育内容を決定する権限があるとす
る説は、さらにその理由を精密化させ、次のように主張した[10]。「①現代公

---

9)　義務教育の無償の範囲については奥平＝永井論争があり、その詳細については、永井憲一「義
務教育の無償性論」杉原泰雄・樋口陽一編『論争憲法学』（日本評論社、1994年）149-169頁参照。
10)　成嶋隆・前掲論文（注5）197頁。国家は国民の「教育を受ける権利」を実現するという責務
を果たすために、国民代表議会・内閣を通して、全国的な「教育水準を維持」し、「適切な教育内
容を確保する」のだという行政解釈も示されている（文部省初中局長通知）、とする。

教育は私事性が捨象され国家に付託された組織的な教育である、②議会制民主主義のもとでは国民の教育意思は議会→法律→行政に反映されるから教育行政機関のみがこれを体現する、③普通教育においては教育の機会均等・水準の維持向上・中立性の確保などの要請から国による教育内容の規制が必要である。」このように国家の教育全般にわたる包括的な支配権を肯定する見解を国家教育権説という。国家教育権説に基づいて判断したものとして高津判決（第一次家永訴訟一審判決、東京地判昭49（1974）・7・16判時751号47頁）がある。

　これに対し、国家権力の教育内容にわたる干渉の排除のために、教育の自由論が展開された。しかし、教育の自由ということば自体は憲法26条のなかにはみられない。そこで、この自由をどこから導き出すかが問題となった。当初は教師の教育の自由の立証することが主眼となり、憲法23条、26条、あるいは13条に根拠を求める説が展開された[11]。

　さらに26条に根拠を求めるとしても、従来のような国家権力の教育内容にわたる干渉の排除のための「教育の自由」論ではなく、「国民の教育権」を現実に形成するために「教育を受ける権利」の保障を要求する自由としての、人権としての「教育の自由」論を展開させていかなければならない、すなわち教育の自由を現代的自由権として理論的に明確にする作業から出発すべきである、とも主張された[12]。

　このような考察を経て、教師の教育の自由は、子どもの学習権を充足させるために重要であるという認識が広まっていく。子どもの学習権とは、そもそも人間は文化的環境のもとで学習を通して成長・発達する存在であるが、とりわけ子どもはその可能性を持つ存在であることから、子どもの重要な権利として位置づけられ、生存権や幸福追求権とも結びつくととらえられた[13]。

---

11)　憲法23条については、有倉遼吉「憲法と教育」公法研究32号（1970年）5頁、26条については、永井憲一『教育法学の原理と体系』（日本評論社、2000年）219頁、13条に基づく「憲法的自由」を展開するのは、高柳信一「憲法的自由と教科書検定」法律時報41巻10号（1969年）51頁がある。なお、植野妙実子「教育をめぐる権利と自由」『基本に学ぶ憲法』（日本評論社、2019年）221-241頁でも詳説した。
12)　永井憲一『憲法と教育基本権〔新版〕』（勁草書房、1985年）62頁。
13)　堀尾輝久「学習権」日本教育法学会編・前掲書（注7）18-19頁。

それがさらに国民の学習権、国民教育権説へとつながっていった。学習権説は判例にも反映されている。例えば、杉本判決（第二次家永訴訟一審判決、東京地判昭45（1970）・7・17判時604号29頁）は、「将来においてその人間性を十分に開花させるべく自ら学習し、事物を知り、これによって自らを成長させることが子どもの生来的権利であ」ると判示し、また旭川学力テスト事件最高裁判決（最大判昭51（1976）・5・21刑集30巻5号615頁）も「〔憲法26条の〕規定の背後には、国民各自が、一個の人間として、また、一市民として、成長、発達し、自己の人格を完成、実現するために必要な学習をする固有の権利を有すること、特に、みずから学習することのできない子どもは、その学習要求を充足するための教育を自己に施すことを大人一般に対して要求する権利を有するとの観念が存在していると考えられる。換言すれば、子どもの教育は、教育を施す者の支配的権能ではなく、何よりもまず、子どもの学習する権利に対応し、その充足をはかりうる立場にある者の責務に属するものとしてとらえられている」とした。ただし、この判決は国家教育権説も国民教育権説も「いずれも極端かつ一方的」として退けている。

　したがって国民教育権説は、教育を受ける権利、国民の学習権（国民の知的探求の自由、真理や真実を知る権利）を保障するための教育の自由として構成される。教育の自由の主体としては、教師の教育の自由が出発点ではあったが、親の教育の自由も含む。1948年国連で採択された世界人権宣言26条3項は「親は、その子に与えられる教育の種類を選択する優先的権利を有する」と定めている。とはいえ親の独善的な価値観に基づいて子どもを育てることを認めるものではない。子どもにとっての最善の利益を考慮しつつ（子どもの権利条約3条1項）、親等保護者は子どもの能力の発達と一致する方法で適切な指示及び指導を行う責任、権利、義務を有するものである（子どもの権利条約5条）[14]。日本においては、日本国憲法の基本的な原理である、平和主義、国民主権（民主主義）、人権保障にそった教育が行われなくてはならず、その基本には個人の尊重がすえられなければならない。

---

14）　この5条は親等保護者が持つ子どもへの指示・指導の権利と責任を国が尊重すべきことを示している。永井憲一・寺脇隆夫編『解説 子どもの権利条約』（日本評論社、1990年）53-54頁参照。

　子どもの学習権の保障や教育を受ける権利の実現は、親や国民全体の責務であるが、親の努力だけでは達成しえない。そこで今日の社会においては、次のような考え方をとることになる。

　子どもの成長・発達する権利を保障する自然的責務としての親権を協同化し、その責務を専門的技能を持つ教師たちに委ね、家庭では果たしえない機能を、専門職としての教師を中心とした専門機関である学校が、親権の代替的行使を行う建前をとる。原理上、教師は、親の教育権の受託者であり、父母・市民に対し責任を持ち、親の信託にふさわしい教育の義務を負うものである。子ども（成長発達権）→親（親権の協同化）→教師（信託の共有化）→公教育（教育の組織化及び教育条件整備）という図式のうえで、教師は子どもの学習権を前提としつつ、教師の選択権・学校の選択権を持つ親と協同して、子どもの成長・発達を保障する。そのために、教師は自立的でなければならず、児童・生徒を的確に把握し、教育内容を編成し、教育方法を検討し、授業を展開する。ここに教師の学問の自由と教育の自由が確立されていなければならない理由がある。それは、国家権力からの自由であり、「不当な支配」を排除する機能でもある[15]。

　国民教育権説はこのようにして子どもの学習権を中心にすえて、親の教育の自由・教師の教育の自由、国の条件整備義務を統括するものであった。

　しかしながら、実際には、文科省が作成する学習指導要領が教育課程の基準とされ、教育現場に甚大な支配力、影響力を及ぼすようになり、国民教育権説が構想するような国民による教育内容決定権は機能していない。さらに近年では、規制改革の流れを受けて小・中学校でも競争的な環境のなかで活性化を図ろうとする動きも出てきて、公教育の意味が根本的に問われるようになっている。新自由主義の影響がこのように教育の面においても現れることになった。

---

15)　小笠原正「国民の教育権と教師の教育権」『教育と法と子どもたち』法学セミナー増刊（1980年）361頁（わかりやすくするため少し修正して引用した）。

## Ⅳ　教育権の性格と内容

　人権の種類を自由権（精神的自由、人身の自由、経済的自由）、社会権、
政治的人権、受益権（もしくは国務請求権ともいう）と分けて説明すること
が多い。このような分類は、国民の権利を、国家との関係における国民の地
位に着目して分類したものといえる。国民は国家との関係において、そのす
べての生活範囲において国家の支配を受けるものではなく、自主的な生活領
域を有している。これを国家からの自由な地位、国家からの干渉侵害を受け
ない領域を有するとして、国家に対して不作為請求権として自由権が成立す
ると考えられた。次に国家の行為は、終極的には国民全体の利益を目的とす
るもので、国家がその目的を遂行するにあたっては、各人に対して国家の特
定の行為を請求することや公的な施設の利用をすることを認めたりする。こ
れが受益権とされる。さらに国家に、国民に対する社会的な給付の積極的な
履行を請求する権利として社会権がある。しかしながら実際には、国家の活
動の主体となるのは国民であり、国家の行為といっても、それを実現するの
は各人の行為を通してのみ行いうることであるとして、国家の活動を支える
ものとしての参政権が考えられる[16)]。
　こうした考え方は、国家とそこに所属する国民を中心にすえた考え方であ
って、権利のあり方を観念的にしかとらえていない嫌いがある。こうした考
え方のもとでは、教育を受ける権利は社会権に位置づけられ、給付を受ける
という受動的な権利にすぎなくなる。また社会権は、単なるプログラム規定
という形になり、立法裁量によりどのように実現してもかまわないかのよう
なとらえ方もされる。それが教育を受ける権利の議会制民主主義論をうむこ
とにもつながっている。
　今日では、個人を中心にすえて「個人の尊重」から権利を導き出すように
なっている。人間存在にともなう自然的な権利の充実として、それぞれの権
利のあり方を考えるようになっている。また、個人を尊重するからこそ平等

---

16)　田口精一「基本権の種類」田上穣治編『体系憲法辞典』（青林書院新社、1968年）264-265頁。

な権利のあり方に着目するようにもなっている。

　教育を受ける権利も、当初は、日本国憲法は社会国家の理念に仕える、そのような立場から社会権の規定を有するとして、生存権、勤労の権利と並んで社会権の一つとして挙げられていた。そうした考え方から、普通教育は義務教育であり無償と定められているのでこの点について教育を受ける権利をいう実益はない、したがって教育を受ける権利は、高等教育を受ける可能性を保障するものであるという説明もみられた[17]。

　今日では、社会権を社会国家の理想に基づき、特に社会的・経済的弱者を保護し、実質的平等を実現するために保障されるにいたった人権ととらえ、その内容を、国民が人間に値する生活を営むことを保障するもので、その点から国家に対して一定の行為を要求する権利ととらえる。また社会権は自由権とは異なる性格を有するが、社会権にも自由権的側面があることが示されている[18]。憲法において社会権が保障されたことにより、国は社会国家として国民の社会権の実現に努力すべき義務を負う。

　このような社会権の一つとして教育を受ける権利が示されるが、重要なことは、教育が、個人が人格を形成し社会において有意義な生活を送るために不可欠の前提をなす、という認識が示されるようになったことである。そして、とりわけ子どもの学習権を中心として、国は、教育制度を維持し、教育条件を整備すべき義務を負うと考えられるようになってきた[19]。

　これに対し、「教育人権としては、日本国憲法の下で、よりよき次代の主権者となるための公民権・文化権などの主権者教育権を含めて理解される必要がある」との主張がある。それによると「戦後教育の目的が、単に国民一人ひとりの"人格の形成"にとどまらず、よりよき主権者として日本国憲法の理念とする『平和主義と民主主義』の国を維持し発展させる公的な国民としての資質（政治的教養）を備えた"人格の完成"を求めている」とする説

---

17）　宮沢俊義『憲法Ⅱ〔新版〕』（有斐閣、1974年）435-436頁。

18）　芦部信喜（高橋和之補訂）『憲法〔第7版〕』（岩波書店、2019年）277頁。

19）　同上283-284頁。「現代憲法が、すべての国民の学習権が実現されるように国家に積極的条件整備を要求しうる生存権として『教育をうける権利』を保障するにいたった」と説明される。兼子・前掲書（注1）228頁参照。

がある[20]。これを主権教育権説と呼ぶ。

　この説は、憲法と旧教育基本法を手がかりとして、教育目的を「個人主義と主権者教育を理念」とする。さらに教育内容は平和主義教育と民主主義教育の保障、という[21]。しかし、教育の目的があくまでも子どもの成長・発達を促すということであるなら、主権者となるための国民を育てるということが教育の最終目的とはいえないであろう。結果的に主権者としての自分を強く意識する者もいるかもしれないが、そこに重きをおかない者も出てこよう。主権者となることが教育目的になってしまうことは、戦前・戦中の教育目的と重なる所がある。子どもは、自由に成長・発達してよい。それぞれの個性や能力を伸ばして発達してよい。教育は生きる手段を提示するものである。知ること、考えること、議論すること、人と関わることや社会のあり方の意味や意義を学ぶものである。だからといってどのように教えてもよい、ということでなく、そこに人類の普遍的な価値が関わり、個人の尊重、平等原則、人権の保障、民主主義、平和主義の大切さを学ぶことになる。主権者教育論は「子どもの自主性」を説いてはいるが、一定の方向に教育をもっていこうとしているようにみえる。

　また、先にあげた人類の普遍的な価値はいずれも現行日本国憲法のなかに具体化されている。だからこそ憲法価値教育をいうことは説得力を現在では持ちうるが、常に憲法価値教育が有効だとは思えない。なぜなら憲法の条文も解釈によってゆがめられている面があるからである[22]。

## V　公教育

　戦後の教育制度は、「憲法・教育基本法法制」と呼ばれ、国民の基本的人

---

20) 永井・前掲書（注11）15頁。これによると「国民の“権利としての教育”の実現と、それによる主権者教育を含む教育の個人主義と公的な主権者たる国民としての資質を習得することの保障が、憲法・教育基本法制の基本理念とされた」としている。同書43頁。
21) 同上51頁。
22) 植野妙実子「憲法価値と公教育」日本教育法学会編『教育法の現代的争点』（法律文化社、2014年）26-31頁。

権としての教育を受ける権利を保障した日本国憲法とこの憲法の理念・精神
を敷衍・具体化して教育の目的・方針及びその展開のあり方を基礎づける諸
原則を定めた教育基本法とを一体的にとらえていた。旧教育基本法において
は、前文で「われらは、さきに、日本国憲法を確定し、民主的で文化的な国
家を建設して、世界の平和と人類の福祉に貢献しようとする決意を示した」
ことを確認して、教育の理念・目的が日本国憲法の精神に則るものであるこ
とを明示した。この憲法・教育基本法制のもとで平和主義、個人の尊重、自
由や権利の保障、民主主義といった憲法の理念や原則を前提として「普遍的
にしてしかも個性ゆたかな文化の創造をめざす教育」（旧教基法前文）は普
及され、「個人の価値をたっとび、勤労と責任を重んじ、自主的精神に充ち
た」国民の育成という教育目的（旧教基法1条）の追求は一定の成果をあげ
たといえよう。

　しかし、教育基本法は、2006年12月に全面改正され、教育基本法の位置づ
けがそれ以降は変わってきた[23]。2006年12月に成立した教育基本法は、「日
本国憲法の精神にのっとり、我が国の未来を切り拓く教育の基本を確立」す
るとはいうものの、教育の振興においては、政府の教育振興基本計画に沿っ
て行われることを明らかにしている。つまり、教育の力点は、基本的理念は
変わらないと思われるものの、そのときどきの政府の策定する基本計画で重
点のおき方が変わることになる。

　ところで、公教育は既にみたように教育を受ける権利の実現のために重要
なものである。「『公教育』とは、一般には、国や地方公共団体が、国民全体
のために、社会公共的事業として、学校等の施設を設置あるいは認可し、そ
こでの教育活動の水準の維持や円滑な実施・発展を条件的に保障する、教職
員の配置、学校の管理などが公的制度のもとで公費（税金）によって整備・
維持される教育をいい、そうした目的・性格に基づく国や地方公共団体の法
的規制や法的保護のもとに行なわれている教育のことである。したがって、
現代の公教育は教育の機会均等、政治的・宗教的中立、義務教育の無償等を
制度的原則としている」[24]。このように示されていた。

---

23)　植野妙実子「教育目的と公共性」日本教育法学会年報34号（2005年）40-49頁参照。

　このうち教育の機会均等、義務教育の無償は、憲法の条文から導き出され、さらにそれぞれ教育基本法でも4条、5条に示されている。政治的・宗教的中立は、教育基本法14条2項、15条2項から導き出される。ただし、「良識ある公民としての必要な政治的教養」（14条1項）や「宗教に関する寛容の態度、宗教に関する一般的な教養及び宗教の社会生活における地位」（15条1項）は、教育上尊重されることも明示されている。

　さらに、教育行政を定める16条1項に「教育は、不当な支配に服することなく」と示され、教育行政が公正かつ適正に行われるべきことも明らかにされている。「不当な支配」の禁止は、抽象的なようにみえるが、重要な概念である。例えば、教育基本法2条は詳細な教育目標を掲げているが、これをそのときどきの政権や文科省が一方的に定義して公的解釈として強制することがあれば、特定の見解の強制につながり、教育における「不当な支配」を招く[25]。「不当な支配」とは人類の普遍的価値を否定する一方的な考えを強制することである。

　ところで先の公教育の概念は今日では狭いといわざるをえない。というのも私立学校の占める割合が増えているからである。教育基本法6条1項は、「法律に定める学校は、公の性質を有するもの」であるとし、8条は「私立学校の有する公の性質及び学校教育において果たす重要な役割」と示している。公教育の概念は、今日、国や地方公共団体の設立する学校のみならず、私立学校の教育にも及んでいるといえる。他方で、私立学校のそれぞれの特色や自主性、あるいは宗教系の私立学校であればそこで行われる宗教教育などとの関係をどのようにとらえるのかが大きな問題となっている。憲法89条においては、公金その他の公の財産の支出利用の制限を掲げるが、私立学校への公費補助について「公の支配」に属する事業とみなすか否かの対立もある[26]。現実には、新自由主義的政策のもとで公立学校の統廃合なども行われ、私立学校の存在の重要性はましている。まさに「私学の自主性と公共性の調

---

24)　山崎真秀「公教育と私教育」『教育と法と子どもたち』法学セミナー増刊1980年354頁。

25)　市川須美子「『不当な支配』の禁止」日本教育法学会編・前掲書（注22）20-25頁。

26)　川口洋誉「私学法制と私学助成」日本教育法学会編・前掲書（注22）109-111頁。

和に関する理論的課題に応えることは教育法学の課題」といえる。

　さらに今日では、不登校の生徒の数の増加もあり、様々な形態の「学校」がでてきている[27]。こうした状況のなかで公教育の水準をどこまで浸透させるべきかの問題にも直面している。

## Ⅵ　まとめにかえて

　子どもには、安心できる場所を持って育つことが必要である。しかし現実には、子どもをめぐって虐待、ネグレクト、貧困など多くの問題がおきている。格差も拡がっている。どのような環境に生まれても安心して育つことのできる場を国家は保障しなければいけない。それがあってはじめて教育を受ける権利の充足を語ることができる。国が条件整備義務を果たすことが強く望まれているのである。

---

27）　不登校の生徒の数は増加しており、2020年度で小中学校における長期欠席社の数は28万7747人、そのうち不登校の児童生徒数は19万6127人に及んでいる。全児童数に占める割合は小学校で1.0％、中学校で4.1％となっている。

# 第2章

# 教育学からみた教育法

宮盛 邦友

## I　はじめに

　一方で、人間教育法を代表する兼子仁は、教育法学の古典的名著である『教育法〔新版〕』（1978年）において、「教育法」とは、「教育制度に特有な法論理の体系」[1]、と定義している。他方で、公民教育法を代表する永井憲一は、教育法の専門学会である日本教育法学会編集による『教育法学辞典』のなかで、「教育法」について、「教育基本権・教育人権を保障するための法の総体とその体系」[2]と定義している。

　また、「教育法学」について、兼子は、「教育学と法学を中心に多くの学問分野にまたがる新しい学際的学問」[3]と、永井は、「初めて日本国憲法が国民の権利として、その26条に保障した『教育を受ける権利』を中心とする教育基本権（教育人権）を現実に保障するための法律（広義での）を研究対象とする社会科学」[4]と、それぞれ定義している。具体的には、兼子は、教育法学が教育法解釈学と教育法社会学を内訳とするが、教育法解釈学に関わっては、「『教育条理』論において教育学と交流しつつ」（狭義の教育学、すなわ

1)　兼子仁「教育法の概念」『教育法〔新版〕』（有斐閣、1978年）7頁。
2)　永井憲一「教育法」日本教育法学会編『教育法学辞典』（学陽書房、1993年）202頁。
3)　兼子仁「教育法学」前掲書（注1）46頁。
4)　永井憲一「教育法の原理と構造」『教育法学の原理と体系　教育人権保障の法制研究』（日本評論社、2000年）3頁。

ち教育哲学）と、教育法社会学に関わっては、「教育学との入会い的共同研究によって切り拓かれる」（広義の教育学、すなわち教育史・教育行政学・社会教育学）と、展開している。永井に関わっては、堀尾輝久が主張する『人権としての教育』[5]とのある共通性を持っている。

　これらの定義からは、兼子は教育法学における教育学・法学の任務が、永井は日本国憲法・教育基本法・子どもの権利条約法制における人権の意義が、積極的に位置づけられていることがわかる。このことは、日本教育法学会編『講座教育法 1　教育法学の課題と方法』において、兼子が教育学と法学の学際性を示した論文を、永井が子どもの人権論を軸とした教育権理論を展望した論文を執筆しているところからも明らかである。

　第 2 章では、兼子教育法学を手がかりとしながら、第一に、法学に対して教育学が問題提起する「教育条理論」について深め、第二に、教育法哲学の課題である「教育の目的・人間像」、および、「教育行政・国家像」について掘り下げ、第三に、教育法学の中軸である「国民の教育権論」の諸相を概観することにしたい。全体を通じて、教育学からアプローチする教育法学構想を提示することにしたい（永井教育法学、および、教育法社会学については、第 8 章「子どもの権利と子ども法」で論じることにする）。

## II　教育法学の中核としての教育条理論

　教育法学は教育学と法学の学際的学問であるが、兼子仁の論文「教育法学の学際性と独自性」[6]によると、厳密にみていけば、①教育学と法学の学際性と教育法学の独自性・固有性（教育法哲学・教育法社会学）、および、②法学における教育法学の学際性と独自性・固有性（教育法解釈学）、というように構造化された学際的学問である、という。その構造のなかで、教育学は原理的教育学（教育哲学、狭義の教育学）と制度史的教育学（教育行政学、

---

5）　堀尾輝久『人権としての教育』（岩波同時代ライブラリー、1991年）参照。
6）　兼子仁「教育法学の学際性と独自性」兼子仁・市川須美子編著『日本の自由教育法学　新たな集成と検証』（学陽書房、1998年）参照。

広義の教育学）に分かれるのであるが、教育法学にとって教育学が果たす任務の決め手となるのが、「教育条理論」[7]である[8]。

　教育条理とは、兼子によると、「教育ないし教育制度の性質に即した、より具体的な原理や法則」[9]、という意味である。具体的には、「教育条理の内容的素材は、①まず教育学が究明した近・現代の人間教育に関する原理・法則であって、『子どもの発達の法則性』や教育・学習の人間的主体の原理などが存するほか、②現代の公教育制度に関し、教育諸科学と教育法学とが協同的に追究しつつある教育制度原理がそれである」・「教育をめぐる思想的原理や弁証法的法則などは、適切な法論理に構成されえてはじめて教育『条理』となりうる」・「教育条理を支える国民の教育法意識〔中略〕は、教育社会における国民の一般の教育的法意識の如何がその根拠となりうる」[10]、と説明されている。つまり、教育条理とは、教育および教育制度の本来性の原理・法則、であり、すべての教育学理論が教育条理になるわけではなく、国民の教育法意識を背景とした人権（権利＝法）と接続する教育学理論が教育条理論となるのである。また、兼子は、教育条理という用語を、①「条理法」・②「教育条理解釈」という意味でのみ使用している。つまり、教育成文法にあっては教育条理解釈を行い、教育不文法にあっては教育条理法によって解釈する、といっているのである。だから、教育条理に反するような教育に関する法令は無視して教育条理によって法解釈するのが教育法学である、とはいっていないことに注意したい。そして、兼子は、「教育法学は、学習権をふくむ教育人権および教育権に関する独特な『教育条理』論・『教育条理解釈』を相当程度に形成しえた」[11]、と教育法学の到達点を評価しているが、

---

7)　教育条理については、兼子仁「教育法解釈学と教育科学──教育条理論、公教育論、学校重層構造論にふれて」『教育法学と教育裁判』（勁草書房、1969年）兼子仁「教育法における『教育条理』論」『教育権の理論』（勁草書房、1976年）参照。

8)　教育法学にとって教育学が果たすもう一つの任務である教育法社会学については、さしあたり、宮盛邦友「イギリス民衆教育運動史研究ノート──教育法社会学と国際・比較成人教育論」学習院大学文学部研究年報62輯（2016年）参照。

9)　兼子仁「現行教育法規範の存在形式」前掲書（注1）41頁。

10)　兼子仁「教育条理」前掲書（注2）168-169頁。

11)　兼子・前掲論文（注6）54頁。

杉本判決・最高裁旭川学力テスト判決・難波判決をふまえた現在においても、まさに、その通りであろう。

　こうした教育条理論を、兼子は、教育学の勝田守一・堀尾輝久・三上昭彦の研究[12]に求めている。なかでも、堀尾の「教え子たちの発達の法則性をきめこまかに研究して認識し、それに即した教育内容・方法を選び求めていくこと、このために教師には教育権の独立と自主研修権とが必ず保障されなければならない」という教育学理論の主張を、兼子は、「『教育法学』の研究、『教育条理』論そのものある」[13]、というように教育条理論として高く評価している。教育学では、この教育条理論を「教育本質論」、あるいは、「教育的価値論」と呼んでおり、具体的には、「子どもの発達・子どもの権利」をさしている。このように説明すると、教育条理論は、教育法学が導き出したい法解釈のために都合よくア・プリオリ（先験的）に確定された内実を用いている、と批判される場合がある（例えば、市川昭午など）。しかし、「教育の歴史的研究は、仮説的な教育概念に導かれながら、それ自身が教育概念を認識する過程である」[14]、と勝田が指摘するように、教育条理は現実との対決のなかで歴史的・社会的にとらえかえされるのである。教育法学で説明し直せば、教育条理は、教育法社会学的研究を通して教育法哲学として解明される、となる。だから、教育学から教育法学にアプローチする教育学の理論研究である、堀尾輝久『現代教育の思想と構造』（1971年）[15]が教育法学においてつねに取り上げられる理由は、それが教育条理論の到達点であるからのみならず、ポストモダンや新自由主義の批判的検討に際して、現代教育を深く理解するためにこそ、近代の教育思想と公教育制度の連関を問うことを通して教育的価値を分析する、という視座を問題提起していると読み取ることができるからであり、それは、現在においても、きわめて有効な教育学理論と

12)　勝田守一「教育学の方法」・「教育の概念と教育学」『教育と教育学』（岩波書店、1970年）、堀尾輝久「教育の本質と教育作用」勝田守一編『現代教育学入門』（有斐閣、1966年）、三上昭彦「発達と教育の権利」中内敏夫編『教育学概論〔第2版〕』（有斐閣、1982年）参照。
13)　兼子仁「書評　堀尾輝久著『現代教育の思想と構造』」教育279号（1972年）126-127頁。
14)　勝田・前掲（注12）「教育の概念と教育学」89頁。
15)　堀尾輝久『現代教育の思想と構造――国民の教育権と教育の自由の確立のために』（岩波書店、1971年）参照。

考えられているからである[16]。

　こうした教育条理論に関する研究は、突き詰めていくと、「法哲学が、古くから法の本質にかかわって人間存在の問題を追求してきた『人間の学』として、教育学と交流し、個人と全体、自由と平等、自然と文化などの人間学的根本問題に教育的な独特なとりくみをしようとする」[17]、と小林直樹が問題提起した「教育法哲学」[18]へと行き着く。それに対して、堀尾[19]は教育学・教育哲学の立場から応答している。このように考えれば、教育法学にアプローチする教育学は、すぐれた意味で、教育法学における教育法哲学、と呼んで差し支えないだろう[20]。

## Ⅲ　日本国憲法・教育基本法・子どもの権利条約法制

　教育法哲学（さしあたり、教育法学における教育学と法哲学の学際的研究）の研究課題としては、例えば、教育法の領域・構造、教育法の価値・理念などを挙げることができるが、なかでも、旧・教育基本法1条および新・教育基本法1条に関わる「教育目的の法定」（「人格の完成」の法定）をめぐる問題、および、旧・教育基本法10条および新・教育基本法16条に関わる「教育行政」（「不当な支配」の禁止）をめぐる問題は、教育法の思想からの全体の構造を確定するうえで欠かすことのできない、きわめて重要な主題である。

### 1　教育の目的と人間像

　第一、教育目的の法定化をめぐる問題について。その前提としては、「人格＝認識発達と教育」という（狭義の）教育学における教育目的をめぐる問

---

16)　詳しくは、宮盛邦友「堀尾輝久『現代教育の思想と構造』読解」教育学研究89巻4号（2022年）参照。

17)　兼子仁「教育法学」前掲書（注2）210頁。

18)　小林直樹「教育法哲学序説」日本教育法学会年報8（有斐閣、1979年）参照。

19)　堀尾輝久「国民主権と国民の教育権」日本教育法学会年報10（有斐閣、1981年）参照。

20)　小林や堀尾が問題提起した教育法哲学は、森田明や内野正幸によって展開されている、と位置づけることができる。森田明『未成年者保護法と現代社会──保護と自律のあいだ』（有斐閣、1999年）、内野正幸『教育の権利と自由』（有斐閣、1994年）参照。

題があるわけであるが、それ自体が、近年のシティズンシップ教育（主権者育成）の台頭などもあって、揺らいでいる。つまり、日本国憲法・教育基本法・子どもの権利条約法制をどのように理解するのか、ということがいま問われている、という視野の下で、教育目的の法定をとらえなければならない、ということなのである。

　教育基本法改正問題[21]では、教育目的・教育行政・未来社会論が争点となっていた。これらは、堀尾が旧・教育基本法を読みなおす際の三つの視点として挙げている、「敗戦と戦後改革というものの歴史的意味を正確にとらえておく」、「成立期の歴史的な意義が、戦後五〇年のなかで、豊かに開花していったのか、それとも根絶やしにされようとしたのか」、「どういう未来展望のなかで教育基本法を読むか」[22]、からとらえる必要がある。そのなかで、旧・教育基本法1条（教育の目的）および新・教育基本法1条（教育の目的）の教育条理解釈が課題となる。教育基本法には、教育の目的として、「人格の完成をめざし（目指し）」と規定されている。教育目的の法定とは、成嶋隆によると、「教育基本法・学校教育法に教育の目的・学校の目的・教育の目標などが定められていること」[23]、を指す。これが提起する問題は、「これらの規定を根拠として、学習指導要領や教科書検定などによる教育内容の国家統制が正当化されるという事情があること」、「権力的強制の契機を払拭しえない法規範により教育目的・目標を定立することが、教育という事柄の本質（条理）に照らして妥当か否かという、より原理的なもの」、という二点がある、という。前者については、教育学でいえば、教育実践レベルでは、学校教育において「教育目的－教育内容－教育方法」というように教育目的が具体化される過程があり、また、教育政策レベルでは、学習指導要領の法的拘束力にみられるように、学校教育法施行規則や学校教育法施行令という下位の法令が、スクール・コンプライアンス（法令遵守）のもとに、学校教育法や新・教育基本法という上位の法令を規定していることを考えれば、こ

---

21)　詳しくは、宮盛邦友『戦後史の中の教育基本法』（八月書館、2017年）参照。

22)　堀尾輝久「はじめに——三つの視点」『いま、教育基本法を読む　歴史・争点・再発見』（岩波書店、2002年）106-108頁。

23)　成嶋隆「教育目的の法定」前掲書（注2）217頁。

れらは、教育法解釈学および教育法社会学として批判する必要があるだろう。

　ここでは、教育法哲学の観点から、後者について、より詳しく検討してみることにしたい。成嶋は、教育目的の法定化に関する教育法学説史を次のように整理している。第一は、立法論的対応である。その内訳は、①「戦後教育改革における戦前の軍国主義的・超国家主義的教育との絶縁を明確にし、戦後教育の指導理念を提示する必要があった」という歴史的事情説、②「法による教育目的の提示をむしろ積極的に捉え、『国民の教育権論』はこれらの目的・理念に基づく教育内容を国家に対して要求していく権利である」という教育内容要求権説（主権者教育権説）、③「『政治的理由による正当化論』として排斥し、法的な正当化として、旧教基法の規定が憲法に内在する教育目的の確認規定である」という憲法内在説、④「憲法・旧教基法の教育目的・理念が、人類普遍の価値原理に立脚していることにその正当性の根拠を求める」という普遍的価値説、⑤「法による教育目的・目標規定の妥当性を端的に否認し、立法論としてその廃止を主張する」という目的法定の正当性否認説、である。第二は、解釈論的対応である。その内訳は、⑥「法定された教育目的は教育内容そのものではなく、その外枠ないし前提条件たる『内容的制度基準』『学校制度的基準』である」という内容的制度基準説、⑦「教育目的規定の名宛て人を区別し、国家権力にとっては裁判規範、国民にとっては訓示規定」[24]という国家権力拘束説、である。すなわち、教育目的の法定の諸説を通していえることは、それは「教育に法はなじむのか」をめぐる問題である、ということである。このなかで、成嶋によれば、堀尾は、④普遍的価値説である、と位置づけられているが、正確には、①歴史的事情説をふまえたうえでの④（未来へと開かれた）普遍的価値説、となるだろう[25]。なお、兼子は⑥内容的制度基準説・⑦国家権力拘束説、永井は①歴史的事情説・②教育内容要求権説（主権者教育権説）である[26]。

24)　成嶋隆「教育目的・目標法定の意義と限界」日本教育法学会編『教育法の現代的争点』（法律文化社、2014年）9-12頁。

25)　堀尾輝久「第1条（教育の目的）」前掲書（注22）参照。

26)　旧・教育基本法1条と新・教育基本法1条の逐条解説としては、世取山洋介「第1条（教育の目的）」日本教育法学会編『コンメンタール教育基本法』（学陽書房、2021年）参照。

　教育基本法の教育の目的をめぐる問題は、教育目的の法定だけではなく、教育目的が措定する「人間像」が問題とされなければならない。人間像については、小林が教育法学への問題提起として、「現代の教育学と教育法学は、その根底に人間学——正確には"人間の哲学"とでもいうべきか——を持たなければならない」[27]、と提言している。また、堀尾は、「人間像の問題を、発達的視点から検討するという仕事が、未開拓の分野として残されている」[28]と指摘したうえで、「総合的人間学としての教育学」[29]という教育学構想を問題提起している。このような教育法哲学の理論研究からすれば、教育と法の連関を人間の相において問う、ということが現在の研究課題である、ということができるだろう[30]。

## 2　教育行政と国家像

　第二、不当な支配の禁止をめぐる問題について。その前提としては、「教育への権利の保障・救済」という（広義の）教育学における教育行政をめぐる問題があるわけであるが、日本国憲法26条（教育を受ける権利）が宣言したその「権利」という理念自体が、新・教育基本法や学校教育法・社会教育法・地方教育行政の組織及び運営に関する法律などの教育法令によって「機会」へと変質させられている現実がある。つまり、日本国憲法・教育基本法・子どもの権利条約法制をどのように理解するのか、ということがいま問われている、という視野の下で、不当な支配の禁止をとらえなければならない、ということなのである。

---

27)　小林直樹「現代教育における人権」『現代基本権の展開』（岩波書店、1976年）337頁。また、小林の人間学の本格的な研究については、小林直樹『法の人間学的考察』（岩波書店、2003年）など参照。

28)　堀尾輝久「あとがき」編『教育基本法文献選集2　教育の理念と目的　前文、第1条、第2条』（学陽書房、1977年）321頁。

29)　堀尾輝久「現代における子どもの発達と教育学の課題」『人間形成と教育——発達教育学への道』（岩波書店、1991年）参照。

30)　小林や堀尾が問題提起した総合人間学については、宮盛邦友「憲法・教育法の人間学　小林直樹（こばやしなおき）1921-2020年」季刊教育法212号（2022年）、下地秀樹「総合的人間学としての教育学」田中孝彦・田中昌弥・杉浦正幸・堀尾輝久編『戦後教育学の再検討　下　教養・平和・未来』（東京大学出版会、2022年）参照。

　そうすると、戦後改革・戦後史・地球時代の中で、旧・教育基本法10条（教育行政）および新・教育基本法16条（教育行政）の教育条理解釈が課題となる。旧・教育基本法10条は、1項で不当な支配に服しない教育の直接責任性という「教育」を、2項でその教育をふまえた教育条件整備という「教育行政」をそれぞれ規定をして、全体として「教育行政」である、という法の構造を採用している。つまり、教育と教育行政（あるいは、教育と公教育）の連関の中で、公教育における教育に対する不当な支配の禁止、すなわち、教育における国家の役割・任務を問うていたのである[31]。本条の代表的な法解釈としては、兼子による、「本条による『教育の自主性』（それは『学問の自由』と『教育をうける権利』の憲法的保障に連なっている）、教育行政による法的拘束力をもつ教育支配は、その制度的強さからして、定型的に『不当な支配』に当ると解さなければならない」[32]、という国家の役割・任務を必要最小限とする教育の自由・自律性があり、堀尾もまた同様である[33]（これに対して、永井は、人権を保障・救済する国家の役割・任務を積極的に位置づけている）。新・教育基本法16条では、1項で教育と教育行政の連関は問われているものの、2-4項で国と地方公共団体の役割・任務を規定している。つまり、教育に対する不当な支配の禁止にあたっての、不当な支配に当たらない教育行政（公教育）の役割・任務が明確化されたのである。これを受けて、市川須美子は、「新教育基本法の憲法適合的解釈のために、『不当な支配』の禁止の教育法原理としての意義の究明」[34]が課題である、と指摘する[35]。こうした不当な支配の主体に国・地方自治体が入るかどうかをめぐっては、各種の教育裁判で争われてきたわけであるが、それが新・教育基本法である決着をみた、と理解することができる。今後、これらの教育裁判過程に関す

---

31)　教育法社会学の研究課題である旧・教育基本法10条（教育行政）については、宮盛邦友「子ども・父母・教師・地域住民の教育要求に直接応える教育と教育行政の制度構想──『教育の直接責任性』研究の序論的考察」北海道大学大学院教育学研究院紀要117号（2012年）参照。

32)　兼子仁「教師の教育権と父母の教育要求権」前掲書（注1）294頁。

33)　堀尾輝久「第10条（教育行政）」兼子・前掲書（注22）参照。

34)　市川須美子「『不当な支配』の禁止」日本教育法学会編・前掲書（注24）23頁。

35)　旧・教育基本法10条と新・教育基本法16条の逐条解説としては、今野健一ほか「第16条（教育行政）」日本教育法学会編・前掲書（注26）参照。

る教育法社会学的な考察に取り組む必要が重要な意味をもつであろう[36]。

　ここでは、教育法哲学の観点から、さらに不当な支配の禁止の内実について検討してみることにしたい。不当な支配の内容は、教育の内的事項外的事項区分論に従えば、国・文部科学省による内的事項の不当な支配である、「教員政策」と「学習指導要領」を具体的には指している。これは、国・文部科学省が、教育の規制緩和・地方分権を通じても、絶対に手放さなかった国事的事項である。教員政策にあっては教員評価制度などの教育法規を通して、学習指導要領にあっては国旗・国歌の強制にみられるような法的拘束力でもって、国は学校に対する国家統制の枠づけをおこなっている。こうした教育の国家統制は、教育行政によって徹底化されており、教師たちは、教育条理に照らして教員政策や学習指導要領をとらえることなく、ただ教育行政に服従するのみである。すなわち、教育の国家統制を支えているのは、教師が教育に対する不当な支配をすることなく、国が教育法規に基づいて教育の中立性を担保する、という論理である。その際に、国が教育に対して責任をもって行わなければならない根拠としてつねに挙げられる理由が、「全国的な教育の機会均等」と「全国的な教育水準の維持向上」の二点である。これが、いわゆる「国家の教育権」と呼ばれるものの内実であり、新・教育基本法にはこれが規定されたのである。こうした国家の教育権が、日本国憲法が規定する「教育を受ける権利（教育への権利）」（すなわち、国民の教育権）を保障・救済しているのかどうか、が問われないままに、あるいは、無視されて、法律をつくることで強制的に正当化されていることは、人権に対する国家（すなわち、教育条理）という観点からして、厳しく批判されなければならないだろう。また、教育法学としては、あらゆる教育判例が教育行政における教員管理政策や学習指導要領による法的拘束力を認めている現状において、不当な支配の主体に国・地方自治体も含まれるということを教師の教育権（教師の教育の自由）や学習指導要領の法的拘束力の違法性の視点から批判

---

36)　さしあたり、宮盛邦友「現代人権における〈教育と公教育〉観の再検討――国旗・国歌訴訟の〈裁判過程〉を中心にして」藤野美都子・佐藤信行編著『植野妙実子先生古稀記念論文集　憲法理論の再構築』（敬文堂、2019年）参照。

する教育裁判闘争にとどまらず、現代にふさわしい教育法の実践・運動の創造に取り組む必要性があるのではないだろうか[37]。こうして、不当な支配の禁止を通して言えることは、やはり、それは「教育に法はなじむのか」をめぐる問題である、ということである。

　教育基本法の教育行政をめぐる問題は、不当な支配の禁止に関する問題にとどまらず、教育行政を規定する「国家像」が問題とされなければならない。国家像については、小林が人権論の原理的考察と並んで、国家およびグローバリゼーションを問題としており、また、堀尾は、古典近代における国家と教育の関係が近代後期になると変質した問題を、『現代教育の思想と構造』において解明している[38]。このような教育法哲学の理論研究からすれば、教育と法の連関を国家の相において問う、ということも現在の研究課題である、ということができるだろう。

## Ⅳ　国民の教育権論の諸相

　では、教育法学理論である国民の教育権論について、教育学・教育法哲学の観点からみていくことにしよう。国民の教育権とは、内野正幸によると、「"国家の教育権"と対立するとされてきた概念であり、そこにいわれる"教育権"とは、教育内容を決定し教育を実施する権利・権能を意味する」[39]、と定義されている。しかし、兼子は、教育権について、「『国民の教育権』は国民個々人の教育人権のはずであり、"国家の教育権"といわれるものは、性質上国家権力による教育内容決定としての教育権力にほかならないので、両者は本質が異なり、"教育権は国民にあるのか国家にもあるのではないか"という問い方は正しくない」[40]、と注釈しており、これらからは、国民の教

37)　その一つに、子どもの権利と学校の公共性で開かれた教職の専門性を問う、「開かれた学校づくり」がある。宮盛邦友『現代学校改革の原理と計画のために』（学文社、2022年）参照。

38)　小林直樹「国家——及びグローバリゼーション」『憲法学の基本問題』（有斐閣、2002年）、堀尾・前掲書（注15）参照。

39)　内野正幸「国民の教育権」前掲書（注2）305-306頁。

40)　兼子仁「教育権」同上143頁。

育権が論争的な概念であることがわかる。

　戸波江二は、論文「国民教育権論の展開」において、国民の教育権論の多様なヴァリエーションを教育法学説史として次のように整理している。①堀尾の学習権論[41]である。その意義は、「教育を受ける権利を学習権と把握し、学習権を基礎に据えたことにある」、という。②永井の人権・主権者教育権論[42]である。その最大の特徴は、「教育を憲法・人権論から基礎づけ、とりわけ憲法26条の教育を受ける権利を特定の教育内容を要求する権利と構成していることである」、という。③兼子の自由主義的国民教育権論[43]である。兼子説は、「教師の教育の自由に基づいて、国家の教育内容への関与を否定する自由主義教育法学とよぶにふさわしい理論であり、教育法学の通説的地位を占めている」[44]、という。堀尾は子どもの（発達と学習の）権利を、永井は基本的人権としての主権者教育権論（教育内容要求権）を、兼子は教師の教育の自由を、それぞれ中軸として国民の教育権論を展開したのである。

　これに対して、最高裁旭川学力テスト判決や子どもの人権裁判を通して、国民の教育権は教育内容決定権である（例えば、内野正幸・坂田仰など）、

41)　堀尾・前掲書（注15）、堀尾輝久『人権としての教育』（岩波現代文庫、2019年）参照。なお、堀尾学習権論の解題としては、佐貫浩「『国民の教育権論』継承の視点——堀尾輝久『国民の教育権論』と今日の教育学の課題」田中孝彦・田中昌弥・杉浦正幸・堀尾輝久編『戦後教育学の再検討　上　歴史・発達・人権』（東京大学出版会、2022年）参照。

42)　兼子仁『国民の教育権』（岩波新書、1971年）、堀尾輝久・兼子仁『教育と人権』（岩波書店、1977年）参照。堀尾と兼子の国民の教育権論の関係は、人間教育法における基本的人権（堀尾）と統治機構論（兼子）として共通性を持っているが、堀尾のいう人権としての教育（および、教師の権限と責務）と兼子のいう教育人権（および、それに基づく教師の教育権）は位相が異なっている。なお、兼子教育の自由論の解題としては、市川須美子「教育条理解釈にもとづく人間教育法学」兼子・市川編著・前掲書（注6）参照。

43)　永井憲一『国民の教育権〔改訂版〕』（法律文化社、1980年）、永井憲一・堀尾輝久編『教育法を学ぶ〔第2版〕　国民の教育権とはなにか』（有斐閣、1984年）参照。堀尾と永井の国民の教育権論の関係は、堀尾は人間教育法を、永井は公民教育法を、それぞれ基軸としているためにその構造が異なっているが、日本国憲法・教育基本法・子どもの権利条約法制における基本的人権としては共通性を持っている。なお、永井主権者教育権論の解題としては、兼子仁「永井法学における教育基本権論の発展——主権者教育権から生涯自己教育権へ」刊行委員会『憲法と教育法——永井憲一教授還暦記念』（エイデル研究所、1991年）参照。

44)　戸波江二「国民教育権論の展開」日本教育法学会編『講座現代教育法1　教育法学の展開と21世紀の展望』（三省堂、2001年）109-111頁。

国民の教育権論は教師の教育権論である（例えば、今橋盛勝・西原博史など）、という批判がある。その結果、教育権論は権限配分アプローチである、という主張もなされている。しかし、前者の考え方は、永井教育権論の中核が教育内容要求権にあることから批判されたものとみられ、後者の考え方は、兼子教育権論の中核が教師の教育の自由にあるところから批判されたものとみられる。少なくとも、教育学・教育法哲学を基盤とする国民の教育権論である、子ども・親・教師・国家などの権利・義務関係の総体であると展開する堀尾教育権論への批判としては、これらは、およそ、妥当な批判ではない。しかし、堀尾教育権論（子どもの権利論）における教師の権限と責務をめぐる問題（教師の教育権）、および、国民総かがりで英知を結集するルートをめぐる問題（学習指導要領）は、教育条理論・教育法哲学としてさらに掘り下げなければならないきわめて重要な課題であることも、付け加えておきたい[45]。

　そして、国民の教育権論は、日本国憲法・教育基本法・子どもの権利条約法制の教育条理からいえば、「子どもの権利」を中軸とした教育に関わる主体の権利・義務関係の総体として再構成することが、「教育とは何か」が問われている現代において、大変に重要なのではないだろうか。

## V　おわりに

　以上、「教育学からアプローチする教育法学」を論じてきたが、最後に、本章（および第8章）をふまえたうえで、私の教育法学構想を、シラバス風に、提示して終わりにしたい。

　　テーマ：
　　　教育法学と日本国憲法・教育基本法・子どもの権利条約

---

45)　詳しくは、宮盛邦友「子ども参加と学校づくり」『現代の教師と教育実践〔第2版〕』（学文社、2019年）、宮盛邦友「国家と行政は教育内容にいかに関わるか――『教育内容と国家』研究の序論的考察」東京大学大学院教育学研究科・教育行政学論叢26号（2007年）参照。

内容：

　本講義では、現代日本の教育法について、教育法学を通して、分析する。教育と法をめぐっては、国家と国民、あるいは、教師と親・子ども、という間で教育裁判になっており、教育に関する主体の権利・義務関係が問われている。法学と教育学の学際的研究である教育法学は、教育条理を基盤として、その法原理と法計画を解明しようとする学問である。そこで、日本国憲法26条（教育を受ける権利）を中心として、戦後改革・戦後史・地球時代における日本国憲法・教育基本法・子どもの権利条約法制や教育裁判・判例を取り上げることで、こうした諸問題を深めることにしたい。

　　①教育法と法学・教育学——教育条理
　　②教育を受ける権利・教育への権利——家永三郎教科書検定訴訟、杉本判決
　　③国民の教育権——最高裁旭川学力テスト判決
　　④日本国憲法・教育基本法——戦後教育改革
　　⑤子どもの権利条約——国際教育法
　　⑥日本国憲法・教育基本法・子どもの権利条約法制——教育目的の法定化、不当な支配の禁止
　　⑦人権・子どもの権利・子どもの人権——第1・第2・第3の教育法関係
　　⑧子どもの権利と親権——体罰
　　⑨子どもの権利とパレンス・パトリエ（国親思想）——少年非行
　　⑩子ども法と学校経営——登校拒否・不登校
　　⑪子ども法と市民的公共性——いじめ・児童虐待
　　⑫子どもの権利と開かれた教職の専門性——国旗・国歌予防訴訟、難波判決

第二部

# 教育法学の実践研究

# 第3章
# 憲法にとっての教育判例研究

寺川 史朗

## I　教育を受ける権利

### 1　教育を明記する憲法条文と教育判例への影響

　日本国憲法が教育について直接明記している条文は一か条のみである。憲法26条１項では「すべて国民は、法律の定めるところにより、その能力に応じて、ひとしく教育を受ける権利を有する」とされ、同条２項では「すべて国民は、法律の定めるところにより、その保護する子女に普通教育を受けさせる義務を負ふ。義務教育は、これを無償とする」と定められている。この26条以外に教育について直接明文で規定する条文はない。そこで、同条の文言がそれぞれ具体的にどのような意味を持つものであるかを検討する必要が生じる。なかでも、「教育を受ける権利」は、教育をめぐる諸種の裁判の結末を左右する基本的かつ原理的な性格を持つため、その意味内容を問うことはきわめて重要である。

### 2　教育を受ける権利

　教育について何らの規定も持たなかった大日本帝国憲法の時代、教育は憲法および法律事項ではなく、「教育ニ関スル勅語」（教育勅語）その他の勅令事項であった（教育勅令主義）。教育勅語においては教育を権利としてとらえる発想はなく、「一旦緩急アレハ義勇公ニ奉シ以テ天壌無窮ノ皇運ヲ扶翼スヘシ」という一節にみられるように、天皇を中心とした国家体制に一大事

があればそれを支え助けることを臣民に義務づけるものであった。

　では、現行の憲法26条1項で保障される教育を受ける権利とは、いったいどのような権利なのだろうか。これについては憲法25条の生存権保障における文化的側面をなすものであるとするのが古くからの通説であったが（生存権説・経済的権利説）[1]、これに対しては、教育を受ける者、すなわち子どもがその主体であることから、教育を受ける権利を子どもの権利としてとらえ、「子どもの人権の中核をなす学習権の実定法的規定であり」、「子どもの学習の権利を現実に充足させるような教育を実際に受ける権利を、憲法上の権利として認め」たものであるとする立場[2]や、「教育はまさに人間を育てる人間活動であるという『人間教育』観こそがふさわしい」とし、「こんにちの人間教育は“人権をふまえた教育”でなければならず、とりわけ子どもの人間らしい成長・発達の保障にかかわる学習権という『教育人権』（教育特有な人権）を実現する働きであることが要請されている」とする立場から[3]、大きな批判を浴びた。

　教育を受ける権利の意味内容をめぐっては、（旧教育基本法1条や8条とあわせ読むと）「戦後教育の目的が、たんなる“人格の完成”にあるのではなく、よりよき主権者として日本国憲法の理念とする『平和主義と民主主義』の国を維持し発展させる資質（政治的教養）を備えた“人格の完成”を求めて」おり、「よりよき次代の主権者となるための公民権・文化権などの主権者教育権を含めて理解されるべきである」と提唱する立場がある（主権者教育権説）[4]。この提唱に対しては、「民主主義・平和・真理をめざすすぐれた国民教育が国民主権を実あらしめることはたしかであるが、がんらい政治原理である国民主権と文化活動たる国民教育とのかかわり方は大いに究明を要

1)　佐藤功『憲法（上）〔新版〕』（有斐閣、1983年）444-445頁。
2)　堀尾輝久『現代教育の思想と構造』（岩波書店、1971年）311頁。
3)　兼子仁『教育法〔新版〕』（有斐閣、1978年）195-199頁。
4)　永井憲一『主権者教育権の理論』（三省堂、1991年）226頁。主権者教育権説が唱えられた初期のものとして、永井憲一『憲法と教育基本権——教育法学のために』（勁草書房、1971年）を参照。例えば、「国民主権の憲法が国民に保障する『教育を受ける権利』は、当然に、そのようなわが国の（平和で民主的な国の）将来の主権者たる国民を育成するという方向の、そうした内容の教育、つまり主権者教育を受けうる権利であるはずである」（永井『主権者教育権の理論』251頁）。

するところで、国民主権憲法下の教育ということでその主たる教育目的をとりわけ"主権者の育成"に見出すことには問題がありうるのではなかろうか」とする批判が向けられるが[5]、提唱者は、現実にその両者を区分することができるのかと疑問を呈している[6]。

　これらのうち、憲法26条1項の教育を受ける権利を子どもの学習権として理解する見解（学習権説）は、後述の旭川学力テスト事件最高裁判決（最大判昭51（1976）・5・21刑集30巻5号615頁）において、「この規定〔憲法26条：筆者注、以下同じ〕の背後には、国民各自が、一個の人間として、また、一市民として、成長、発達し、自己の人格を完成、実現するために必要な学習をする固有の権利を有すること、特に、みずから学習することのできない子どもは、その学習要求を充足するための教育を自己に施すことを大人一般に対して要求する権利を有するとの観念が存在していると考えられる。換言すれば、子どもの教育は、教育を施す者の支配的権能ではなく、何よりもまず、子どもの学習をする権利に対応し、その充足をはかりうる立場にある者の責務に属するものとしてとらえられているのである」と確認されており、多くの支持を集めているといってよい。同じく後述の家永教科書検定第二次訴訟東京地裁判決（東京地判昭45（1970）・7・17判タ251号99頁）においても、「子どもは未来における可能性を持つ存在であることを本質とするから、将来においてその人間性を十分に開花させるべく自ら学習し、事物を知り、これによつて自らを成長させることが子どもの生来的権利であり、このような子どもの学習する権利を保障するために教育を授けることは国民的課題であるからにほかならない」と述べられており、教育を受ける権利の内実を子どもの学習権とみる理解が示されている。

　こうしてみてみると、生存権説（経済的権利説）や主権者教育権説は後退したようでもある。しかし、三つの見解は相互に排他的なものとするのではなく、それぞれの場面で適宜使い分けながら主張しうるものである[7]。例えば、授業料減免制度や奨学金制度の充実を求めるのであれば生存権説（経済

5）　兼子・前掲書（注3）196頁。
6）　永井・前掲『主権者教育権の理論』（注4）227頁。

的権利説）としての側面を主張することが有意であり[8]、いわゆる18歳選挙
権が決まってから特に政治教育やシティズンシップ教育がいっそう叫ばれ、
それらの充実には主権者教育権としての側面を強調することが有意であろう。
かつて主権者教育権説に対しては、国にとって都合のよい「主権者」づくり
のために悪用される危惧を看過しているとの批判が向けられたこともあるが、
平和主義や人権保障という憲法の基本原理を十分理解しそれらを担う個人と
なることも教育を通じて学ぶべき最優先事項である。学習権説が基本である
ことを確認しつつ、日本国憲法が国民主権原理を採用している以上、子ども
たちが国民主権を担う個人、すなわち政治に主体的に参加する、批判的能力
と視点を備えた主権者になることを、教育を通じて実現していくという側面
は排除されてはならない。旭川学力テスト事件最高裁判決においても、上で
引用したくだりにおいて「一個の人間として」のすぐ後で「また、一市民と
して、成長、発達し」としており、もちろん「市民」を定義づけることは困
難を極めるが、「市民」は広い概念でありそこから「主権者」を排除するこ
とはおそらくできないであろうことを考えると、主権者教育権説を全く否定
しているわけではないとみるべきだろう。また、上述の家永教科書検定第二
次訴訟東京地裁判決においても、憲法が「子どもに教育を受ける権利を保障
するゆえん」を説示するくだりで、「民主主義国家が一人一人の自覚的な国
民の存在を前提とする」ことや、「教育が次代をになう新しい世代を育成す
る」ものであることを示し、そのすぐ後で、教育の本質をめぐり、子どもの
学習権の充足や人間性の開発及び人格の完成をめざすことを通じて、「国民

---

7)　渋谷秀樹・赤坂正浩『憲法 1 人権〔第 8 版〕』（有斐閣、2022年）は、「生存権説と学習権説
とは互いに矛盾するわけではなく、後者に前者が包みこまれる関係に立つと理解できる。……この
説〔主権者教育権説：筆者注〕も、学習権説に包摂されると理解しておきたい」として、三つの見
解のうち学習権説を基本に他の二説をそのなかに包摂するものとして位置づけている（同73頁〔赤
坂正浩執筆〕）。
8)　この点、内野正幸「人権・差別と教育法──とくに部落問題をめぐって」日本教育法学会年報
47号（有斐閣、2018年）は、「私としては、経済的権利説を再評価したい。というのも、教育を受
ける機会を極貧ゆえ十分に行かせない人たちのことを大いに気にすべきだからである」と述べ、生
存権説（経済的権利説）を重視している（同34頁）。経済格差の拡大にともなう貧困世帯の増加と
いう現況を受け、生存権説（経済的権利説）をクローズアップする意図があるものと考えられる。

が今日まで築きあげられた文化を次の世代に継承し、民主的、平和的な国家の発展ひいては世界の平和をになう国民を育成する精神的、文化的ないとなみである」と述べており、ここでもまた、主権者教育権説の提唱者の思いと相通ずるものがあることがわかる[9]。

## 3　教育内容決定権をめぐって

　次に、教育の内容を決定するのはだれかという議論がある。これを教育権論争と呼ぶが、教育の内容を決定するのは国であるとする立場（国家教育権説）と、国民であるとする立場（国民教育権説）がある。憲法26条1項が権利保障規定であることからすると、権利を行使する国民の側がその内容を決めるのは当然のことであり、その意味で国民教育権説に立つことを基本とすべきである[10]。その上で、国家教育権説は果たして全面的に否定されるのかという点が問題となる。

　憲法26条1項が社会権規定の一つであることや、条文上「法律の定めるところにより」としていることから、国による関与をまったく否定しているとみることはできない。また、同条2項も、教育を受けさせる義務を具体化することを、同じく「法律の定めるところにより」としており、国会による立法措置を通じた教育への関与を認めている。大日本帝国憲法の時代のように、教育勅令主義のもとで臣民の意思が教育に反映されなかったことと比べると、国民代表機関である国会が教育に関する立法措置を講ずることで、作られた

---

9)　主権者教育権説の提唱者は、その思いを次のように語っている。「自衛のための軍備保持を可能とするための『憲法改正』を党是とする自由民主党が結党され、その政権の教育政策は、したがって日本国憲法の理念である平和と民主主義を必ずしも誠実に実現しようとするものとはみられなかったからである。そうした状況のもとで私は、この憲法を改正するか否かは、最終的には、主権者である国民の憲法意識が決定することになるのであり、その国民の憲法意識は教育によって左右されるところが大きい、と思わざるをえなかった」（永井・前掲『主権者教育権の理論』（注4）2頁）。

10)　佐藤・前掲書（注1）449頁。「国民が『教育を受ける権利』を有するということは、その権利に基づいて国民が受ける教育の内容を決定するのは国民みずからであることを意味する。」「このような教育の内容を決定する権能を教育権とよぶとすれば、旧憲法下においては教育権は天皇ないし国家にあった（天皇＝国家教育権）のに対し、日本国憲法下においては教育権は国民にある（国民教育権）といってよい」（同）。

法律に国民の意思が反映されるという、日本国憲法のかかげる国民主権原理からみると好ましい状況が誕生したことになる。しかし、だからといって、教育の内容について細かなことまで国会が法律で定めることになれば、法律が国会内多数決で成立することを考えると、そこには国会内多数の意思が反映されているだけであり、必ずしも国民の意思を反映したものとはなっていないという問題が生じる。また、教育は子どもたち一人ひとりの成長発達に応じて行われるものであるという側面があるため、教育の内容を細部にわたる事柄まで多数決で決定することにはなじまない。教師や教師集団の専門的知見に委ねることの優位性を否定することもできないだろう。そのため、国会による立法措置は、憲法26条1項で保障される教育を受ける権利、ここではおもに実際に教育を受ける子どもたち一人ひとりの成長発達を助長する学習権を実現するという目的に限定されたものでなければならない。また、法律を執行する立場にある内閣は、教育に関する法律が制定・施行された場合、その執行にあたっては教育を受ける権利を決して阻害してはならないことが憲法上義務づけられる。立法措置を受けた内閣による施行令や施行規則の制定、文部科学省による学習指導要領の作成と同大臣による告示、教科書検定の実施など（なかには違憲の疑いの強いものもあるが）、行政部が教育内容の決定に関与する場合も同様に、教育を受ける権利を阻害してはならない。要するに、国民教育権説に立つことを基本としつつも、国家教育権説が真っ向から否定されることはなく、しかし、それには教育を受ける権利を実現し決して阻害してはならないという限界があると解するのである。そのように解したうえで、教育の内容を決定するのは国か国民かをめぐる議論については、両者のバランスをどのように保ち調整するのかという点に集約されるといってよいだろう。

　ところが、このように考えられるようになるまでには、国家教育権説と国民教育権説の鋭い対立があり、旭川学力テスト事件最高裁判決によって一応の決着をみたのである。

## 4　旭川学力テスト事件最高裁判決
　この事件の直接の発端は1961年に実施された全国中学校一せい学力調査に

ある。文部省〔当時〕は全国の中学校2年生と3年生を対象に学力調査を実施することを決め、調査実施要綱を各都道府県教育委員会教育長等にあて送付し、各都道府県教育委員会に対し調査及びその結果に関する資料、報告の提出を求めた。学力調査の目的は、文部省及び教育委員会においては、教育課程に関する諸施策の樹立や学習指導の改善に役立たせる資料とすること、学習の改善に役立つ教育条件を整備する資料とすることなどが挙げられ、中学校においては、自校の学習の到達度を全国的な水準との比較においてみることにより、その長短を知り、生徒の学習の指導とその向上に役立たせる資料とすることが挙げられていた。

　今でこそ、全国規模での学力調査は当然のように行われているが（たとえば2022年4月19日に小学校6年生と中学校3年生を対象に国語、算数（数学）、理科の調査が実施され、国公私立あわせて当日の参加率は小学校98.7%、中学校94.9%であった）、1961年当時は全国一せいに学力調査を行うこと自体、特に教育現場から大きな反対があった。というのも、文部省が主導して行う学力調査は、国が教育に関与し教育内容を決定する大きな契機を与えるもので、これは教育権論争をめぐる国家教育権を容認し、他方の国民教育権を後退させるものだと考えられたからである。

　また、憲法23条では「学問の自由は、これを保障する」と規定され、その保障内容としては、学問研究の自由、研究成果発表の自由、教授の自由があると解されているところ[11]、このうち、教授の自由は、おもに大学教員が大学において学生に対して教える自由を意味しており、普通教育においても教授の自由が保障されるか、つまり、小中高等学校における教師にもまた憲法23条により教授の自由が保障されるかが問題となる（大学における教授の自由に対し、小中高等学校における教授の自由は「教育の自由」と呼ばれる。教育の自由の保障いかんについては後述）。さらに、事件発生当時の旧教育基本法（2006年に改正される前の1947年制定教育基本法）10条1項では「教育は、不当な支配に属することなく、国民全体に対し直接に責任を負つて行われるべきものである」と規定されていたことから、文部省主導の全国一せ

---

11)　芦部信喜・高橋和之補訂『憲法〔第7版〕』（岩波書店、2019年）173頁

い学力調査が国による「不当な支配」に当たるかどうかも問われたのである。

　北海道旭川市立永山中学校でも1961年10月26日に学力調査が実施されたが、北海道教職員組合旭川支部を中心に地元の労働組合連合会（旭川地方労働組合会議）所属の複数の組合員が、これを阻止するために同校へ突入し、同校校長から強い退去要求を受けたものの退去せず、校長や調査立会人として同校に派遣されていた旭川市教育委員会事務局職員に対し暴行、脅迫を加え、公務の執行を妨害した。これらの行為が建造物侵入罪、公務執行妨害罪、暴行罪に該当するとして起訴されたケースである。

　このなかで最高裁は、教育権論争について、「わが国の法制上子どもの教育の内容を決定する権能が誰に帰属するとされているかについては、二つの極端に対立する見解があり、そのそれぞれが検察官及び弁護人の主張の基底をなしているようにみうけられる」と述べたうえで、次のように整理している。すなわち、ア「国民全体の教育意思は、憲法の採用する議会制民主主義の下においては、国民全体の意思の決定の唯一のルートである国会の法律制定を通じて具体化されるべきものであるから、法律は、当然に、公教育における教育の内容及び方法についても包括的にこれを定めることができ、また、教育行政機関も、法律の授権に基づく限り、広くこれらの事項について決定権限を有する」という見解と、イ「公教育としての子どもの教育は、いわば親の教育義務の共同化ともいうべき性格をもつものであつて、……国の子どもの教育に対するかかわり合いは、右のような国民の教育義務の遂行を側面から助成するための諸条件の整備に限られ、子どもの教育の内容及び方法については、国は原則として介入権限をもたず、教育は、その実施にあたる教師が、その教育専門家としての立場から、国民全体に対して教育的、文化的責任を負うような形で、その内容及び方法を決定、遂行すべきもの」であるという見解である（ア国家教育権説、イ国民教育権説）。最高裁はこのように整理したうえで、「二つの見解はいずれも極端かつ一方的であり、そのいずれをも全面的に採用することはできない」と結論づけた。

　最高裁の判示に対しては、「親の教育の自由の範囲が狭く画定され、他方で国家の教育権限の範囲が広く画定される等の危険性が存するが、『国民の教育権』か『国家の教育権』かの二者択一論を排し、親、教師、私学、国家

等の教育権（限）の範囲をそれぞれ画定していこうとする基本的姿勢自体は、妥当と思われる」との評価が向けられる[12]。そのうえで、「国家・教師・親が、それぞれ子どもの教育を受ける権利を実現すべき義務を負っているのであり、そのためには、それぞれが適切な役割を分担していくことが重要」であり、教育を受ける権利の主体が、学習権を有し、「人格を発展させ能力の開花を果たす権利」を持つ子どもであることから、「『国民の教育権説』に立ちつつも、大綱的基準は国家が、それを受けて教師が個々の子どもの能力に応じて教育を行い、親もまた教育内容について責任を担うと考える」のが妥当であろう[13]。

## 5　教師の教育の自由をめぐって

　旭川学力テスト事件では、小中高等学校の教師に憲法23条の学問の自由に含まれる教授の自由が保障されるか否かについても争われた。国家教育権説の立場から「憲法23条における学問の自由の保障が、学問研究の自由ばかりでなく、教授の自由をも含み、教授の自由は、教育の本質上、高等教育のみならず、普通教育におけるそれにも及ぶと解すべき」であるとの主張がなされたのであるが、最高裁はこの点について次のように判示している。「大学教育の場合には、学生が一応教授内容を批判する能力を備えていると考えられるのに対し、普通教育においては、児童生徒にこのような能力がなく、教師が児童生徒に対して強い影響力、支配力を有することを考え、また、普通教育においては、子どもの側に学校や教師を選択する余地が乏しく、教育の機会均等をはかる上からも全国的に一定の水準を確保すべき強い要請があること等に思いをいたすときは、普通教育における教師に完全な教授の自由を認めることは、とうてい許されない」。

　つまり、大学教員の教授の自由と異なり、小中高等学校の教師には「完全な教授の自由を認めることは」ないということである。確かに最高裁の指摘

---

12)　米沢広一『憲法と教育15講〔第 4 版〕』（北樹出版、2016年）16頁。

13)　加藤一彦・植村勝慶編著『現代憲法入門講義〔第 5 版〕』（北樹出版、2017年）171-172頁［内藤光博執筆］。

する通りではあるが、ここで留意するべきは、最高裁が教師の教育の自由を否定しているのではなく、憲法23条を根拠に一定程度保障されると認めていることである。すなわち、最高裁は憲法23条の保障内容に教授の自由が含まれることを確認したうえで、小中高等学校における教授の自由（これを教師の教育の自由と呼ぶことについては上述のとおり）が大学教育におけるそれとまったく同じように保障されるものではないことを判示しているのである。「普通教育における教師に完全な教授の自由を認めることは、とうてい許されない」と強い論調で述べているため、教師の教育の自由が大幅に否定されているように感じられるかもしれないが、憲法23条を根拠に教師の教育の自由を保障しつつ、そこには最高裁が述べた諸種の理由からくる限界があると読むべきであろう。

　この点、文部省による教科書検定不合格処分を受けた教科書執筆者が当該処分の取り消しを求めた家永教科書検定第二次訴訟における一審東京地裁判決が、「教師に教育の自由を保障することは、近代および現代における教育思想および教育法制の発展に基本的に合致し、また、わが国における戦後教育改革の基本的方向と軌を一にするばかりでなく、ことに最近における教育に関する国際世論の動向にも沿うゆえんであると考えられる」として、「教員は、職責の遂行にあたつて学問の自由を享受するものとする」とするILOとユネスコ合同の「教員の地位に関する勧告」（1966年）にふれながら、「憲法23条は、教師に対し、学問研究の自由はもちろんのこと学問研究の結果自らの正当とする学問的見解を教授する自由をも保障していると解するのが相当」であり、「下級教育機関における教師についても、基本的には、教育の自由の保障は否定されていないというべきである」と述べていることに注目すべきであろう。

　もっとも、判例上確立されているわけではないものの、学説上は、教師の教育の自由の憲法上の根拠規定について、憲法23条ではなく、26条にあるとする見解も有力であり、それによれば、教師の教育の自由は、教育を受ける側（児童生徒）の権利、すなわち憲法26条１項にいう教育を受ける権利を充足するための自由として構成するべきだとされる。たとえば、「従来の"教育の自由"論は、概していえば、国家権力からの教育の自由を内容的に強調

することに力点がおかれるものが多く、それを“国民の教育権”論の中核として主張するものであり、要するに、教育ことに教育内容に関する国家権力の干渉を排除するための、いわば法制度論として“教育の自由”論であったといえる」のであり、それに対して「遅れていたのは、いわば人権としての“教育の自由”論であった」とする立場から、「“国民の教育権”論は、国民の“教育を受ける権利”を原点」とし、「人権としての“教育の自由”論を展開させて」いかなければならず、「それは憲法26条と教育の自由との関連を論理的に明確にする作業、いいかえれば、教育の自由を現代的自由権として理論的に明確にする作業から出発すべきである」とする指摘がある[14]。また、「研究成果を教授する者（教授主体）の教授活動の自由として、他の何ものからの規制をも受けない絶対的な自由である」のが教授の自由であるのに対し、「『教育の自由』は教育を受ける者（学習主体）の成長・発達（の権利）の十全な実現のために、このことに責任をもつ教師・父母国民の、その責任を全うし得るための自由であって、したがって、その限りで、学習主体の権利（学習と発達）の充足の態様と段階に規定（規制ではなく）される、いわばその権利の十全な実現のために必要且つ妥当性を有する『自由』であり、教授の自由とは別個・固有の原理的根拠を有する『自由』である」と位置づけ、教育の自由について「憲法上、第26条に基づくものないしは……『直接憲法の原理そのものから導』かれる、いわゆる憲的自由に根拠づけられるものと把握されるべきである」とする見解も重要である[15]。これらについては、「『教育の自由』を学問の自由とは、いちおう別個のものとして位置づけ、『教育を受ける権利』の観点から根拠づけようとするこの見解は、傾聴に値する」と好意的に評価されている[16]。教授の自由を含む「『学問（研究）の自由』は研究を行う者自身のための自由であるのに対し、『教育の自由』は教育を行う者自身のための自由ではなく、その教育のもとで学習する子ども等、学習する者のための、教育に従事する者の職能上の自由であるとの考

14）　永井憲一『憲法と教育基本権〔新版〕』（勁草書房、1985年）62頁。
15）　山崎真秀『憲法と教育人権』（勁草書房、1994年）115-116頁。
16）　野中俊彦・浦部法穂『憲法の解釈 II 人権』（三省堂、1990年）177-178頁［浦部法穂執筆］。

えから、憲法26条に根拠をもつものと解されるし、解すべきである」という
のが[17]、教育の自由の憲法上の根拠規定を26条に求める最大の理由である。

## Ⅱ 教育をめぐる裁判例

### 1 国による教育内容・方法への介入

　教育をめぐる裁判例（教育判例）には多くのものがあり、それらのなかか
らまず、国による教育内容・方法への介入に関する裁判例を、学習指導要領、
教科書検定の順に紹介しよう。

　学習指導要領とは、文部科学省が定める小中高等学校における教育課程
（カリキュラム）の基準であり、全国的に一定の教育水準を保つことができ
るように策定されるものである。現在は約10年ごとに改訂され、文部科学省
が官報に掲載することで告示している。問題となるのは、「告示」という形
式の学習指導要領が法的拘束力を有するか否かである。このことが争われた
訴訟に伝習館事件がある。これは、福岡県立伝習館高等学校で教科書を使用
せず学習指導要領から逸脱した教育を行った教師3名を福岡県教育委員会が
懲戒免職処分としたことにつき、当該処分の取消しを求めて提訴したもので
ある。ここでは、学習指導要領に法的拘束力があるかという点のほかに、教
師に教科書使用義務があるかという点も争われた。最高裁は、学習指導要領
について「法規としての性質を有する」ものであることを認め、「学校教育
法51条〔現62条〕により高等学校に準用される同法21条〔現34条〕」は「教
科書使用義務を定めたものである」との判断を示した（最一小判平2
(1990)・1・18判タ719号72頁）。学習指導要領については、明確な法的根拠
が無く、文部科学省告示という形式がなにゆえに法的拘束力を肯定すること
になるのかという批判が根強い。また教科書の使用義務については、使用義
務自体はあるものの、具体的な使用方法は教育の自由に含まれるものであり
教師に一任されていると解すべきであろう。

　小中高等学校の授業で使用される教科書（教科用図書）は、文部科学大臣

---

17) 山崎・前掲書（注15）234頁。

による検定を経たものでなければならない（学校教育法34条1項など）。検定は複雑な手続きをたどるが、要は文部科学省が出版社から申請された図書につき、それが学習指導要領に沿っているかどうかをチェックする仕組みである。検定不合格になると教科書として使用することができない。上述の家永教科書検定第二次訴訟を含む一連の教科書検定訴訟は、東京教育大学教授であった家永三郎が執筆した高等学校用の『新日本史』について文部省が検定不合格処分としたことにつき、教科書執筆者である家永が当該処分の取消しなどを求めて提訴したものである。

　教科書検定をめぐっては、教科書執筆者の思想・良心の自由（憲法19条）や、表現の自由（21条1項）、学問の自由（23条）などに対する制限であるか否かも、もちろん争点となるが、もっとも重要なのは、「検閲は、これをしてはならない」と定める憲法21条2項前段に違反しないか否かという点である。広狭いくつかの見解がある「検閲」の定義につき、最高裁はそれを狭く解し、「憲法21条2項にいう検閲とは、行政権が主体となって、思想内容等の表現物を対象とし、その全部又は一部の発表の禁止を目的とし、対象とされる一定の表現物につき網羅的一般的に、発表前にその内容を審査した上、不適当と認めるものの発表を禁止することを特質として備えるものを指す」とした上で、文部省による教科書検定は、「一般図書としての発行を何ら妨げるものではなく、発表禁止目的や発表前の審査などの特質がないから、検閲に当たら」ないと述べている（第一次訴訟上告審判決、最三小判平5（1993）・3・16民集47巻5号3483頁）。最高裁は、その後別の訴訟においても、他の憲法上の争点も含め教科書検定制度について合憲と判断している（高嶋教科書検定訴訟、最一小判平17（2005）・12・1判タ1202号232頁）。

## 2　国・地方公共団体・学校と教師との関係

　教師が国や地方公共団体、学校との関係で何らかの不利益を受けることがあり、それが訴訟に発展することもある。1989年の学習指導要領改訂に伴い、入学式や卒業式といった学校行事の際の「日の丸」掲揚と「君が代」斉唱が事実上いっそう強制されたが、その当時はまだ「日の丸」を国旗、「君が代」を国歌とする法的な根拠はなく、法整備はそれから10年後の1999年、国旗及

び国歌に関する法律（国旗国歌法）の制定によってなされた。この前後の頃から学校行事の際に、国旗掲揚と国歌斉唱が校長による職務命令として発せられ、その職務命令に違反した教師に対し不利益な処分が下されるというケースが相次いだ。

　東京都日野市立の小学校に勤める音楽専科の教師は、入学式の国歌斉唱の際に「君が代」のピアノ伴奏を行うよう校長より命じられた。しかし同教師は自らの思想、信条にもとづきこの職務命令に従わなかったところ、東京都教育委員会から戒告処分を受けたというものである。同教師は校長による職務命令が思想・良心の自由を保障する憲法19条に違反し、本件戒告処分が違法であるなどとして、当該処分の取消しを求める訴訟を起こした。これにつき最高裁は、校長による職務命令が同教師の「君が代」をめぐる歴史観や世界観を直ちに否定するものではないことや、入学式の国歌斉唱の際に「君が代」のピアノ伴奏をすることは音楽専科の教師には通常想定・期待されるものであること、同教師は地方公務員であり上司の職務命令に従わなければならないこと、校長による職務命令は関係諸規定の趣旨にかなうものであることなどを理由に、「本件職務命令は、上告人の思想及び良心の自由を侵すものとして憲法19条に反するとはいえない」と判断している（最三小判平19（2007）・2・27民集61巻1号291頁）。

　ほかにも、卒業式や入学式において起立して国歌斉唱するよう命じた校長による職務命令に従わず起立しなかった東京都の市立中学校教師らが、東京都教育委員会から戒告処分を受けたことをめぐり、当該処分の取消しなどを求める訴訟を提起している。これにつき最高裁は、校長による職務命令を憲法19条違反には当たらないとし、教師らの主張をしりぞけた（最三小判平23（2011）・6・14民集65巻4号2148頁）。

## 3　学校・教師と生徒との関係

　学校や教師から不利益な扱いを受けた生徒が訴訟を起こすこともある。これについては、校則の問題、内申書への記載内容、宗教上の配慮を取り上げてみよう。

　近年いわゆる「ブラック校則」が問題となっているが（生まれつき髪の色

が明るい生徒に「地毛証明書」の提出を求めるなど）、一般社会では禁止されていない事柄がなにゆえに学校では禁止されるのかという問題が常に校則にはつきまとう。

　道路交通法は16歳未満の者に普通二輪免許（オートバイの運転免許）を与えないと定めているが、これにしたがうと16歳以上であれば高校生もオートバイの免許を取得することができる。しかし、高等学校ではいわゆる「バイク三ない運動」が展開され、免許取得、購入、運転を校則で禁止するところが多かった。この校則に反したことが原因で自主退学勧告を受けその後退学した元生徒が当該校則ならびに自主退学勧告が憲法13条、29条などに違反するとして学校法人を相手取り損害賠償を請求した事件がある（東京学館高校バイク禁止校則事件）。最高裁は、私立学校と在学する生徒の関係を私人間の関係とみて、「憲法上のいわゆる自由権的基本権の保障規定」が「私人相互間の関係について当然に適用ないし類推適用されるものでない」と述べ違憲性について判断せず、諸般の経緯や事情を勘案し「本件自主退学勧告が違法とはいえない」と結論づけた（最三小判平11（1999）・9・3判タ770号157頁）。

　ほかにも校則で禁止されているパーマをかけたことや学校に無断で普通自動車運転免許を取得したことが原因で自主退学勧告を受けその後退学した元生徒が当該校則の違憲性を訴えた修徳高校パーマ退学事件において、最高裁は、「私立学校である修徳高校の本件校則について、それが直接憲法の右基本的保障規定に違反するかどうかを論ずる余地はない」とした上で、「本件校則は社会通念上不合理なものとはいえず、生徒に対してその遵守を求める」ことは違法とはいえないと判断している（最一小判平8（1996）・7・18判タ936号201頁）。なお、パーマと同様髪型については、男子生徒の髪型を「丸刈・長髪禁止」とした校則が憲法14条、21条などに反するかどうかが争われた事件がある（熊本丸刈り校則事件）。これにつき熊本地裁は当該校則を違憲ではないとした上で、「本件校則はその教育上の効果については多分に疑問の余地があるというべきであるが、著しく不合理であることが明らかであると断ずることはできない」と述べ、「校長が本件校則を制定・公布したこと自体違法とは言えない」と結論づけた（熊本地判昭60（1985）・11・

13行集36巻11・12号1875頁、確定）。

　内申書の記載内容によって不利益な扱いを受けたとして争われた訴訟に麹町中学内申書事件がある。東京都千代田区立麹町中学校において機関誌の発行や、学校文化祭における他校生徒との校内乱入、ビラ配りといった行為をした生徒につき、それらの行為が内申書（調査書）に記載され、また、当該内申書が高校入試の資料とされたことで不合格になったことを受け、内申書へのこれらの記載が憲法19条、21条、26条などに違反するとして、東京都と千代田区を相手取り損害賠償を請求したものである。最高裁は、たとえば憲法21条に関し、当該生徒の「性格、行動を把握し得る客観的事実としてこれらを本件調査書に記載し、入学者選抜の資料に供した」ものであり、当該生徒の表現の自由を侵害したり違法に制約したりするものではないとの判断を示すなどして、生徒側の主張をしりぞける判決を下した（最二小判昭63（1988）・7・15判タ675号59頁）。

　宗教上の配慮をめぐっては、剣道実技不受講事件が挙げられる。

　1990年4月、神戸市立工業高等専門学校（神戸高専）に「エホバの証人」の信者である学生が入学する。その学生は、聖書中の「国民は国民に向かって剣を挙げず、彼らはもはや戦いを学ばない」などとする教えに基づき、同校の必修科目である体育のうち剣道の実技に参加しなかった。同校の学則上、進級の認定を受けるためには、当該学年において習得しなければならないとされている科目の全部について不認定のないことが必要とされていたところ、その学生は剣道の実技に参加しなかったため、体育の単位が認定されず、第2学年に進級できなかった（学校側は原級留置処分とした）。次の年度も同様の事情で進級できなかったことから、連続して2回進級することができなかった学生に対し退学を命ずることができるとする学則上の規定に従い、校長はその学生を退学処分とした。そこで、この学生が、校長を相手取り、信教の自由や学習権への侵害を主張しながら、2度にわたる原級留置処分と退学処分の取り消しを求める訴訟を提起したものである。

　最高裁は、校長による各処分が裁量権の範囲を超える違法なものであると判断したが、ここでは、学生からの「信仰の核心部分と密接に関連する」真摯な要求に対し学校側が十分な考慮をしていなかったことが指摘されている

（最二小判平 8 （1996）・3・8 民集50巻 3 号46頁）。すなわち、その学生は、信仰上の理由から剣道実技には参加できないとしたものの、準備運動などには参加し、レポートなどの代替措置を講じてほしいと何度も求めたそうである。しかし、学校側は十分な考慮をしないままその求めを拒否しており、最高裁はこの点を重視し次のように述べたのである。

　「被上告人〔退学処分を受けた学生〕は、レポート提出等の代替措置を認めて欲しい旨繰り返し申し入れていたのであって、剣道実技を履修しないまま直ちに履修したと同様の評価を受けることを求めていたものではない。これに対し、神戸高専においては、被上告人ら『エホバの証人』である学生が、信仰上の理由から格技の授業を拒否する旨の申出をするや否や、剣道実技の履修拒否は認めず、代替措置は採らないことを明言し、被上告人及び保護者からの代替措置を採って欲しいとの要求も一切拒否し、剣道実技の補講を受けることのみを説得したというのである。本件各処分の前示の性質にかんがみれば、本件各処分に至るまでに何らかの代替措置を採ることの是非、その方法、態様等について十分に考慮するべきであったということができるが、本件においてそれがされていたとは到底いうことができない」。「信仰上の理由に基づく格技の履修拒否に対して代替措置を採っている学校も現にあるというのであり、他の学生に不公平感を生じさせないような適切な方法、態様による代替措置を採ることは可能であると考えられる」。

　このように学生側の主張が全面的に認められたのは、学校側が代替措置について何ら検討することもなく各処分としたことが裁量権の範囲を超える違法なものだと判断されたのであり、この判決文の読み方によっては、学校側が十分に検討したうえで、それでもなお各処分としたならば（特に退学処分について慎重な検討を重ねた上でのことであれば）、裁量権の範囲を超える違法なものとは判断されなかった可能性も残っている。しかし、本判決は、もちろん原級留置処分や退学処分に至るまでの手続き面の不備を衝くものであるが、その内実は各処分とするうえできわめて慎重配慮を求めており、学生から学習の機会を軽々に奪わないようにすることを眼目としていることがうかがえる。そのことは、判決文の次のような一節にみることができる。

　「退学処分は学生の身分をはく奪する重大な措置であり、学校教育法施行

規則13条３項〔現26条３項〕も４個の退学事由を限定的に定めていることからすると、当該学生を学外に排除することが教育上やむを得ないと認められる場合に限って退学処分を選択すべきであり、その要件の認定につき他の処分の選択に比較して特に慎重な配慮を要するものである」。「また、原級留置処分も、学生にその意に反して１年間にわたり既に履修した科目、種目を再履修することを余儀なくさせ、上級学年における授業を受ける時期を延期させ、卒業を遅らせる上、神戸高専においては、原級留置処分が２回連続してされることにより退学処分にもつながるものであるから、その学生に与える不利益の大きさに照らして、原級留置処分の決定に当たっても、同様に慎重な配慮が要求されるものというべきである」。

　学校に在籍し、教室やグラウンド、体育館その他学校施設、またその内外においてクラスや学校の仲間たちとともに授業を受け、ともに学び刺激し合いながら人間らしい成長・発達をする機会を奪うのが退学処分である。そのことを十分に承知しているからこそ、学習権やそれに類する表現が用いられているわけではないものの、最高裁は「慎重な配慮が要求される」と述べているのであろう。「必ずしも憲法問題としては構成していない」が[18]、憲法問題を意識した判決だとみるべきである。

　宗教上の配慮をめぐっては、これと若干似ているケースに日曜日授業参観事件がある。東京都江戸川区立小岩小学校では1982年６月13日の日曜日に授業参観を実施したが、同校の児童２名（姉妹）が同じ日に日本基督教団小岩教会の実施する教会学校に出席したため、小学校の日曜日授業参観を欠席した。児童２名の各指導要録の出欠記録に欠席と記載されたことを受け、児童２名とその父母（同教会の牧師と副牧師）が同校校長を相手取り、指導要録の欠席記載の取消しと欠席扱いにされたことにともなう慰謝料を求めて提訴したのが本件である。

　東京地裁は、本件欠席記載が「原告児童らのその後の学校及び社会におけ

---

18)　長谷部恭男編『注釈日本国憲法（２）』（有斐閣、2017年）によると、「本事案は信教の自由に対する直接的制限ではないため、判決は、事案を、退学処分等に関する学校長の教育裁量権をめぐる法律問題として構成しており、必ずしも憲法問題としては構成していない」と説明されている（同312頁［駒村圭吾執筆］）。

る法律上、事実上の地位に具体的な不利益を及ぼすということも到底考えられない」と述べたうえで、「本件欠席記載は、抗告訴訟の対象となりうる行政処分には当たらないというべきであり、その取消しを求める訴えは不適法である」とし、原告児童らの欠席記載取消しの請求をしりぞけている。また東京地裁は、「公教育上の特別の必要性がある授業日の振替えの範囲内では、宗教教団の集会と抵触することになつたとしても、法はこれを合理的根拠に基づくやむをえない制約として容認しているものと解すべき」であり、「本件授業の実施に伴い、原告らに一定の事実上の不利益が生ずることを認められるものの、本件授業は、法令上の根拠を有し、その実施の目的も正当であるところ、実際に当該年度に実施された日曜日授業の回数……及び参観の目的を達成するためにとりうる代替措置の可能性の程度からみても、本件授業の実施に相当性が欠けるところはなく、被告校長の裁量権の行使に逸脱はない」と判断している（東京地判昭61（1986）・3・20判タ592号122頁、確定）。

　剣道実技不受講事件と日曜日授業参観事件を比べると、いずれも学生や生徒の側に何らかの不利益が生じているが、両者の不利益は比べるまでもなく、前者の不利益の程度が格段に著しい。後者のほうは「原告らの被る右の不利益は原告らにおいて受忍すべき範囲内にある」（東京地裁）としているのに対し、前者の事件において最高裁は、神戸高専校長側の対応について、「考慮すべき事項を考慮しておらず、又は考慮された事実に対する評価が明白に合理性を欠き、その結果、社会観念上著しく妥当を欠く処分をしたものと評するほかはなく、本件各処分は、裁量権の範囲を超える違法なものといわざるを得ない」と指弾している。校長の裁量権の行使に逸脱があったか否かをめぐっては、被る不利益の程度が、そこに至るまでの手続きや検討過程とも相まって、重要な判断材料となることが分かるであろう。

　また、剣道実技不受講事件において校長側は、国や地方公共団体による宗教的活動への関わりを禁ずる憲法20条3項（政教分離規定の一つ）に違反するから代替措置を講ずることができなかったとも主張するが、信仰上の真摯な理由から剣道実技に参加することができない学生に対し、代替措置を認めその成果に応じた評価をすることが同項に違反するものとはならないと最高裁は判断している。ここでは、学生側の主張の根拠として憲法20条1項前段

の信教の自由が用いられ、校長側の反論の根拠として20条3項の政教分離が用いられており、信教の自由と政教分離が対立する構図になっている。もともと信教の自由をより確実に保障するための仕組み（制度）として政教分離が構想されているのであるから、信教の自由と政教分離が対立することはないはずだが、本件においては校長側が政教分離を「悪用」したのだと考えればよく、本来の使い方ではないことに留意したい。すなわち、代替措置を講じなければ学生側の信教の自由や教育を受ける権利が制限されるのであり、個人の自由や権利を侵害・制限するようなかたちで政教分離が用いられることを憲法は想定していないと解するのが基本である。

# 第4章

## 教育学からみた教育裁判研究
—教育紛争の有り様をふまえて

黒川 雅子

## Ⅰ　はじめに

　学校[1]、家庭、地域社会、それぞれの「権利・自由」がぶつかり合う時代が訪れている。教育活動をめぐる意見の衝突は、訴訟に発展することさえ珍しくない。

　個々の教育裁判を扱い争点の検討を加える判例解釈等の手法による教育裁判研究は、既に、法学者および教育学者により多数の事案で取り組まれている。本章では、教育裁判研究について、教育学の視点からみることの意義について考えることを主たる目的とする。ただ、教育学とは、実に広い意味を有する用語であるため、本章では、教育学という用語を、学校運営の責任を担う立場にある者が身につけるべき学問（知識）という意味で使用することとする。教育学をこのようにとらえることにより、法学の視点から行われる教育裁判研究と、教育学の視点から行われる教育裁判研究の差異が見いだされると考えるからである。

　そこで、まず、戦後の教育裁判の動向から教育裁判となっている事案の変容を概観する。そして、学校が、個別具体的な紛争を多く抱えるようになっている背景についての整理を行う。そのうえで、具体的な教育裁判にふれな

---

1)　本章において、「学校」とは、学校運営の責任を担う学校設置者も包含した意味で使用することとする。

がら法学の視点と教育学の視点による教育裁判研究の差異について検討し、教育学の視点から行われる教育裁判研究の意義について若干の考察を試みることとしたい。

## Ⅱ　戦後の教育裁判の動向

　今橋盛勝（元筑波大学大学院人文社会科学科教授）は、「学校・教師と子どもの教育法関係」について、「国・文部省−教育委員会−学校・校長（管理職）を支配服従関係のごとく解釈したり、事実上そのように受けとめ、その最下位に、子ども・生徒をおく考え方」に立つとらえ方と、「教育行政機関・学校・教師と子ども（父母・住民）」におけるものとに大別し、後者の教育法関係における子どもの権利侵害が、1960年代、1970年代を経て生み出されるようになったとする[2][3]。

　この両者における教育法関係により生じた戦後から平成の初頭までの教育裁判について整理を試みた森部英生（群馬大学名誉教授）は、四つのピークがあったとしている[4]。第一のピークは、1950年代後半にあり、勤評裁判[5]を主流とする教育政策関連の紛争に起因するものが多いとされている。第二のピークは、1968（昭和43）年〜1970（昭和45）年の時期にみられ、学園紛争に起因する裁判の他、教員の転任、解雇、解職に起因するもの、体罰[6]や教員の適格性に起因するもの、高等学校入学不許可決定に起因するもの、社

2)　永井憲一・今橋盛勝『教育法入門』（日本評論社、1985年）112-113頁。

3)　今橋は、「学校・教師によって決定され実施される授業内容・教育方法・成績評価等によって、子どもの一般人権の保障、『ありうべき』学習権の保障との抵触・侵害、父母の教育権との衝突・侵害が生じうる」と、学校が実施する教育活動と保護者が有するわが子の教育をめぐる権利との間における衝突は不可避的に存在することを指摘していた。今橋盛勝『教育法と法社会学』（三省堂、1983年）179頁。

4)　森部英生「わが国教育裁判の概況」群馬大学教育学部紀要人文・社会科学編50巻（2001年）279-303頁。

5)　昭和30年代、「日教組による勤評闘争（勤務評定による人事管理に反対し勤評の実施に反対する運動）」が展開され、一斉休暇闘争などが法廷で争われたことを指す。中央教育審議会総会（第36回）議事録・配布資料、資料4-3「8.（1）教員評価の改善について」https://www.mext.go.jp/b_menu/shingi/chukyo/chukyo3/siryo/05121201/007/024/020.htm, Lat visited, 20 November 2022.

会教育に起因するもの等、第一のピーク時と比較して、多様な観点からの訴訟が提起されていたとする。第三のピークは、1978（昭和53）年および1981（昭和56）年、1982（昭和57）年にまたがる時期で、この時期の特徴は、学校事故に起因する教育裁判が相対的に多い点にあるとする。森部は、「徐々に、国の教育政策・行政のあり方を重視するものから、地域の教育行政や学校の経営・管理のあり方を問題にするもの、及び、教育活動をめぐって生じる日常的な個別的紛争・トラブルの解決・処理をめざすものへと、移行のきざしを見せた」と指摘している[7]。そして、第四のピークは、1991（平成 3）年頃の時期であり、教育裁判の数が増大するとともに、その内容は、校則問題[8]、いじめ問題[9]、公務災害、学校における宗教問題等、格段に多様化したとされている。

　そして、平成以降における教育裁判については、坂田仰（日本女子大学教授）により教育実践の実態をふまえた研究の蓄積がなされている。坂田は、1971（昭和46）年度から2000（平成12）年度までの教育裁判の動向を整理し、

---

6)　体罰に起因する裁判は、今もなお一定数存在している。教員の指導が刑事罰に問われ、無罪が言い渡された事例としては、「水戸五中体罰事件」東京高判昭56(1981)・4・1がある。また、教員による有形力の行使が体罰に当たらないとされた最高裁判例としては、「公立小学校における体罰に係る国家賠償請求事件」最三小判平21（2009）・4・28がある。

7)　森部・前掲論文（注 4）301頁。

8)　校則に起因する判例研究としては、代表的なものとして、横田守弘「校則によるバイク制限—最三小判平 3（1991）・9・3」長谷部恭男ほか編『憲法判例百選 I〔第 7 版〕』（有斐閣、2019年）48-49頁がある。近年の裁判例としては、生徒が校則の違法性について主張した「髪黒染め校則と指導に係る損害賠償請求事件」最二小決令 4（2022）・6・15がある。ブラック校則と称されるように、校則についての生徒や保護者の要求に社会的関心が高まりつつあり、学校は、校則の内容および指導方法の妥当性が問われる時にあることを理解しなければならないといえよう。

9)　平成の初頭に判決が下りたいじめ問題に起因する裁判例としては、「中野富士見中学校いじめ訴訟事件」東京高判平 6（1994）・5・20が存在している。いじめ問題に起因する裁判は古くから存在し、学校の法的責任の考え方については、既に研究の蓄積がなされてきたところにある。しかし、いじめ防止対策推進法（平成25年法律第71号）が影響し、児童生徒、保護者による法的視点に立ったいじめ問題における学校の対応の不備に関する主張が展開される裁判が散見されるようになり、法的視点に立った学校のいじめ対応がより重要になりつつある。ただ、学校が児童生徒、保護者の主張に対し、法的視点による対応を十分に行えていないという課題がみられ、教育学の視点によるいじめ防止対策推進法に基づく学校の対応の在り方の整理が必要になっている（黒川雅子・坂田仰「いじめ重大事態をめぐる教育行政の課題——裁判例から見るいじめ防止対策推進法への対応」2022年10月、日本教育行政学会第57回大会（日本大学））。

法化現象の進展を指摘した[10]。その後、2001（平成13）年度から2010（平成22）年度までの10年間における裁判数についても分析しており、教育裁判が増加傾向にあることを示している[11]。

## Ⅲ　個別具体的な教育紛争の増加の要因

　先に指摘したとおり、平成に入って以降、教育活動をめぐり生ずる日常的な個別的紛争が多くなり、裁判数も増加している。では、学校が、こうした教育紛争を抱えることとなった要因はどのような点に見いだされるのであろうか。

　この点、坂田は、学校運営、危機管理の視点に立ち、教育紛争の内容の変容が生じている背景について、日本社会において価値観が多様化するとともに、学校との関係性を「権利・義務」という観点でとらえようとする保護者や地域住民の台頭があるとする[12]。こうした保護者や地域住民の意識変化は、学校と意見の衝突が生じた際の解決方法をも変化させていく。学校が、「信頼」という情緒的な関係性を基盤として対話を重ね問題解決を図ろうとしても、在学関係等、法的な関係性を基礎として権利を主張する場として学校を措定する保護者や地域住民が、司法的解決を求め学校を相手に提訴するケースが増えているのである。それゆえ、坂田は、「話し合えばきっとわかり合

10)　「教育紛争解決制度の一断面——法化現象の進展と裁判例の動向」2003年11月、日本教育制度学会第11回大会（鳴門教育大学）。この時坂田は、判例時報、判例タイムズに掲載された一審判決が下りた裁判数による分析を試みている。

11)　黒川雅子・坂田仰「学校事故の量的変化に見る動向と校種別の特徴——災害共済給付の状況を中心として」2011年11月、日本教育制度学会第19回大会（玉川大学）。第一法規株式会社、株式会社TKC、ウエストロー・ジャパン株式会社、3社の判例データベースより、「学校」、「事故」、「部活動」、「授業」、「国家賠償法」をキーワードとして検索を行い、抽出された第一審判決が下りている教育裁判の裁判数を考察した。これらキーワードで検索して抽出された教育裁判のなかには、「体罰」、「いじめ」に起因する裁判も存在したため、それらも「学校事故」の対象に含めて裁判数の分析を行っている。本研究の成果としては、黒川雅子「学校事故裁判の量的変化の動向と校種別特徴——災害共済給付の状況を中心として」スクール・コンプライアンス研究1号（日本スクール・コンプライアンス学会、2013年）78-86頁がある。

12)　坂田仰「学校教育の法化現象とスクール・コンプライアンス——択一的コンプライアンス論と向き合う」月報司法書士576号（2020年）4-11頁。

える」、「信頼関係があれば全てを克服できる」といった情緒的手法、いいかえるならば、従来型の牧歌主義的手法は通用しないことを強調している[13]。

　関係性の変化については、小島優生（獨協大学教授）も公的領域である「学校」と私的領域である「保護者」との関係が大きく変わりつつあることを指摘する。そして、責任分有時代のスクール・コンプライアンスとは、法令に則った教育活動とともに、「児童生徒や保護者の多様性に配慮する形での説明責任の履行、そこでの相反する権利の調整から構成される」ものであるとしている[14]。

　つまり、教育活動を行ううえで、学校が有する価値観と、家庭、地域社会それぞれが有する価値観が、「子どものためにはこうしよう」と予定調和的に常に同じ方向を向くことができる時代ではなくなっているのである。ここに、学校が個別具体的な教育紛争を抱えるようになった要因があるといえよう。

## Ⅳ　教育裁判研究にみる法学の視点と教育学の視点の差異

　では、法学の視点からみる教育裁判研究と、教育学の視点からみる教育裁判研究で得られる知見にはどのような差異が存在するのであろうか。法学の視点から教育裁判研究を行うということは、当該事案について、法令等やその時代において社会一般に通用する考え方、常識（社会通念）に照らし、裁判所により判断された結果を解釈するということになる。この手法による研究成果は、学校が、教育活動において生ずる教育紛争の対応のあり方を検討する際の一つの判断基準として機能することになる。これに対し、教育学の視点から教育裁判研究を行うということは、学校教育の現場をイメージし、裁判所により導き出された判断を基に、その後の学校運営にそれをどのように活かしていくべきかについて考えることになる。また、判決により、学校

---

13)　坂田仰「価値観の多様化と学校教育の法化現象——権利調整型学校経営の必要性」スクール・コンプライアンス研究 1 号（日本スクール・コンプライアンス学会、2013年）6-13頁。
14)　小島優生「学校・保護者の責任分有レジームの中での『スクール・コンプライアンス』とは——いじめ防止対策推進法を例に」季刊教育法210号（2021年）104-107頁。

の過失が認定されたとするならば、その事案における学校の対応の落ち度を指摘するに止まらず、何故そのような対応を学校がとったのかという点を考えるとともに、類似する事案を防止するために必要とする留意事項を見いだし、今後の学校運営の改善に繋げるための論点を提示することになる。ここに、教育裁判を研究する二つの視点から得られる知見の差異が存在しているといえる。

　以下では、学校事故、いじめ問題、体罰に起因する教育裁判を扱い、教育学の視点から検討した際に見いだされる学校運営に活かすべき視点について考えていくこととする。

　第一に、小学生が夏季休業中のプール学習中に溺死する事故に起因し訴訟となった事案（京都地判平26(2014)・3・11判時2231号84頁）について検討を行う。事故当日、1年生から3年生の児童を対象に行われたプール学習には69名の児童が参加していた。学校の対応は、プール学習には危険が内在することをふまえて、3名の教員を指導に当てており、複数の指導者で児童をみることで安全配慮義務を果たそうとしていたことがわかる。しかし、事故が発生し、児童の保護者は、学校の安全配慮義務に違反があったと主張した。判決は、原告である保護者の主張を一部認容し、プール学習に当たっていた教員らが、自由遊泳時間中の児童の動静を監視すべき注意義務を怠ったとして学校の過失を認定している。

　では何故、3人の教員により指導に当たっていてもなお、判決により指摘されたような過失が生じてしまったのだろうか。指導に当たっていた3人の教員は、自由遊泳時間になり、児童が自由にプール内で遊び始めた際にも、3人の教員全員が、3人で児童をみるという意識から抜け出せず、常に全体を監視する教員を一人置くという発想をもって指導することができなかったといえる。複数の教員で指導に当たる際、教員に「全員で行う」という意識が強く働き、その結果、各教員が目の前にいる児童にのみ目が向いてしまい、自分がみていないところは他の教員がみてくれているはずという思い込みが生まれる。この事案から、学校は、全員で指導しようという教員らの意識が、結果として、まったく目が行き届かない場所を創出してしまうという課題を学ばなければならないだろう。

　なお、この事案は、スポーツ庁から発せられる「水泳等の事故防止について（通知）」にも影響を与えている。2022（令和 4 ）年の同通知をみると、「集団で水泳を行う場合には、引率者や指導者の責任分担を明確にして、指導・監督が周知されるようにすること」と記載されている。プール学習の指導に当たる際、学校が意識しなければならない点として、複数の教員で対応するだけでは足りず、それら複数の教員の責任分担を予め明確にしたうえで指導に臨むことが強調されている点を理解し、学校運営に活かしていくことが重要となる。教育学の視点から行われる教育裁判研究では、このように判決後、学校現場に及んだ影響までも含めて考察することになる。

　第二に、同級生の生徒らからいじめの標的にされ、継続的ないじめに遭い適応障害に罹患したなどと被害生徒が主張し訴訟となった事案（広島地判福山支部令 3 （2021）・ 5 ・19）を扱う。学校は、いじめ事案を把握する度、校長、教頭、生徒指導主事、被害生徒、加害生徒が所属していた学年の全クラスの担任および学年付きの副担任により情報の共有が図られ、対応方針を決めて対処していた。学校は、組織的対応をはかりいじめ問題に向き合ってきたと考えていたといえる。しかし、被害生徒は、学校が適切ないじめ対策を講じてくれなかったため、継続的ないじめを受け適応障害を発症するに至ったとして、学校には安全配慮義務違反があると主張したのである。

　判決は、複数のいじめ問題の学校の対応について検討し、体育の授業中における加害生徒による暴行の発生についてのみ、学校の安全配慮義務違反を認めている[15]。学校に対し、被害生徒と加害生徒が接触する可能性のある授業を担当する教員間で、予め情報共有を行い、生徒同士の接触の機会を極力減らすよう配慮すべき義務があったにもかかわらずそれを怠った過失があるとしたのである。

　では何故、学校でいじめに関する情報を知らない教員がいるという状況が起きてしまったのだろうか。学校としては、いじめ問題を把握する度、先に

---

15)　判決は、被害生徒が適応障害に罹患したとしても、一連のいじめ行為全体に由来するものと考えられるとし、学校が損害賠償を負う点は、体育授業中の暴行事件に関するものに限られるから、学校の責任との間の相当因果関係を認定することはできないとした。

述べた教員らにより関係生徒に事情聴取を行い、確認した事実を整理したう
えで指導方針を検討し対応に当たっており、一応は組織的対応をとっている
と考えていたと思われる。しかし、これら一連のいじめ問題の対応にあたり、
学校には、生徒をいじめから守るという点において、発生したいじめ事案の
対処と同時に、関係生徒間において、新たないじめが発生しかねないと考え、
被害生徒を学校生活全般において守るという意識に欠けていたという課題が
見いだされる。それゆえ、少なくとも被害生徒のクラスの授業を担当する教
員全員とは情報共有をはかるといった点に意識が向けられなかったものと考
えられる。

　なお、いじめの防止等のための基本的な方針（平成25年10月11日文部科学
大臣決定、最終改定平成29年3月14日）では、教職員が個別に認知したいじ
めの情報は、いじめ防止対策推進法22条に規定される学校いじめ対策組織に
集められることを前提としており、集められた情報については共有化を図る
ことと示されている。教育学の視点からこの教育裁判をみると、一言で組織
的対応といっても、いじめ被害から生徒を守るために行うべき実質的な情報
共有という視点に立った生徒指導方針はいかにあるべきか、検討が必要であ
ろう。

　第三に、校則に違反して染髪した状態で登校を続ける生徒に対し、この日
までに黒髪に戻してこられなければ学校で染めるしかない旨指導していたと
ころ、指定された日までに自ら黒髪に戻してこなかったことから、学校が黒
髪に染め戻したことに起因し、生徒の保護者が我が子が体罰を受けたと主張
して訴訟となった事案（大阪高判平23（2011）・10・18判例地方自治357号44
頁）の検討を行う[16]。学校は、黒髪に染め戻す指導に何ら不備はないと考え
ていたと思われる。しかし、保護者は、学校が我が子の髪を黒色に染めると
いう体罰を行ったと主張したのである。判決は、染髪行為は、「教員の有形
力の行使ではあっても、教員が生徒に対して行うことが許される教育的指導
の範囲を逸脱したものとはいえ」ず、体罰にも当たらないとした。

---

16）　なお、この事案は最高裁判所においても棄却の決定がなされている（最三小決平25（2013）・
2・26）。

　では、学校が行った黒髪に戻すための染髪行為について、何故、保護者の主張が退けられたのであろうか。

　学校は、生徒に対し、担任教員や生徒指導主事を中心に、校則違反についての指導を繰り返し行っていた。学校は、自宅で黒髪に戻してくるよう生徒本人に指導することに加え、保護者にも連絡し指導協力の要請を行っていた。しかしながら、保護者の協力も得られず、生徒自ら染め戻してくることもなく、学校の指導に従わない時期が続いたため、学校は、この状況を改善するために、デッドラインを設けることとした。学校は、デッドラインを決め、その日になっても髪色が黒に戻されていない場合の指導方法について、生徒に予め説明をしていた[17]。デッドラインとして指定されていた日の朝、黒髪に戻していない状態で登校した生徒に、生徒指導主事は放課後に髪を染めることにすることを伝えている。学校で髪を黒色に染めることになった当日、担任教員と学年主任が保護者に連絡を入れたものの電話には出られなかった。放課後、生徒は自ら髪を黒に染め戻す指導を受けるために教員のところに来ており、学校は、保健室を使って黒髪に染め戻した。

　この事案から学校において染髪行為という教員の有形力の行使が行われているものの、それが体罰には当たらないと判断された背景に、学校がとった一連の指導手続が存在していたことを理解する必要がある。生徒指導提要においては、児童生徒に懲戒を行うに当たり、「事実関係の確認を含めた適正な手続きを経るようにする必要」があり、「保護者等の理解と協力を得られるよう」にしていくことが重要であるとしている[18]。学校は、問題行動のある児童生徒に対し繰り返し指導を行うなかで、自分の行動のどこに問題があるかについて考えさせ、児童生徒自ら行動を改められる「自己指導能力」を獲得させるということをめざして生徒指導を行っていくことが求められる。学校が生徒指導を行ううえでは、いつどのような指導を児童生徒に対して展開したのか、いつ保護者と指導内容の共有を図ったのか、いつ保護者に指導

---

17）　判決において、生徒は、髪色についての指導の過程で、学校の指導に従い自ら黒髪に戻してくることもあったことから、学校が黒髪に戻す場合に自らに生ずる変化については理解できていたと判断されている。

18）　文部科学省「生徒指導提要（改訂版）」（令和4年12月）103頁。

の協力要請を行ったのかという指導の経緯（事実関係）を丁寧に積み上げて
いくことが重要となる。このとき、「適正な手続きを経る」という意識を持
つことを忘れてはならないといえる[19]。この教育裁判を教育学の視点から検
討すると、学校運営において、適正な手続を踏んだ指導の展開がいかに重要
であるかを学ぶことになる。

## V　教育学からみる教育裁判研究の意義

　最後に、教育学の視点から教育裁判研究を行う意義について考えてみるこ
とにしたい。先にふれた坂田の指摘のとおり、日本社会において価値観が多
様化し、学校が有する価値観と、保護者、地域住民それぞれが有する価値観
が常に同じ方向を向くような時代ではなくなってきている。このことを学校
は、一般論として理解しているように思う。しかし、学校との関係性を「権
利・義務」という観点でとらえようとする保護者や地域住民が身近に存在す
るかもしれないという感覚を持って学校運営を行っている学校はどれだけあ
るだろうか。

　自らの権利や自由の視点から主張を行う相手として学校を措定する保護者
や地域住民は、限られた地域に存在しているわけではない。それゆえ、全国
の学校は、教育活動をめぐり生ずる個別的紛争を抱える可能性があり、また、
それが訴訟化する可能性があると言って過言ではない。だが、今もなお、多
くの学校は、教育活動に起因した紛争が訴訟化し、その当事者に自らがなる
可能性があるということについて、具体的に想定しながら学校運営を行って
いるとは言いがたい状況にあるのではないだろうか。

　だからこそ、法的な視点による教育裁判研究のみならず、教育学の視点か
ら教育裁判研究が行うことが求められる。法的な視点による教育裁判研究は、
学校がとった対応の是非について、法令等や社会一般に通用する考え方、常
識（社会通念）に照らして一定の判断基準を示してくれる。しかし、教育活

---

19)　生徒指導上の適正手続に関する論考としては、山田知代「公立学校における手続保障と公共
性——生徒指導における「手続」に着目して」日本教育行政学会年報45巻（2019年）58-76頁がある。

動は学校が存在する限り継続する。日々円滑な教育活動の実施をめざして学校運営は行われていくことから、教育裁判について、裁判所による判断を解釈しただけでは、学校運営に応用していくことにはならない。

　また、教育学の視点から行われる教育裁判研究は、学校運営を担う者に対し、法的な感覚（リーガルマインド）を持ちつつ学校運営に当たることが必要であることを示すことにもなりうる。先に指摘したとおり、児童生徒、その保護者、地域住民のなかには、「学校や教員にはこうした義務がある」、「私たちには学校にこうしてもらえる権利がある」という視点に立ち、教育活動の正当性について考える人が存在する。こうした児童生徒、保護者、地域住民からの主張に対し、学校は、自らが行った教育活動が、適正なものであるという説明責任を学校運営上負わなければならない。価値観が多様化しているからこそ、教育学の視点から行われる教育裁判研究は、学校に求められる説明力の向上に寄与することになろう[20]。

　他方、学校が抱える今日的な教育紛争については、体罰、いじめ問題、学校事故といった内容のみの検討では十分とはいえない。例えば、今日的な教育紛争のなかには、児童生徒の問題行動に対して学校が行った懲戒の是非を問うものがある。こうした教育紛争を処理するためには、非行少年の定義や処遇等、少年法の基本的理解を要することになる。また、学校が行った児童虐待対応をめぐり教育紛争になることも考えられる。こうした紛争を処理するためには、児童福祉法や児童虐待防止法の理解が不可欠と言える。したがって、教育法学は、これまで扱ってきた教育紛争の範疇を超えて、今後、少年司法や児童福祉、家庭福祉といった問題についてもより一層目を向け、検討対象の裾野を広げていくことが必要となろう[21]。

---

20)　佐々木は、教育裁判の事例検討の効果として、①法的争点、②紛争化の過程、③教育現場がおかれている法的状況の変化、を確認することができる点にあると整理し、教育裁判研究には、「今日の時代的な要請に応えられる新しい知見を提供すべき役割」が期待されているとしている。佐々木幸寿『教育裁判事例集』（学文社、2022年）2-6頁。
21)　坂田は、ここで指摘したような少年非行と学校の関係、児童虐待と学校の関係といった点まで含め、個別具体的な教育紛争の研究を重ねている。例えば、坂田仰・山口亨『教育紛争判例詳解』（学事出版、2011年）や坂田仰編『学校と法――「権利」と「公共性」の衝突〔三訂版〕』（一般社団法人放送大学教育振興会、2020年）を参照されたい。

　学校、家庭、地域社会、それぞれの「権利」がぶつかり合う時代において、今後、学校は、坂田が指摘する「権利調整型学校運営」を実践していくことがますます重要となる[22]。だからこそ、教育学の視点から行われる教育裁判研究は、学校が、学校、家庭、子ども自身、地域社会、これらのそれぞれの主張を調整し、今後めざすべき学校運営の在り方の提示に繋げていく、このような意味で意義あるものといえるであろう。

22）　坂田・前掲論文（注13）と同じ。

第三部

# 教育法学の研究方法論と教育法の近接領域

第5章

## 教育法哲学における "common" 試論
──学校教育における「権利」と「公共性」の衝突

坂田　仰

## I　はじめに

　本章の主題は、学校教育[1]について「権利」と「公共性」という点から検討することにある。「憲法＝教育基本法体制」という言葉に象徴されるように、リベラリズム、立憲主義と親和的な立場に立つ日本の教育学の世界においては、第二次世界大戦後の学校教育について、専ら、日本国憲法が規定する「教育を受ける権利」を個々人に保障するという観点から論じてきたといっても過言ではない。このこと自体は、天皇制国家を所与の前提とし、忠君愛国という価値を教え込む装置として作用した戦前の学校教育[2]に対する反省に立つものとして、評価に値するものといえるだろう。

　しかし、教育法哲学の視点に立つならば、すなわち教育法制に関わる多様な観念や現象について、既存の概念、通説的な枠組みを超え、原理的部分に

---

1)　ここでいう学校教育とは、学校教育法1条が規定する学校、いわゆる学校教育法1条校において行われている教育活動を意味する。学校教育法1条校において行われる教育は、日本の公教育の根幹を形成するものであり、教育における「私」と「公」、いいかえるならば「権利」と「公共性」の衝突が生じやすい領域といえる。なかでも義務教育段階のそれ、小学校、中学校を中心に、義務教育学校、中等教育学校（前期課程）、特別支援学校（小学部・中学部）は、就学義務との関係もあり、両者の間で緊張関係が顕著にみられる段階である。
2)　「大日本帝国憲法下においては、神権的天皇主権の下で、教育が天皇の勅令により掌握されていた。その教育内容は、教育勅語（明治23（1890）年）によって示され、それは、忠君愛国のための国民教化という目的をもっていた」。植野妙実子『基本に学ぶ憲法』（日本評論社、2019年）221頁。

遡及しつつ批判的に検討するとしたならば、どうだろうか。リベラリズムを批判するマイケル・サンデル等の共同体論に立脚すれば、「リベラリズムは個人の自律を強調しながら、アノミー化とアパシー化を進行させ、結局、個人の倫理的・政治的主体性を貧困化してしまった」[3]という問題意識が成立しうる。それ故、原理論としては、学校教育の存在を「教育を受ける権利」の保障に焦点化してとらえることは、仮にリベラリズム、近代立憲主義を前提としたとしても、それを前提とする国家、社会の存続を危うくする危険性を包含している[4]。

　ある集団が維持、存続していくためには、言語や生活様式、あるいは宗教等、アトム的存在である人々を集団へと統合するための「価値」、"common"が不可欠である。日本の現在の学校教育には、言語やリベラリズム、立憲主義、民主主義といった諸「価値」を次世代を担う子どもに伝達していく役割、すなわち集団の凝集性を高める役割が埋め込まれているのではないのか。国家を形成する人々の間に共通理解を確立し、一つの集団へとまとめ上げる機能、国民統合の機能である。ブルデュー等の指摘を待つまでもなく、教育には文化や階級を再生産するための「権力的」側面が内包されている[5]。学校教育の機能のうちこの個人の権利に還元されない部分、権力的契機をどのようにとらえるのか。これを教育法哲学の視点に立ち、「権利」と「公共性」の衝突として検討を試みるのが本章の主題である。

---

3）　井上達夫『他者への自由——公共性の哲学としてのリベラリズム〔増補新訂版〕』（勁草書房、2021年）129頁。
4）　この点、杉田敦は、共同体的な道徳に問題があるとしつつも、「契約論に近いリベラルの側も、『主体が形成される過程』というものを無視してきた」とし、「例えば言語能力にしても、あらゆる我々の振る舞いにしても、生まれながらに備わっているものではなく、何らかの規律権力のようなもので形成されるということはフーコーを持ち出すまでもなく明らかである」と指摘する。杉田敦「発題III　市民」佐々木毅・金泰昌編『公共哲学5　国家と人間と公共性』（東京大学出版会、2002年）72頁。
5）　この点については、とりあえず、ピエール・ブルデュー＝J-C・パスロン『再生産——教育・社会・文化』（藤原書店、1991年）を参照。

## II　学校教育における公共性

　論を進めるに当たって、まず、学校教育における公共性をどのようにとらえるかについて考える必要がある。

　教育、公共性という用語は、共に多義的であり、論者によって力点の置き方はもとより、その意味内容も区々である。教育一般を例にとると、「国家を基軸とする公教育という意味合い、中央−地方の関係、高等教育、中等教育、初等教育、あるいは学校の内部において展開される多様な活動、そして公教育の枠外に置かれたいわゆるフリースクール、不登校の自由に関わる問題まで、どこに焦点をあてるかによって、その意味合いは大きく異なってくる」[6]。公共性についても同様である。齋藤純一によれば、国家に関係する公的な（official）もの、すべての人々に関係する共通のもの（common）、誰に対しても開かれている（open）もの、という、少なくとも三つの意味合いを含むとされる[7]。

　では、これを学校教育に当てはめた場合、公共性をどのようにとらえるべきなのだろうか。齋藤によれば、国家的公共性（official）は、公共事業や公教育がその典型とされ、権力、強制等の言葉と親和性を有するという。第二の公共性、すなわち共通項としての公共性（common）は、公益、公共の福祉等が存在するとし、集団的、集合的性格が強いとされている。そして最後に、公開としての公共性（open）には、公園や情報公開等の概念を引用し、誰もがアクセス可能であるという意味において、セーフティネット的機能を有しているという。この齋藤の分類に従えば、学校教育における公共性は、主として国家的公共性（official）という形でとらえられることになる。

　だが、学校教育における公共性という場合、第二、第三の意味合いとしての公共性についても考えなければならないだろう。例えば、小学校、中学校は、学校教育法上、学齢児童・学齢生徒を就学させるために必要な施設とし

---

6)　坂田仰「教育を巡る公共性の諸相」日本教育行政学会年報45号（2019年）2頁。
7)　齋藤純一『公共性』（岩波書店、2000年）viii–ix頁

て、市町村に設置義務が課されている（38条、49条）。そのため、齋藤のいう国家的公共性（official）の条件を確かに満たしている。しかし、公立学校は、"義務教育最後の砦"という性格を有している。経済状況を考慮することなく、すべての学齢児童・学齢生徒を受け入れの対象としており、その意味において、教育面でのセーフティネットとしての役割を果たしている。したがって、公開としての公共性（open）という性格を有しているといえる[8]。教育の内容面については、初等教育、中等教育の段階においては、学習指導要領の拘束のもと、全国的に同一の基準に基づいた教育が展開されている[9]。この側面に着目するならば、共通項としての公共性（common）が保持されていると考えられる。したがって、公立の小学校、中学校、そして高等学校は、国家の関与（official）のもと、すべての国民（open）に対して、共通（common）の知識・技能を教授するシステムと措定することが可能であり、教育面において、すべての「公共性」を体現する存在と評価することが可能である。

　私立の小学校、中学校についても程度の差こそあれ同様の図式が成立する。国家の関与（official）については、設置主体がいわゆる学校法人に限定され（学校教育法2条1項、2項）、設立の可否に関して公的関与が認められていること、公立、私立の区別を問うことなく適用される学校設置基準や補助金の支出等を通じて、設立後も一定程度の公的関与が担保されている。また、学習指導要領がナショナルカリキュラムとしての性格を有し、私立学校についてもその法的拘束力が維持されていることから、「私学の独自性」という

---

8) 国公立の高等学校、大学についても程度の差こそあれ同様のことがいえるだろう。
9) 教育法学の分野においては、学習指導要領の法的拘束性についてはこれを否定する見解が根強く主張されている。しかし、「教育の具体的内容及び方法につき高等学校の教師に認められるべき裁量を前提としてもなお、明らかにその範囲を逸脱して、日常の教育のあり方を律する学校教育法の規定や学習指導要領の定め等に明白に違反する」とし、教員の懲戒免職処分を違法ではないとした、福岡伝習館訴訟最高裁判所判決（最一小判平成2（1990）・1・18）以降、少なくとも実務においては、法的拘束力を有するという考えが定着しているといっても過言ではない。また、宮盛邦友は、学習指導要領が「法的拘束力をもちながら、教育の自由をもつ教育実践に大きな影響を与えている」とし、「学習指導要領は、『国家主義の公共性』を創出している」とする。宮盛邦友『現代学校改革の原理と計画のために』（学文社、2022年）73頁。

本質に根ざした制約は存在するものの、共通項としての公共性（common）も理論的には担保されている[10]。ただ、公開としての公共性（open）に関わる部分については相当程度の格差が存在する。私立学校に入学するためには、受験料、入学金、授業料等を納める必要がある。そのため、入学者は、比較的経済面で余裕のある家庭の子どもに限定される傾向が強い。私学助成金その他、公費の投入により一定の是正が図られているものの、公立学校と同等な意味において「誰にでも開かれた」ものとはいいがたい。したがって、私立学校は、公立学校と比較して、国家の弱い関与（official）のもと、比較的経済的に余裕のある国民に対し、共通（common）の知識・技能を教授する施設と位置づけることが可能である。ただ、こと「教育を受ける権利」という観点からは、公開としての公共性（open）というこの公私格差をどのように考えるべきかを再度問い直す必要があるだろう。

## Ⅲ　common の確立

　ここで価値の伝達、国民統合という視点から学校教育の公共性について考えてみたい。

　改めて指摘するまでもなく、現行の教育制度のもと、学校教育の公共性が最も激しく問われてきたのは共通項としての公共性（common）に関わる領域である。国家の教育権と国民の教育権の対立、内外事項区分論、学習指導要領の法的拘束性、教師の教育の自由[11]といった論点は、すべてこの共通項としての公共性（common）という点に帰着するといっても過言ではない。

　周知のように、国家の教育権と国民の教育権の対立、いわゆる教育権論争は、政治的プロセスのなかで教育内容を決定すべきか、教育内容の決定を通

---

10)　ここで理論的にとした意味は、教育委員会が深く関与する公立学校と比較し、いわゆる知事部局が管轄する私立学校については教育内容その他に対する介入がきわめて抑制的である点と関わっている。

11)　共通項としての公共性（common）と関連する教師の教育の自由の論考としては、取り敢えず、西原博史「愛国主義教育体制における『教師の自由』と教育内容の中立性」日本教育法学会年報32号（2003年）105-114頁。

常の統治過程ではなく、社会一般に解放すべきことをめざし、教員や保護者
（親）、地域住民の自律に委ねるべきかをめぐる対立といえる[12]。国民の教育
権説には、1950年代、いわゆる"逆コース"以降、民主主義的な学校運営が
退行し、中央集権的な学校観が台頭するなか、第二次世界大戦前の国家主導
の画一的な学校運営、価値の教え込みへの回帰を阻止しようとする実践的な
狙いが込められており、この点は確かに評価に値する。

だが、共通項としての公共性（common）という観点からみた場合、教育
内容の決定を社会一般に解放すべきことの意味を別途考える必要がある。日
本の教育界においては、戦前＝価値の教え込み、戦後＝価値の教え込みの否
定、という二項対立的構図を用いて、教育法制をとらえようとする傾向が強
い。教育内容の決定を社会一般に解放すべきとする主張は、第二次世界大戦
前の教育観に対するアンチテーゼであり、私事の組織化としての学校という
考え方と親和性を有している。

しかし、共通項としての公共性（common）、統合に向けて全国民に共通
項を確立するという観点からは、価値の教え込みは一概に否定されるべきで
はない[13]。オルデンキスト（Andrew Oldenquist）の指摘を待つまでもなく、
共同体が特定の価値を次世代に伝達することができないとするならば、それ
は"社会の自殺"を意味する[14]。特に、民族、宗教といったものを要素とす
る既存の集団を前提としない近代国民国家にあっては、権力を独占する国家
とバラバラの個人が対峙することが予定されている。フランス革命期に典型
的にみられるように、例えば教会を中心とするコミュニティなど、国家と個
人の間に存在する中間団体は、旧体制の残滓として排除の対象とされる。

その反面、近代国民国家は、バラバラな個人で構成される国民を一定の価
値のもとに一つの集団としてまとめ上げ、国家がメルト・ダウンすることを
回避し、現在の社会体制を維持し発展させていくというやっかいな作業を背
負い込むことになる。この国民統合の重要な部分を学校教育、特に義務教育

12）　例えば、森田明「教育を受ける権利と教育の自由」法律時報49巻7号（1977年）参照。
13）　価値の教え込みの整理については、内野正幸「教育権から教育を受ける権利へ」『表現・教育・宗教と人権（憲法研究叢書）』（弘文堂、2010年）156-159頁を参照。
14）　See, A. Oldenquist, Indoctorination and Societal Suicide, *Public Interest*, 63, 1981.

段階のそれが担ってきたことを見逃してはならないだろう[15]。結局のところ、国民国家においては、「国家が、つまり政府が特定の言語や文化を基準として押しつけ、教育などを通じてそれを人々に植え付けることなしには、国民という単位は成立しなかった」[16]。それ故、国民国家の成員となる個人を養成するという点が公教育の前提となる。

　日本においても同様の図式が成立する。共通項としての公共性（common）という観点からは、学校教育は、二項対立的な構図ではなく、連続性を有するものとしてとらえることも不可能ではない。日本の学校教育は、第二次世界大戦以前も以後も、日本という国家が前提とする価値を教え込む場として機能すべきであり、実際に機能しているという理解である。

　そう考えるならば、第二次世界大戦以前と以後で何が変化したのか。それは教え込むべき価値、すなわちここでいう共通項が、天皇の絶対性を前提とする国家主義的価値から、個人の尊厳に価値を見出すものに変わったにすぎない。この点については、旧教育基本法にその片鱗をみることができる。旧教育基本法の前文は、日本国憲法に言及したうえで、「この理想の実現は、根本において教育の力にまつべきものである」としたうえで、「日本国憲法の精神に則り、教育の目的を明示して、新しい日本の教育の基本を確立するため」教育基本法を制定したと結んでいた。これは、公教育によって憲法的価値を教え込み、共通項としての公共性（common）の確立をめざすという姿勢を打ち出したものと理解することが可能であろう[17]。

　したがって、少なくとも就学義務を前提とする小中学校と学習指導要領の

---

15）「実は、親の教育の自由と公教育制度との緊張関係は、1875年にはじまるフランス第三共和制にまで遡るオーソドックスな憲法問題であり、そこでは、王権と密接に結び付き、社会の隅々に既得権益の網の目を張り巡らせることにより、旧体制を支えていたカトリック教会の設営する教会学校に子どもを通わせようとする親の教育の自由を制限し、共和国の担い手たる市民をいかに育成するかが、共和派政権の教育面での課題であった」とされる。毛利透他『憲法Ⅱ 人権〔第 3 版〕（LEGAL QUEST）』（有斐閣、2022年）373頁。

16）齋藤純一責任編集『社会統合──自由の相互承認に向けて（自由への問い 第 1 巻）』（岩波書店、2009年）185頁。

17）教育内容を通常の統治過程で決定することを拒否し、社会一般に解放すべきとする主張は、選択の結果として、学校教育における憲法的価値の否定を少なくとも理論上は容認せざるをえない。この理解は果たして可能なのだろうか。

もと運営されている高等学校には、教育を受ける権利に還元できない独自の存在理由を有している。憲法的価値を教え込むという意味における*ガバメントスピーチ*（government speech）としての性格である[18]。その意味において、少なくとも公の性質を有する学校は、公立、私立の区別を問わず、学習者のためだけに存在するのではなく、国家・社会のためにも活動している[19]。それ故、学校教育の公共性、共通項としての公共性（common）を考える場合、共同体が有する価値を次世代に伝達するという学校の役割、戦前と戦後の連続性の確認等、教育学の通説的見解を相対化する作業が不可欠である。

## Ⅳ　common をめぐる衝突

では、何故、教育内容の決定権を私事に留め置くことが問題なのか。子どもは、家族が生活を営む場としての家庭で産まれ成長していく。教育を、未成熟な存在である子どもを、成熟した社会の構成員へと変革していく営みと考えるならば、家庭教育は、子どもに対して社会的規範を伝える最初の場となる。それ故、家庭教育は、子どもの「社会化（socialize）」のプロセスの第一歩であり、子どもの教育は、いつの時代、どの地域にあっても、私事としての家庭教育としてスタートする。そして、親を中心とする家庭が、子どもに対して教育を施すことは当然であり、その権利は、前国家的性質を有する自然権として理解されることになる[20][21]。

だが、それぞれの家庭において行われる教育の内容が、共通項としての公共性（common）、例えば日本国憲法が前提とする価値と一致しているとは

---

18）　この点、蟻川恒正は、「教育とは、『囚われの聴衆』に宛てた government speech に対し、政府が冠した美称である」と指摘している。蟻川恒正「思想の自由」樋口陽一編『講座憲法学第3巻権利の保障』（日本評論社、1994年）123頁。
19）　市川昭午『臨教審以後の教育政策』（教育開発研究所、1995年）205頁参照。
20）　英国においては、コモンローにおいて、親は、子どもに対して、法的な義務である扶養・保護の義務と並んで、道徳上の義務として教育の義務を負うと考えられてきた。遠田新一「現行英国後見法の発展（二）」政経論集4巻2号（1954年）93-94頁参照。
21）　この点、教育基本法は、「父母その他の保護者は、子の教育について第一義的責任を有する」（10条1項）との規定を設け、これを実定法のなかに取り込んでいる。

限らない。いやむしろ、日本国憲法に対する評価が二分する現在、ある家庭
が奉じる価値が日本国憲法のそれと矛盾することは、当然起こりうる。それ
故、教育内容の決定権を社会一般に解放するか否かにかかわらず、家庭教育
と学校教育の衝突可能性は常に存在している[22]。

　その際、学校教育が有する憲法的価値の教え込み機能、すなわち学校教育
が担う「近代立憲主義を担う将来の市民を育てる」という側面をどの程度重
視すべきか。いいかえるならば、家庭教育を排除してでも共通項としての公
共性（common）を確立するために学校教育を貫徹することが求められる場
面があるのではないか。学校教育を通したある種の憲法パトリオティズム[23]
である。「子どもの教育に関する限り、私人の自由な活動は完全な信頼には
値せず、国民の意思を背景とする公権力が一定の役割を果たすことが期待さ
れている」[24]という主張にはこの点が含意されているとみるべきではないか。

　家庭教育と国民統合をめぐる衝突が最も切実に問われてきた国家としてア
メリカ合衆国がある。周知のように、伝統的に州の権限が強いアメリカ合衆
国は、教育制度も州により区々であり、強制力を伴うナショナルカリキュラ
ムも存在しない。教育内容の決定権限は、州政府、あるいは住民自治を基本
とする学校区（school district）に委ねられており、連邦政府との関係にお
いては、まさに教育内容の決定権が社会一般に解放されているとみることが
できる。

　アングロサクソンが移民の主流を占めていた時代は、アメリカ合衆国にお
いても一定の同質性が確保できていた。だが、そのバランスが崩れはじめた
19世紀後半以降、共通項としての公共性（common）をめぐる社会的対立が
顕在化していく。忠誠宣誓（Pledge of Allegiance）の可否[25]、英語による教
育の強制、外国語教育の制限[26]等について、親と州、学校区、そして連邦政
府が衝突し、訴訟に発展する例がみられる。州、学校区の多数派と個別家庭、

22）　特に義務教育段階の場合、就学義務との関係からより衝突可能性が高まることになる。

23）　憲法パトリオティズムに関しては、取り敢えず、ヤン゠ヴェルナー・ミュラー（斎藤一久他
監訳）『憲法パトリオティズム』（法政大学出版局、2017年）を参照。

24）　長谷部恭男『憲法』（新世社、1996年）275頁。

25）　例えば、West Virginia State Board of Education v. Barnette, 319 U.S. 624（1943）等。

あるいは連邦政府との価値をめぐる戦いといえる。

　忠誠宣誓（Pledge of Allegiance）や宗教的価値を背景としたカリキュラムをめぐる衝突[27]は今も続いている。そのなかにあって注目したいのが、州の多数派と連邦政府が衝突した人種を越えた国民統合をめぐる対立である。アメリカ合衆国では、いわゆる分離すれども平等に（separate but equal）原則[28]のもと、1950年代まで南部諸州を中心に人種別学が維持されていた。州民、地域住民の多数派の意思を反映した結果である[29][30]。

　だが、連邦最高裁判所によって、人種別学は連邦憲法に抵触するという判断が下された。1954年のブラウン判決においてのことである[31]。判決は、裁判官全員一致で、施設や教育内容がたとえ平等であったとしても、白人と黒人の分離学校制度それ自体が、アメリカ合衆国の歴史的・社会的状況と相まって黒人の子どもたちに対して白人に対する劣等感を抱かせる効果（スティグマ効果）を有しているとし、本質的に不平等であるとした。州民、地域住民の多数派の意思を基底とする人種別学を、連邦憲法が前提とする価値に基づき連邦政府（連邦最高裁判所）がオーバーライドしたものといえる[32]。

　しかし、州民、地域住民の後押しを受けた州政府、学校区は、学校の自由

---

26)　例えば、実質的には学校教育の場におけるドイツ語教育の是非をめぐって争われた Meyer v. Nebraska, 262 U.S.390(1923)、日本語および日本文化の教育の是非をめぐって争われた Farrington v.Tokushige, 273 U.S.283（1927）などがある。

27)　その典型として、進化論を拒否し、聖書の内容を科学として教えるべきとの主張の台頭がある。この点について詳しくは、鵜浦裕『進化論を拒む人々―現代カリフォルニアの創造論運動』（勁草書房、1998年）を参照。

28)　「分離すれども平等に」の原則は、公教育の分野において最もその欺瞞に満ちた特質を発揮してきたとされる。See, e.g., C. H. Pritchett, *Civil Liberties and the Vinson Court*, University of Chicago Press, at129（1957）.

29)　人種別学は、人種を越えた男女間の接触や交際を忌避するため等の理由によるものであった。See, e.g., Michael J.Klarman, Brown and Lawrence（and Goodridge), 104 Mich. L. Rev. 431（2005）.

30)　ここでいう多数派とは、正確には「選挙民」に占めるという意味になる。そもそも黒人は、黒人差別立法（Jim Crow laws）のもと、選挙制度において不利な状況におかれていたことに留意する必要があろう。

31)　Brown v. Board of Education, 347 U.S. 483（1954）.

32)　もっとも連邦政府の直轄地であるワシントン D.C.においても人種別学が行われていたことに注意する必要がある。ブラウン判決と同日、連邦最高裁判所は、連邦憲法修正5条に違反するとする判決を下している。Bolling v. Sharpe,347 U.S. 497（1954）.

選択制（freedom of choice）その他考えうる限りの抵抗を行う。その一つが
アーカンソー州[33]で起きたリトルロック中央高校事件である。リトルロック
学校区は、1957年度からそれまで白人のみが通う学校であったリトルロック
中央高校に黒人生徒の入学を容認することにした[34]。白人を中心とする校区
住民、保護者が反対し、人種別学支持派の知事は暴動を防ぐという名目のも
と、州兵を配置するという事態に発展することになる。

　これに対し、アイゼンハワー（Dwight David Eisenhower）大統領（当時）
は、ブラウン判決の考え方を踏襲するよう促し、最終的には市長の要請を受
けて連邦兵の派遣に踏み切った。ここに、人種別学か、統合教育かをめぐり、
州兵と連邦兵があわや衝突するかという異常な事態が生じたわけである[35]。

　この対立については、基本的人権や基本的な政治的権利が危険に晒されて
おらず、社会的、個人的権利等、基本的人権や政治的な権利と同様に重大な
権利が簡単に侵されてしまう領域において、市民権を強制することが賢明で
あるかは疑わしいとするアレント（Hannah Arendt）の指摘にみられるよう
に、多くの批判が寄せられている[36]。しかし、common をめぐる衝突という
観点から注目すべきは、アイゼンハワー大統領のもと、連邦政府が連邦軍を
派遣してまで、人種別学維持を支持する州民、地域住民の多数派、そして州
知事の意思に介入し、連邦最高裁判所が導き出した価値を貫徹しようとした
点である。これは、学校教育が有する価値の教え込み機能、ここでは白人と
黒人の平等、ブラウン判決の指摘する黒人に劣等感を抱かせる効果の除去等
を連邦憲法上の価値とし、共通項としての公共性（common）の内容として
措定し、人種統合を優先させた結果に他ならないのではないか[37]。共通項と
しての公共性（common）の担い手としての学校教育は、その実現に向けて

---

33) アーカンソー州では、州憲法を修正し「この修正を採択した後、州議会は、合衆国最高裁判
所の1954年5月17日と1955年5月31日の違憲の分離問題判決に対してあらゆる合憲の方法で反対す
るため適切な行動をとり、法律を制定するものとする。」との規定を追加している。Ark. Const.
amend. 44, §1.

34) リトルロック学校区は、ブラウン判決の直後、人種別学の撤廃を決めていた。

35) 軍の衝突は回避されたものの、知事は、最終的にリトルロック中央高校を閉鎖するという決
断を下している。

36) See, e.g., Hannah Arendt, Reflections on Little Rock, *Dissent* 6.1（1959）.

時に過激な側面を表出させることになる。

## V　まとめにかえて

　本章では、学校教育について教育法哲学という観点から原理的考察を加え
てきた。日本においては、学校教育を、専ら日本国憲法が保障する国民の教
育を受ける権利を担保するもの、専ら個人の利益に資するものとしてとらえ
ようとする傾向が強い。この考え方自体は基本的に支持されるべきである。
　しかし、個人を基調とする近代国民国家においては、学校教育は、国民統
合という観点に立ち、共通項としての公共性（common）の確立という社会
の利益に資する役割を担っている。学校教育を私事の組織化としてとらえ、
教育内容に対する国家の介入を認めないとする立論についてはこの観点から
疑義が存在する。共通項としての公共性（common）の確立という観点を重
視すればするほど、教員、保護者、地域住民による学校自治、教員の教育の
自由（教育人権）等は制約され、憲法的価値を擁護するという視点のもと、
アメリカ合衆国における人種別学に向けた戦いと同様、国家による強い介入
を許容することになるだろう。
　問題は、何をもって共通項としての公共性（common）ととらえるのかと
いう点である。本章では、取り敢えず憲法的価値＝共通項としての公共性
（common）という前提のもとで論を進めてきた。しかし、国家による教育
内容への介入は、個人の尊重を基礎とする日本国憲法のもと、親の教育権や
子どもの学習権をむしろ制約することになるのではないかという批判は十分
に成立する。第二次世界大戦前の学校教育に対する反省に立ち、国家による
教育内容への介入を抑制することに注力すべきという批判もこれと軌を一に
している。
　ただ、リトルロック中央高校事件を持ち出すまでもなく、教員、保護者、

---

37）　この点、シュレジンガー（Arthur Meier Schlesinger Jr.）は、アメリカの公教育の現況がこ
の任務を放棄しつつあるのではないかとして危惧感を表明する。See, e.g., A. Schlesinger, Jr., *The
DISUNITING OF AMERICA-Reflections on a Multicultural Society*, NORTON（1992）.

地域住民による学校自治は、少なくとも理論上、憲法的価値の否定を含意する。そこにおいて教員は決して真理のエージェントなどではありえない。共通項としての公共性（common）という視点から、憲法的価値の否定に対する介入を認める余地は十分に存在しているといえるだろう。ともあれ、個人の尊重という絶対的価値のもと、共通項としての公共性（common）をどのように同定していくのか、この批判に対する応答が残された課題である。

第 **6** 章

# 公教育の法社会学
## ——学校体罰と教育委員会の処分のあり方を素材に

馬場　健一

## I　法社会学とはどのような学問か

　法社会学とは、法を社会との関わりのなかでとらえ、法を通して社会を考える知的営為、すなわち法現象を対象とした社会科学である[1]。ここで社会科学とは、社会現象を対象とした、経験的に検証可能な論証に基づく、一定の合理性と系統性を持った認識作業であり、それを通じて社会についての知見と理解を深める学術活動である。その対象領域が政治であれば政治学であり、経済であれば経済学となる。そのような意味で法社会学は法に関する社会科学である。

　法社会学の特質は、一般の法律学（実定法学・法解釈学）と比較することで別方向からも示すことができる。社会科学としての法社会学は、社会のなかの法の現実の姿や、法と社会との関わり、そうした現実を規定する諸要因等々をデータに基づき分析・探求し、説明モデルや理論を考案などするなかで、法現象や法と社会の関係について理解を深める「事実」の学である。これに対して法律学は、法規範・法体系のあるべき意味内容を検討し、それを根拠付ける「規範」の学である。またそれらを現実の事件や紛争に当てはめて主張を正当化し、また法的に妥当な解決をめざす「技術」の学である。で

---

1)　法社会学の概観として、佐藤岩夫・阿部昌樹編『スタンダード法社会学』（北大路書房、2022年）参照。

あるから法律学は、社会現象をデータに基づき考察する事実の学という意味での社会科学ではない。例えば民法学は、相続や離婚、契約などについての民法の諸規定や法原理、法体系の規範的意味内容を考究し、事例への当てはめを検討し、関連判決の妥当性を評価することなどがその主要な関心事である。他方、社会のなかで相続はどう行われているか、離婚の実態はどうか、契約は遵守されているか、またそれらはなぜか、等々といった問題への関心は二次的で、直接の考究対象とはならない。これらはむしろ民法に関わる法現象を対象とした法社会学研究というべきである。それゆえ法律学は、現実社会における実際の法現象についての社会科学ではない。

　しかし法社会学や社会科学が事実の学であり、法律学が規範の学であるといっても、前者が価値判断と無縁であるとか、後者に社会的事実を考慮する要素がない、などということは意味しない。社会科学の対象の選択や分析のありようは、研究主体の価値判断とは無縁ではありえないし、社会に対する批判的思考や問題意識抜きで優れた成果を出すことはできない。他方、法律学においても、法の適用対象となる社会実態についての正確な知識を持ち、法が社会に与える影響についての適切な認識をふまえた解釈が求められる。また裁判所の判決やそのなかでの法解釈も、社会の現実の変化に伴い変更されることがある。とはいえ社会科学が事実を離れた理念論・規範論に耽ることは本末転倒であり、法律学が特定の法解釈を客観的事実のごとくに語るなども誤りである。両者は本質的に異なる領域に属する。

　とはいえ学問として異なるとしても、両者が没交渉であることが好ましいわけではない。法律学の知識なしに十全な法社会学研究は不可能である。また上述のとおり優れた法解釈や法実践には、社会実態や法の現実の機能についての知識や認識も求められる。そうした知見をもたらすものは法社会学に限られず、また法社会学は独立した社会科学であって法律学にそうした知見を供給することを主任務とするわけでもない。しかし優れた法社会学研究は法律学にも有益でありうる。本章においても、その具体例を示したい。

## II　教育の法社会学的研究とは

　法社会学の対象は法現象であるから、医療や医事法についての法社会学研究が存在し、家族や家族法に関するそれが存在するように、教育およびそこにおける法現象も当然その対象となる。逆にいえば、一般の法社会学研究とは異なる、固有の「教育の法社会学」なるものが存在するわけではない。もちろん医事法を対象とした法社会学研究のためには、医事法や医療活動それ自体についての一定の知識が前提されるように、教育の法社会学研究にとっては教育法や教育活動についての理解が必要となる。しかしあくまでそれは、研究対象についての基礎知識が求められる、ということにすぎない。研究対象が有する価値基準や思考枠組までをも共有することなどは求められない（医事法の法社会学研究のために、医療者の倫理を共有する必要はない）。よって例えばなんらかの「教育の本質」などを措定し、あるいは特定の「憲法原理」などを共有・前提し、教育に関わる法現象をそうした価値基準から批判的に評価・検討することは、教育の法社会学研究ではない。もちろんそうした活動が一般に不要だとか有害無益だとかいっているわけではない。それはあるべき学校教育やそれを実現するための法のあり方を語る規範学、すなわち法律学たる教育法学の守備範囲でありその重要な任務ではある[2]。他方で法社会学は、このような規範的学術や専門言説をも検討対象とし、社会科学的見地からその射程を見極め、そのあり方に批判を加えることすらありうる。法社会学の源流の一つは、同時代の概念法学的法律学・法実務を批判し改善を迫る、自由法論やリアリズム法学といわれる営為であった[3]。

　次に、教育における法現象とは何であろうか。例えば公教育は、法的枠組や法的授権に基づいて行われているのであるから、その活動はすべて法現象であるともいえそうである。しかし具体的に考えると、もう少し限定的に考

---

2)　本書第五部参照。

3)　自由法論とリアリズム法学の入門的説明として、和田仁孝ほか編『法と社会へのアプローチ』（日本評論社、2004年）3章［櫻井進執筆］、4章［阿部昌樹執筆］参照。

えたほうがよさそうである。本章は学校体罰問題を論じるものであるから、そこに照準して説明したい。学校体罰は違「法」行為であるから、それを事実として論じることはすべて法社会学研究になると強弁できないこともない。しかし例えば、なぜ先生は暴力を振るうのか、すなわち教師と子どもの相互作用のなかで体罰が生じる機制などは、法というより教育作用の内実それ自体に関わる問題領域であり、おそらく教育学や教育社会学の守備範囲というべきとも思われる。他方で体罰事件の発生数の通時的変化や、体罰が生じた場合の学校内外の事件処理の実情、体罰抑止のための統制・抑制メカニズムの作動態様、体罰問題をめぐる教育委員会や文部科学省といった教育行政の活動実態、学校や教育行政と被害者側さらに各社会的アクター（マスコミ、警察、弁護士など法律家、裁判所、広くは一般世論等まで）との相互作用などを考察することは、教育本質論というより、違法行為のマクロな全体像や紛争処理過程にかかわる問題であり、直接に法社会学の対象領域となりうる。

## Ⅲ　教育法学におけるアポリア（難問）としての体罰問題

　こうした側面から以下学校体罰問題を検討していくが、本書は教育法学のテキストであるから、そうした検討が規範学としての教育法学にどのような問いを提起しうるのかにつき、先取り的にふれておきたい。それは「学校体罰に対して、教育委員会はその懲戒権限をいかに行使するべきであろうか？」という問いである。

　教師による体罰は学校教育法（11条但書）違反であり、公立学校の場合は、人事権者である都道府県・政令市教育委員会（以下、「教委」という）によって懲戒処分等に処せられうる。これには、懲戒免職、停職、減給、戒告といった法律上の処分（地方公務員法29条1項）（以下、「法的処分」という）のほか、訓告・注意といった事実上の処分（以下、「事実上の処分」という）を含む[4]（以下、両者をあわせて「処分」という）。

　重大な結果を生じさせた事例に厳しい法的処分を与えることはともかく、

---

4)　厳密には事実上の処分を出すのは、市町村教委や学校長である。

例えば怪我などには至らない軽微な暴行で、行使者は初犯で反省もしているような場合はどうであろうか。こうした例に対しても体罰である以上、法的処分（戒告など）を原則とすべきであろうか。それともより軽い事実上の処分にとどめるべきであろうか。これは「べき」論であるから規範論であり、教育遂行上の違法行為を理由に教師に不利益処分を与えることの適法性に関わる問いである。すなわちそれは君が代斉唱拒否を理由とした処分の適法性などと同様、教育法学が本来答えてしかるべき課題設定と思われ、実際多少の議論の蓄積もある[5]が、突き詰められてはいないように思われる。

　教師の教育活動の自由を重視する立場からは、軽微な体罰にまで一律に厳しい法的処分をもって当たることは、教育行政による過度の監視統制や権力的介入につながり、教育現場を萎縮・硬直させる危険のある行為であって避けるべき、ということとなろう。体罰は教師の懲戒権限の発動という教育上必要な営みからの逸脱であり、教育活動の延長線上にある。であるからそれは、できるかぎり学校の教育自治のなかで、すなわち教師集団と子ども・保護者間の対話や相互理解のなかで解決されるべき問題である。こうした考え方は伝統的な教育法学的解釈であり、おそらくは現在でも一定通用している考え方であろう。

　これに対しては、子どもの権利や安全を重視する立場から反論がありえよう。そのような甘い態度でのぞんでいたのでは、いつまでたっても学校体罰はなくならない。親の体罰さえ禁止されるに至っている（児童虐待の防止等に関する法律14条）なか、教師の体罰は些細なものでも許される余地はなく、教育行政は容認しない姿勢を示すべきである。暴力なき環境など、教育における基礎的な外的条件であって、教育内容とは無縁である。そうした外的条件整備については教育行政が積極的に保障すべきことは、伝統的教育法学も認めるところであろう。また体罰処分の不当性について教師は行政不服審査や裁判で争うことができるが、被害者側には加害者の処分を求める手続は制

---

5)　兼子仁『教育法〔新版〕』（有斐閣、1978年）435-437、505頁、同「『体罰』法禁の教育法的検討」季刊教育法62号（1986年）26-33頁、今橋盛勝『学校教育紛争と法』（エイデル研究所、1984年）83-85頁参照。

度化されていない。

　この論争は、法解釈論あるいは規範理論の内部だけで決着がつけられるものとはいえない。学校体罰の実態、その処理過程、教委の処分実態とそれが学校現場にもたらしている影響、社会の側の受け止め、等々といった点について事実として検討する必要がある。そうした法社会学的考察をふまえれば、こうした規範的論争に決着がつくか否かはさておき、少なくとも水掛け論を避けた、より地に足のついた議論に寄与することができるであろう。

## IV　学校体罰とその処理過程の実情

### 1　学校体罰処分者数の推移

　学校での体罰がどのくらい発生しているかは、報告されない事例（暗数）があるので正確にはわからない[6]。他方で、年間どれくらいの教師や学校長等の監督責任者が体罰を理由に処分されてきたかは公表されている[7]。まずこの半世紀ほど全国の年間処分者数（法的処分と事実上の処分の総計）の推移をみよう（図1）。

　この図では2012年と2013年のグラフの一部が省略されているが、2012年は教師が2254名、監督責任者が873名、総計3132名であり、2013年は同じく3953名、1345名で総計5298名である。この2年が突出しておりそのまま示すと全体の傾向がみえにくくなるため一部略している。この急上昇は、2012年に大阪市立高校で起きた体罰自殺事件を契機に、文部科学省が改めて調査報告を求めたため生じた事態である[8]。こうした変動ひとつとっても、本データは教委に報告された事件数を示すものにすぎず、学校体罰の実情を反映し

---

6）　なお本章において体罰とは、「教育活動のなかでの教師による児童生徒に対する暴力」とし、厳密な定義問題には立ち入らない。なお学校体罰問題に関する教育学・法学からの近年の重要な包括的研究として、鈴木麻里子ほか『近代公教育の陥穽――「体罰」を読み直す』（流通経済大学出版会、2015年）がある。

7）　文部科学省（旧文部省）が編集してきた『教育委員会月報』（第一法規）に年1回掲載される他、近年のものは後述のとおり文科省のウェッブサイトにも掲載されている。

8）　入澤充「スポーツ活動中体罰のスポーツ法・教育法的分析」日本教育法学会年報44号（2015年）104-113頁参照。

**図1　体罰処分者数（1969-2020）**

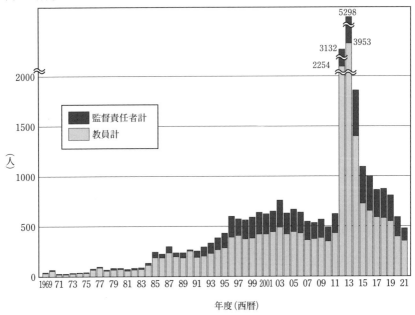

たものとはいい難いが、それでもいくつか意義ある特徴を見出すことができ
る。第一に、1980年代前半までは、処分者数が年間数十人から100人程度と
少なく、監督責任者もめったに処分されていない。いうまでもなくこれは、
昔の学校は牧歌的であり体罰も少なかった、などということを意味している
わけではない。むしろ逆であって、かつては体罰は容認され処分されてこな
かったのである。教師であれ親であれ昔のほうが一般に暴力的であったこと
は、当時を知る者なら自明だろうが、それを示すデータも存在するので後に
紹介する。第二に、1980年代後半から処分者は増大し、監督責任者の責任も
問われることが増えてくる。1985年に岐阜県の２つの県立高校で体罰死事件
と体罰自殺事件が起き批判が高まったことが直接の契機になった[9]のである
が、より長期的かつ広い視野から考えると、この頃から社会が安定化し少子
化も進み、子どもに対する暴力に対する否定的態度が強まったことなどが背

---

9)　関係資料として、季刊教育法64号（『体罰・いじめ』臨時増刊号）（1986年）第４部。

景にあるように思われる。家庭内における児童虐待などが焦点化されるのは
もう少しあとのことであるが、その萌芽はこの時期に胚胎していたといえる。
第三に、処分者数は90年代後半から2011年までは、500名前後で安定し、あ
る種の均衡状態が確保されているようにみえる。第四に、この均衡は2012年
に劇的に破られるが、10年弱の時間の経過とともに事件前の水準に戻り、
2021年現在の処分者数は2013年の10分の 1 以下である。文部科学省の圧力が
去ったため学校も教委も「平常運転」に戻り、一時的に顕在化した事件がも
との暗数に返ったものと考えるのが自然であろう。仮にこの推定が正しいと
すると、少なくとも毎年数千件の学校体罰が未報告とされている可能性があ
ることになる。このような体罰教師や監督責任者の処分の変遷について、ど
う考えたらよいのであろうか。

## 2　アンケートからみる学校体罰の減少状況

　こうした体罰処分者数の増減は、実際の学校体罰の頻度を反映したものと
はいい難いと論じたが、長期的にみて学校体罰は減っていることを示すデー
タがある（図 2 ）。これは NHK が1982年から 5 年ごとに全国の中学生・高
校生3600人（1982年）ないし1800人（1987、1992、2002年）に「あなたは人
になぐられたことがありますか。（「ある」というひとに）それはだれですか。
このなかから、いくつでも答えてください。」と、尋ねたもののうち「学校
の先生」を選んだ者の比率である[10]。学校体罰経験者は1982年と2002年とで
比較すると、高校生中学生ともに 4 分の 1 以下になり、一割かそれ以下に下
がる。同調査は、親や先輩からの殴打経験も問うており、これも教師による
ものほど劇的ではないがやはり減少しており、「人になぐられたことはない」
の回答が一貫して増えている。このように、中高生の学校体罰の被害経験の
減少期と、学校体罰を理由とした処分が増加する時期とが重なっていること
は示唆的である。やはり80年代以降、学校体罰に対する社会の姿勢が厳しく

---

10)　NHK 放送文化研究所編『中学生・高校生の生活と意識調査』（日本放送出版協会、2003年）203、
205頁、付録23。ただし1997年は調査せず。またこの調査は2012年にも行われているが、本項目は
質問事項から削られた。https://www.nhk.or.jp/bunken/summary/yoron/social/pdf/121228.pdf
（last visited, 27 November 2022）参照。

図2　体罰経験（先生から）

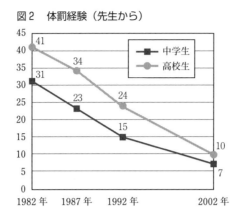

なり、それを受けて教委も以前より厳しく処分せざるをえなくなり、その直接的効果かどうかはさておき、学校体罰はある程度押さえ込まれてきている。この学校体罰に対する意識の変化は、人権意識の向上とか規範意識の浸透とかといった自覚的・啓蒙主義的なものというより、より無意識的な、子どもとの接し方についての身体レベルにおけるふるまいや関係性の変化とみるべきであるようにも思われるが、ともかく学校も家庭も（そしておそらくは社会一般においても）以前ほど暴力的ではなくなってきている。そのこと自体は慶賀すべきことであろう。

　とはいえ先のNHK調査によれば、2002年の段階でも、高校生の10％、中学生の7％が教師からなぐられた経験があると回答しており、先にみたように2013年には体罰行使を理由に処分された教師がほぼ4000名と一時的に急増していることなどからして、なお多くの体罰事案が埋もれているといえよう。学校体罰が長期的には減少しているとしても、なお重大事件もなくなっているとはいえず[11]、楽観を許さない。

---

11）　2019年に兵庫県市立高校運動部で常態化した体罰を理由に、6名が最高6ヶ月の停職等処分を受けた例（2019年7月20日朝日新聞朝刊（大阪））、2020年に同県市立中学校柔道部顧問が重軽症を負わせ、懲戒免職とされた例（2020年11月25日朝日新聞朝刊（大阪））など。

## 3　体罰処分状況の地域格差

さて次に、教委の体罰教師に対する処分の具体的様相をみてみたい。実は
教委ごとの処分状況を検討すると、興味深い特徴と問題点とを浮かび上がら
せることができる。

2007年から2020年までの近年14年分の、体罰を理由とした教委ごとの毎年
の処分状況については、文科省のサイト上に公開され、誰でも簡単に参照で
きる[12]。そこでこれを用い、体罰行使を理由に処分された教師数に着目する。
この14年間を通算し、それぞれの教委ごとに、法的処分と事実上の処分ごと
に合算し、処分における前者の比率（％）（以下、「法的処分率」という）を
計算してみると、地域ごとに大きな差があることがわかる。

最高は北海道の99.5％（385件中383件）であり、ほとんどが法的処分を受
けている。最低は岡山市の０％（40件中０件）で、すべてが事実上の処分で
ある。それ以外はこの二極の間にそれも低率側に偏って分布する。それらを
示したのが表１である[13]。高い方では北海道と札幌市（92.4％）が突出し、
少し間が空いて岩手県（58.8％）が続く。40％台、30％台のところもいくつ
かみられるものの、対象教委全67ヶ所のうち、15％以下だけで38ヶ所と過半
数となる（平均値は19.5％）。このような処分の大きな地域差と全体的な低
率傾向をどう考えたらよいのだろうか。またこうした地域差はどうして生じ
るのであろうか。

一見高率の教委が学校体罰に厳しい態度で望んでおり、低率の教委が体罰
に甘いにようは思えるが、それほど単純ではない。例えば重大事例でないと教
委に報告され処分にいたらないような場合（1980年代前半までの全国的状
況）、法的処分率は高くなるが、これは厳罰主義とは逆の事態であろう。他
方比較的軽微な体罰に至るまで報告されるようになってくる（1980年代後半
以降の全国的変化）と、一般に事実上の処分が増えるから法的処分率は下が
るが、これをもって必ずしも体罰に甘いともいえない。上述の北海道のよう

---

12)　「体罰に係る懲戒処分等の状況一覧」という文書であり、https://www.mext.go.jp/a_menu/s
hotou/jinji/index.htm（last visited, 7 January 2023）から順次たどることができる。
13)　10％ごとに分けることを基本とし、該当がない60〜90％はひとつにまとめ、数が多い20％未
満についてはさらに２分した。

表1　教育委員会別法的処分率（2007-2020）

| 法的処分率（%） | 教委数 | 教委名 |
|---|---|---|
| 90～100 | 2 | 北海道、札幌市 |
| 60～90 | 0 | |
| 50～60 | 1 | 岩手県 |
| 40～50 | 5 | 新潟県、大阪府、福島県、東京都、川崎市 |
| 30～40 | 5 | 相模原市、神戸市、さいたま市、石川県、福岡市 |
| 20～30 | 9 | 長野県、広島市、浜松市、兵庫県、富山県、北九州市、福井県、堺市、新潟市 |
| 15～20 | 7 | 奈良県、岐阜県、千葉県、秋田県、徳島県、京都府、山形県 |
| 10～15 | 18 | 広島県、宮崎県、大阪市、茨城県、熊本県、鳥取県、宮城県、仙台市、千葉市、神奈川県、山梨県、横浜市、鹿児島県、名古屋市、沖縄県、青森県、熊本市、香川県 |
| 5～10 | 10 | 静岡市、埼玉県、栃木県、高知県、島根県、和歌山県、山口県、佐賀県、三重県、京都市 |
| 0～5 | 10 | 愛知県、滋賀県、福岡県、静岡県、岡山県、愛媛県、群馬県、長崎県、大分県、岡山市 |

に総計400件ほどの事例のほぼすべてに法的処分を与えている場合は厳罰主義といえ、岡山市のようにケースが40件と多くないうえ、怪我をしている例[14]もすべて事実上の処分で済ましているところなどは甘いといえよう[15]が、他方で法的処分率は高いが、処分総数が少ない教委（例、川崎市40%、15件）と法的処分率は低いが処分総数が多い教委（例、青森県10%、254件）では、体罰に厳しいのはむしろ後者なのではなかろうか[16]。なお全国的な時系列変化もふまえれば、次のような処分の厳格化の時系列変化を暫定的に考えることができるかもしれない。①法的処分・事実上の処分とも少ない教委→②事実上の処分が増え処分総数が増えた教委→③処分総数が多いなかで法的処分の比率が増えた教委、といった流れである（岡山市や川崎市などは①、青森県などは②、北海道や札幌市は③といえるのではないか）。いずれにせよ体罰に甘い教委と厳しい教委、中間的な教委があり、移行もあるようである。

14)　例えば2019年度には「鼓膜損傷」と「外傷」が1件ずつみられる。

15)　また北海道と札幌市、岡山市と岡山県にみられるように政令市教委と属する道府県における教委の値が近い傾向があるように思われる。参照し合うなどしているのであろう。

16)　なお処分総数の多寡を検討するためには、本来地域ごとの人口比をも考慮するべきであるが、ここでは指摘するにとどめる。

重大事件の発生などが契機となるなどして重罰化するのだろうが、ここでは指摘にとどめたい[17]。

　このような教委の態度の多様性と時系列的変化をどう評価すべきであろうか。北海道や札幌市のような体罰に厳しい態度を取る教委は権力的介入であり問題であって、岡山市や川崎市のような緩刑型、不干渉型が望ましいと簡単に断定してしまって、はたしてよいのであろうか。

## 4　体罰処分の法化──処分基準の作成と公開

　さらに体罰問題に対する教委の姿勢の違いをより直接的に示す、別のデータがある。近年文部科学省は、各教委に対して、学校体罰に対するものを含む「懲戒処分に関する処分基準」を作っているかどうかについて、毎年回答を求めてきた。作成された処分基準は2017年以来文科省サイトで公表され、未作成のところはブランクのまま晒されてきた。すなわち文科省はこのような手法を通じて、処分基準を作り公表するよう促してきたのであり、一種の行政指導による影響力の行使である。2023年1月7日時点ですべての都道府県と政令市の体罰に対する処分基準が作成公表されている[18]。それをみると教委ごとに基準がかなり異なっている。例えば先にみた厳罰傾向の北海道は、体罰の結果が児童生徒の「死亡」または「重大な障害」を負わせた場合は「免職、停職」、「傷害」の場合は「停職、減給」であり、「上記以外の体罰」は戒告とされている。すなわち体罰であれば最低戒告を原則としており、先にみた実際の処分実態とも一致している。他方緩刑傾向の岡山市の場合、「死亡」または「重篤な傷害」の場合で「免職、停職又は減給」、「傷害」の場合で「停職、減給又は戒告」とあり、教委の裁量の幅が大きい上、傷害に至らない体罰については記載がない。実際には先にみたように傷害を負った事例も含めてすべて事実上の処分で済ませている[19]のだから、やはり体罰に対し

---

17)　監督責任者に対する処分数も教委ごとに差があり（東京都などは行使者とあわせて処分されることが原則のようである）、そうした点からも教委の姿勢をみることもできそうである。

18)　「都道府県・政令指定都市の懲戒処分等の基準」という文書であり、https://www.mext.go.jp/a_menu/shotou/jinji/1411986_00003.htm, last visited, 7 January 2023の中に置かれている。

19)　ただしこの処分基準はあくまで目安にすぎず、従わなくとも違法とはいえない。

て甘い体質を持つといわざるをえない。

　このように以前は自由裁量によって、あるいは基準が不明なまま決定され
ていた事態が、ルールに依拠するように変容することを、法社会学の用語で
「法化」と呼ぶ[20]。すなわち学校体罰に対する処分は法化されてきたといえ
る。こうした体罰処分の法化は、処分過程の透明性を高め、決定権者の恣意
を防ぎ、予測可能性を高める意義がある。他方、杓子定規で、事案に即した
柔軟な対応を取りにくくさせるなどの危険性もある。こうした処分基準の作
成・公表を文科省が各教委に事実上強いていることや、実際にそれに依拠し
た処分がされることは、伝統的教育法学のいう教育自治的解決からは遠い、
危険な権力行使として否定的にも評価しうるところでもあろう。果たしてこ
うした一連の法化の流れは、教師の教育の自由を制約する枷なのであろうか、
それとも子どもの権利保護のための防壁というべきだろうか。

## V　まとめ

　以上、法社会学および教育分野へのその適用について概説し、それが法学
また教育法学とどのような関係にあるかを論じた（I、II）。さらに「学校
体罰はいかに処分さるべきか」を教育法学上の論点として提示し（III）、関
連する実態を簡単に紹介・分析した（IV）。子どもへの暴力に対する社会の
批判が高まり、体罰教師に対する処分は増え、体罰行使は減っている。他方
で表面化しない事例も多いようでもある。また体罰に対する処分の厳しさに
は教委ごとに顕著な差異があり、一部で厳罰化が進んでいるが全体的にはい
まだ寛大なところが多い。また文科省の圧力で体罰の処分基準の作成と公開
が進められており、そこからもそうした特質は垣間みえる。

　なお処分基準の作成と準拠という点で「法化」が進んでいることをみたが、
体罰事件のそれ以外の処理過程に関しては法的制度化はあまり進んでいない。
体罰が発覚した際に作成される「学校体罰事故報告書」を分析した法社会学

---

20)　法化論についての入門として、馬場健一「法化と自立領域」棚瀬孝雄編『現代法社会学入門』
（法律文化社、1994年）73-97頁参照。

研究[21]によると、被害報告の教委への到達を妨げる学校内外の各種の障壁が存在し、また報告されても遅延しがちである。被害者側が事件を訴える窓口や手続は未整備であり、マスコミや地方議員、匿名通知などによる非公式なかたちを取ったり、さもなくば警察や教委への通報といった権力依存的なものが多く、弁護士など法律家や裁判所その他公的紛争処理機関の利用は低調である、等々。

　他方学校体罰問題に関する注目すべき動向として、情報公開制度の活用がある。学校体罰事故報告書について、そこに記載された学校名・校長名さらに加害教師名までも公開すべきとする、学校・教育行政側に厳しい裁判所の判断が複数出てきている[22]。そのため以前は非公開が原則だったこうした情報が、現在では多くの地域で公開されるに至っている[23]。

　本書の読者におかれては、本書全体で示された教育法学の知見に依拠しつつ、本章でみたような学校体罰とその処分の変遷と現状、社会や司法の姿勢などをふまえたうえで、先に示した「学校体罰に対して、教育委員会はその懲戒権限をいかに行使するべきであろうか？」という問いについて、各自で考えていただきたいと思う。

---

21)　馬場健一「学校教育紛争における未成年児童・生徒の周縁化と抵抗――体罰事件の処理過程を素材に」法社会学77号（2012年）65-87頁。

22)　大阪高判平成18（2006）・12・22（平成18年行コ第26号、同第68号事件）判例タイムズ1254号151頁、大阪高判平成23（2011）・2・2（平成22年行コ第153号事件）判例データベース未登載、神戸地判平成29（2017）・3・2（平成28年行ウ第26号事件）LEX/DB 文献番号25448531など。

23)　その経緯とそこにおける教委や行政不服審査の問題点につき、馬場健一「行政は司法判断に従うか？――情報公開からみる日本の法治行政の実情」法社会学85号（2019年）151-180頁、同「行政不服審査における手続き上の問題点」法社会学87号（2021年）166-196頁、同「準司法機関としての行政諮問機関――情報公開審査会の法的専門性の実証分析」法社会学88号（2022年）125-149頁。これらのダイジェスト版として、「行政は司法判断に従うか？」法律時報93巻8号（2021年）35-41頁。

## 第1章

# 比較教育法制史
――教育を受ける権利と教育の自由を中心にして

佐藤　修司

## Ⅰ　教育法学における比較の視点

　戦後、日本国憲法26条および旧教育基本法10条の解釈を中心として、法解
釈論争が、国会や法廷、学界、言論界等においてくり広げられたわけだが、
その際、比較教育法制史の手法が活用されてきた。

　教育行政学者である宗像誠也（1908-1970）は『教育行政学序説』（1954）
において、教育行政学の研究方法（「思惟の諸様式」）として、①教育行政法
規の解釈学、②比較教育制度的研究、③教育行政の経営学的研究、④教育行
政の社会学、を挙げていた。宗像は戦前の教育行政学が官僚のための教育法
規の学でしかなく、現行教育法規の解説にとどまっていること、現行法規を
正当化しようとする解釈が行われていること、教育行政を行政が教育に及ん
だものととらえ、教育から出発していないこと、を批判していた[1]。宗像は
教育行政の社会学をあるべき方向として示すとともに、教育法規の社会的・
歴史的把握、法社会学的な研究の必要性を主張しており、その後の教育法学
の展開に大きな影響を与えた。

　教育史的にも比較教育制度は重要なテーマであった。明治新政府にとって、
欧米列強に対抗しうる統一国家の構築と国民の形成のため、近代的学校制度

[1]　『宗像誠也著作集　第3巻』（青木書店、1975年）177-203頁（宗像誠也『教育行政学序説』（有
斐閣、1954年））。

の確立は急務であり、1872年の学制（学区制度など）は中央集権的なフランスを、1879年の教育令（学務委員制度など）は分権的なアメリカをモデルとし、その後、1886年の小学校令、帝国大学令などは、ドイツの要素を取り入れながら戦前の学校制度が形作られていった[2]。時々の国際・外交関係や政治状況等に応じて、日本の国情にあった学校制度が選ばれたといえるだろう。第一次大戦と第二次大戦の戦間期には、東京帝国大学で阿部重孝（1890-1939）が比較教育制度を専門とし、比較教育制度は大学における研究対象ともなっていった[3]。

　戦後教育改革は、GHQ（連合国軍総司令部）のCIE（民間情報教育局）のもと、実質的にアメリカの影響下において、1947年の米国教育使節団報告書を踏まえながら実施され、教育委員会制度、単線型学校制度など、アメリカの制度が大きく取り入れられた。その意図は、戦前日本における軍国主義的、超民族主義・国家主義的、中央集権的、画一的、思想統制・教化的な教育・教育行政を改め、民主主義的、自由主義的、平和主義的な教育・教育行政を実現することであった。

　その後、朝鮮戦争、東西冷戦のなかで、アメリカの路線転換（反共産・社会主義、日米安保条約など）もあり、1950年代以降、日本は戦後教育改革の「行き過ぎ」を是正するため、教育委員の任命制、勤務評定の実施、学習指導要領の告示化、教科書検定の強化などを行い、文部省対日本教職員組合（日教組）、経済界対労働界、保守対革新の対立が激化する。1960年代には高度経済成長のための経済計画に教育計画（人的能力開発計画）が組み込まれ、全国学力テストの悉皆による実施も争点となった。それらが裁判の場に持ち込まれ、憲法26条や旧教基法10条の解釈などが争われるわけだが、そのなかで、制定過程や立法者意思などとともに、米国教育使節団とそのメンバー、アメリカの教育法制・判例、さらに教育先進国としてイギリスやフランス、ドイツなどが参照された[4]。

---

2)　寺崎昌男「学制・教育令と外国教育法の摂取」『講座教育法 第7巻 世界と日本の教育法』（総合労働研究所、1980年）133-152頁。
3)　阿部重孝『歐米學校教育發達史』（1930年）など。宗像は阿部の門下生でもあった。

　教育学者である堀尾輝久（1933-）は、コンドルセやロック、ルソーなどの啓蒙思想家の教育思想に遡り、市民革命、人権宣言に現れた「古典的市民社会」、近代社会の理念に内在する近代教育原則を導き出していた。子どもの権利・学習権の主張、親義務と私事の組織化としての公教育、国家権力からの内面形成の自由、子どもの自発性の尊重などの近代教育原則はマルクスやオーエン、ラヴェットらの労働者階級の運動に継承される一方で、独占＝帝国主義段階の福祉国家（大衆国家）と国民教育の成立は近代教育原則を否定する性格を持っていた。それ故、現行の制度が公共的性格と階級的性格を同時にあわせ持っていることを認識したうえで、子どもの権利を中核として、義務教育を内側から組み替えていくことを求めていた[5]。

　法学者である兼子仁（1935-）もやはりアメリカ、イギリス、フランスの状況を押さえたうえで、19世紀西欧を、「国民の教育の自由」を原則とする私教育法制、近代教育法制ととらえ、20世紀西欧は、「子どもの教育を受ける権利」を原則とする公教育法制、現代教育法制であるととらえる。日本の戦後教育改革は、20世紀的公教育法制をめざすものであった。しかし、戦前日本の「国策的義務教育制度」、「国家権力的教育行政制度」において、近代教育法の原則である「教育の自由」の原理が否定されていたこと、また、戦後日本において、国家の積極的役割という戦前との現象的な連続性があることから、国家教育法制からの脱却がなされにくい。そこで、日本は、教育の自由の原理と教育を受ける権利の積極的保障が同時的に実現されなければならないという特殊性を持っているとされていた[6]。

　このような比較教育法制の視点は、先進的な西欧の法制度や理念（国民の

---

4）　牧柾名『教育権』（新日本出版社、1971年）、佐藤全『米国教育課程関係判決例の研究』（風間書房、1984年）、今野健一『教育における自由と国家』（信山社、2006年）、高橋哲『現代米国の教員団体と教育労働法制改革』（風間書房、2011年）等参照。
5）　堀尾輝久『現代教育の思想と構造』（岩波書店、1971年）3-148頁。堀尾を批判する持田栄一は、憲法、旧教基法などが有する近代法、資本主義法としての限界を指摘し、教育権・学習権は教育＝労働力商品形成の「私的」自由を保障するものであり、これを「上から」「社会化」したものが19世紀後半以降の福祉国家構想であったととらえていた（持田栄一「『教育権』の理論」東京大学教育学部紀要13巻（1973年）112-21頁）。
6）　兼子仁『教育法〔新版〕』（有斐閣、1978年）70-191頁。

教育権論）と、遅れた日本（国家の教育権論）を対比させることで、国、自治体の教育立法、教育政策への批判を展開しようとしていたともいえる[7]。戦後教育改革でもたらされ、憲法、教基法に盛り込まれた民主主義、人権、自由、平和などの理念が、下位法や教育政策によって否定される状況に対して、教職員組合を中心とした、教育運動がその理念の実現に向けて抵抗するという図式である。

　比較教育法制の点では、例えば、イギリスの1944年教育法が国、地方、学校間のパートナーシップ・モデルとして高く評価されていた[8]。また、アメリカでは、1957年のスプートニク・ショックをきっかけとしたアメリカの1958年の国防教育法など、国（連邦）の関与が強まる傾向にはあったが、貧困との戦いを掲げた1965年の初等中等教育法や、1964年の公民権法にみられるように、全体としては、平等主義的、条件整備的な性格を持つものとしてみられていた[9]。

　しかし、1980年代以降、日本の高度経済成長とそれを支えた安定した教育（質の高い教員、落ち着いた学校、子どもたちの高い学力など）に国際的な関心が集まり、欧米が逆に日本に学び、新自由主義的教育政策を展開するようになる。イギリスでは、福祉国家を批判する保守党サッチャー政権において、1988年教育改革法が制定され、全国共通カリキュラムの導入、全国共通到達度テストの導入、親の学校選択権の拡大、学校理事会の地方教育当局からの離脱や権限拡大等が行われた。1997年からの労働党ブレア政権では、教育を最優先課題とし、新自由主義と社会民主主義の中間をめざす「第三の道」が追求され、多様なセクターとのパートナーシップがめざされたが、大きな政策の基調の変化はなかった。2010年の保守党政権以降も「選択と多様性」が重視され続けている[10]。

---

7)　丸山英樹は従来の比較教育学に「教育借用」（優れた国の教育システムを、遅れた国が借用する）といえる姿勢があったこととその終焉を指摘している（丸山「比較教育学」下司晶ほか編『教育学年報11教育研究の新章』（世織書房、2019年）323頁）。
8)　大田直子『イギリス教育行政制度成立史』（東京大学出版会、1992年）等参照。
9)　高木英明編著『比較教育行政試論〔新版〕』（行路社、1993年）等参照。
10)　大田直子『現代イギリス「品質保証国家」の教育改革』（世織書房、2010年）、清田夏代『現代イギリスの教育行政改革』（勁草書房、2005年）、等参照。

　アメリカでは、1983年の報告書「危機に立つ国家」や、1991年の「2000年の目標―アメリカ教育法」、そして、2002年の「落ちこぼれを作らないための初等中等教育法（No Child Left Behind Act）」により、州への連邦補助金の配分を通じて、学力改善のための基準に基づいて州への連邦補助金が配分されることになる。その結果、学力が低迷した学校の再建のために、学校閉鎖や教職員解雇、学校選択、チャータースクール、バウチャー制度、営利・非営利組織による学校運営の委託、教育委員会の廃止および市長や知事への授権などが行われた。オバマ政権における2009年の「アメリカ再生・再投資法」による「頂点への競争（Race to the Top）」や、2015 年の「すべての生徒が成功するための教育法（Every Students Succeeds Act：ESSA）」においても、基本的には1980年代後半以降の「スタンダードに基づく改革」のもとで連邦政府の権限が拡大している[11]。

　グローバリゼーションのなかでの日本の国際的地位の低下、Society5.0、知識基盤型社会への対応の遅れ、巨額の財政赤字、少子高齢化、人口減少社会の到来のなかで、日本は欧米の新自由主義的政策を取り入れるようになる。加えて、日本における労働運動、教育（研究）運動、革新政党の衰退傾向、全体的な保守化傾向、そして、1970年代後半以降のいじめや不登校、校内暴力、体罰、校則など教育荒廃と呼ばれる状況、教員の不祥事、「問題教員」の事例、そして、能力主義的、管理主義的な学校の状況は、学校や教員に対する子ども、保護者、住民、国民からの批判、不信を呼び起こし、国民の教育権論の現実的基盤を掘り崩すものとなっている。

　1980年代後半、臨時教育審議会における教育の自由化論は、2006年の教育基本法の改正につながり、学校制度、教員制度、教育委員会制度など、大きな制度改編が継続してきた。規制緩和、民営化、民間活力、市場原理、選択の自由、評価管理、NPM（ニュー・パブリック・マネジメント）などは、アメリカ、イギリス、ニュージーランドなどを中心にして進む新自由主義的改革をモデルとして進められており、これらの国に関する比較教育法制研究

11)　小松茂久編『教育行政学〔改訂版〕』（昭和堂、2016年）、佐藤三郎編『世界の教育改革』（東信堂、1999年）、等参照。

は、日本の今後の予測や警鐘の意味も込められて行われている[12]。

　その他、PISA（OECD 生徒の学習到達度調査）、TALIS（OECD 国際教員指導環境調査）などの学力、教員などに関する国際調査の及ぼす影響も大きい。気候変動、パンデミック、戦争や内戦、格差や貧困、ESD（Education for Sustainable Development：持続可能な開発のための教育）、SDGs（Sustainable Development Goals：持続可能な開発目標）など、様々な課題が国際的、地球的規模で影響を及ぼしており、欧米に限らず、ロシアや中国、アジア、アフリカ、アラブ諸国、南米、国際機関などを含めた幅広い比較教育法制研究の深化が求められる。

## Ⅱ　教育を受ける権利・学習権

　教育を受ける権利が一国の憲法に最初に明記されたのは1936年のソビエト憲法であった。第二次大戦後には、1946年のフランス第四共和制憲法や、1947年の日本国憲法、1948年のイタリア憲法などにも明記され、1948年の国際連合「世界人権宣言」26条において、「教育への権利」（right to education）が規定された。「教育への権利」は日本国憲法の「教育を受ける権利」に比して、表現としてより能動的、主体的な印象であり、教育機会へのアクセスという意味だけでなく、選択（場合によっては拒絶）や参加・参画、創造を含めて考えることも可能であろう。また、1976年の学力テスト最高裁判決では子どもの「学習をする（固有の）権利」も使用されており、1985年ユネスコの国際成人教育会議で出された「学習権宣言」も有名である。学習者側の主体性を表す意味で、日本でも「学習権」（right to learn）と表現されることが多い。

　世界人権宣言は法的拘束力を持たないものであるが、法的拘束力を持つ条約として、1966年、国連総会において、国際人権規約が採択され、1976年に

---

[12]　東京大学教育学部教育ガバナンス研究会編『グローバル化時代の教育改革』（東京大学出版会、2019年）、日本教育経営学会編『現代教育改革と教育経営』（学文社、2018年）、大桃敏行ほか編著『教育改革の国際比較』（ミネルヴァ書房、2007年）、等参照。

発効し、日本は1979年に批准した。社会権規約13条に教育への権利が規定されており、「教育についてのすべての者の権利を認める」とされ、「教育が人格の完成及び人格の尊厳についての意識の十分な発達を指向し並びに人権及び基本的自由の尊重を強化」するものとされる。そして、初等教育の義務制と無償制、中等教育・高等教育の無償教育の漸進的導入（高等教育部分は批准を留保していたが、2012年に民主党政権が留保を撤回）と能力に応じた機会保障が求められている。

　1979年には、国連総会で、子どもの権利条約（児童の権利に関する条約）が採択され、日本は1984年に批准した。この条約でも28条、29条で教育への権利が規定されている。子どもの最善の利益の考慮、意見表明権、種々の市民的自由が規定され、途上国だけでなく、先進国においても、その権利の実現が求められている。子どもの権利委員会や社会権規約委員会、自由権規約委員会は、日本政府からの報告や、NGOなどからの報告をもとに審査し、日本政府に対して総括所見を出しているが、毎回、様々な懸念事項が示されており、日本政府の権利に対する対応に問題があることが示唆される。子どもの権利条約が批准された1984年に出された文部事務次官通知でも、条約に対する消極的な姿勢がみられる[13]。

　また、憲法、教育基本法は、普通教育を受けさせる保護者の義務（「教育義務」）を課しているだけであって、学校以外での教育を認める余地があるが、学校教育法は学校に就学させる義務（「就学義務」）を課し、学校以外での教育を認めていない。戦前の日本は、1941年の国民学校令までは学校以外での教育を認めていた。イギリス、フランスでは、保護者は子どもに教育を受けさせる義務があるが、就学義務ではなく、家庭など学校以外で教育を行うことが認められている。アメリカでは、就学義務があるものの、ホームスクールが就学義務の免除として認められている。日本では、就学義務の猶予・免除が認められるのは、病弱、発育不完全その他やむをえない事由のため就学困難と認められる場合とされている。2016年の「義務教育の段階における普

13)　2022年に成立した「こども基本法」は、日本国憲法や児童の権利に関する条約の精神にのっとることとされているが、条約の広報が努力義務にとどまるなど、実効性には疑問が残る。

通教育に相当する教育の機会の確保等に関する法律」も、家庭等での教育を義務教育として認めたわけではなく、学校以外の場における学習活動等を行う不登校児童生徒に対する支援が定められたにとどまっている[14]。

　日本では義務教育の無償制が、いまだに授業料に限定され、教科書が特別立法で無償化されているにとどまっている状況も課題である。様々な教材費、給食費、課外活動費、修学旅行等の費用が私費負担となり、さらに、塾、習い事などの私教育費の多寡が子どもたちの教育格差、職業格差に連結し、社会格差を拡大、正当化するものとなっている。幼児教育と高校教育、そして高等教育については無償化が進められているとはいえ、所得制限があり、福祉的な措置にとどまっている[15]。私立に依存する割合が高く、特に大学は国公立も含めて授業料が高額であり、奨学金等も貧弱である。無償化の財源が消費税に求められ、経済的下位層に負担が行っていることを考えれば、無償教育の漸進的導入が実現されているとはいいがたい。

　また、国立大学法人への運営費交付金や学校法人への私学助成が押さえられ、競争的配分枠が年々拡大することで、大学間格差が広がり、全体としての研究水準、教育水準の低下につながっている。英米は高等教育の授業料は高額であるものの、奨学金等が充実し、欧州、特に北欧は授業料が低廉であり、さらに奨学金、各種手当等も充実している。これらに比べて日本は授業料が高いうえに支援の手立ても少ないことが課題となっている[16]。

---

14)　文部科学省編『世界の学校体系』（ぎょうせい、2017年）、過去の文部省編『諸外国の学校教育』（大蔵省印刷局）参照。横井敏郎編著『教育機会保障の国際比較』（勁草書房、2022年）、等参照。
15)　民主党政権時代の2010年に所得制限なしの「子ども手当」が導入されたが、2012年に自民党・公明党政権に戻ると元の所得制限のある児童手当に戻った。高校授業料無償化についても同様に所得制限が導入された。
16)　三輪定宣『無償教育と国際人権規約』（新日本出版社、2018年）、石井拓児「教育における公費・私費概念――その日本的特質」世取山洋介・福祉国家構想研究会編『公教育の無償性を実現する』（大月書店、2012年）、等参照。特に PISA ショック以降は、フィンランドなど、北欧諸国に関する研究が多く行われている。

## Ⅲ　教師の教育の自由と内外事項区分論

　日本は、教師の教育の自由を憲法上明文で定めているわけではなく[17]、学校教育法で、「教諭は児童の教育をつかさどる」とされるが、やはり明確に教育の自由を定めているわけではない。国民の教育権論では、憲法26条から導かれる教育条理をもとに、子どもの学習権を実現するためにこそ、教師の教育の自由が必要であるとされてきた。1966年のILO・ユネスコの「教員の地位に関する勧告」では、「教育職は専門職としての職務の遂行にあたって学問の自由（academic freedom）を享受すべきである」としており、同様の性格を持つといえる。

　旧教基法10条が定める、教育への「不当な支配」の禁止や、教育行政の「条件整備義務」の内実を明らかにするために活用されたのも比較教育法制の手法であった。戦間期アメリカで、比較教育学の泰斗とされていたキャンデル（I. L. Kandel, 1881-1965）の所論を取り上げて、宗像は、教育条件が教育の施設・設備、教育財政などの外的事項をさすものであり、教育内容や教育方法、教育課程などの内的事項への介入は、「不当な支配」に当たるものとして否定している。いわゆる内外事項区分論について、堀尾はやはり近代教育原則として位置づけ、それが、労働運動、社会主義思想に引き継がれ、戦後教育改革に結実したものととらえ、兼子もまた、現代公教育の制度原理、法原理として位置づけている。

　キャンデルは、1933年刊行の『比較教育学』において内外事項区分にふれているが、それは、英米独仏伊露の6カ国の教育制度を比較分析したうえで、1918年以降のイギリスの分権型制度をモデルとしつつ、アメリカやワイマール期のドイツにも共通するものとして抽出していた。その特徴は、外的事項が全国的な機会均等の原理のもとに国家が所掌する一方で、内的事項は国民文化の発展のための多様性、自由の原理のもとに地方および教師の自由に委

---

17)　1976年最高裁旭川学力テスト判決は、23条の学問の自由が、初等中等教育学校の教員にも一部認められるとしている。

ねられるべきことであった。同時に、条件整備の原理のもとに、外的事項は
教育行政機関が所掌し、内的事項における教師の自由が確保されなければな
らないことも強調されていた。内外事項に対しては、それがワイマール期以
前のドイツおよび戦前日本における事務負担区分（国が内的事項を、地方が
外的事項を担当する）を意味するにすぎないとの批判もあったが[18]、キャン
デルはその内外事項に、教師の専門職としての教育の自由を組み込んだ点に
特徴があった。キャンデルは米国教育使節団に参加し、来日しているうえに、
使節団報告書の第 1 章（日本の教育の目的および内容）を担当した委員会の
委員長および起草委員会の委員を務めており、第 1 章の記述内容は、キャン
デルの『比較教育学』のそれと一致する部分が多い。

　国民の教育権論に対しては、親の教育権、子どもの学習権が教師の教育権
を導くための手段でしかなく、実質的に教師に対して劣位におかれ、無権利
化しているのではないかとの批判もあった。これに対しては、学校自治論に
加えて、親の参加、子どもの参加に関する比較研究が行われてきた。学校運
営の重要事項の決定に関わる機関に、校長および教職員の代表とともに、親
や地域の代表が参加する形態は、イギリスの1944年教育法の学校理事会制度
にもみられる。1988年のアメリカ・シカゴの学校改革法でも、学校委員会に
教職員、親や地域の代表が参加していた[19]。さらに、生徒、学生の代表が参
加するものとして、フランスでは、1964年、専門家以外に、他省庁や父母団
体、学生団体が外部代表として参加するようになった国民教育高等審議会や、
1975年の教育基本法により、教師、保護者、生徒の三者の代表で構成される
ようになった学校評議会、（西）ドイツでは、1973年勧告以降の学校運営会
議などが挙げられる[20]。

---

18)　佐藤全『親の教育義務と権利』（風間書房、1988年）、大桃敏行『教育行政の専門化と参加・
選択の自由』（風間書房、2000年）、佐藤修司『教育基本法の理念と課題』（学文社、2007年）、等参
照。

19)　山下晃一『学校評議会制度における政策決定』（多賀出版、2002年）、坪井由実『アメリカ都
市教育委員会制度の改革』（勁草書房、1998年）、窪田眞二『父母の教育権研究』（亜紀書房、1993年）
等参照。

20)　小野田正利『教育参加と民主制』（風間書房、1996年）、結城忠『ドイツの学校法制と学校法学』
（信山社、2019年）、柳澤良明『ドイツ学校経営の研究』（亜紀書房、1996年）、等参照。

　日本では、2000年に学校評議員、2004年に学校運営協議会（コミュニティ
スクール）が制度化されたが、学校評議員は学校に意見を述べるのみで決定
に参画するわけではなく、学校運営協議会は決定（承認）に参画しても、そ
れは教育課程の基本方針など、きわめて概略的な部分にしか関わっていない。
委員も、学校、教育委員会が選ぶのであって、選挙が行われるわけではない。
生徒、学生代表ははじめから想定されておらず、学校のガバナンスの変化に
までつながっている例は少ない。むしろ、家庭の教育力、地域の教育力の低
下を補うものとして、学校へのサポート機能が中心に期待されているように
みえる。

　日本の1970年代頃からの学校自治論、1980年代頃からの父母参加論、そし
て1990年代頃からの子ども参加論（三者協議会等による「開かれた学校づく
り」など）は、教職員、子ども、保護者、住民が、内外の権力的統制に抗し
ながら、協働による自治を通じて、学校が抱える様々な諸課題に取り組み、
子どもが主人公となる学校づくりに取り組もうとするものであった。それと
は逆に、政策的に2000年前後から盛んに主張されるようになる学校の自主
性・自律性や校長のリーダーシップは、新自由主義的性格を持つものであり、
グローバリゼーションなどに対応しうる労働力、学力・道徳の形成を学校に
迫り、競争、評価による資源配分で管理しようとするものであった。そこで
は、アメリカの1980年代以降の「学校に基礎を置く経営（School Based
Management）」や前述した「スタンダードに基づく改革」、そして、イギリ
スのサッチャー政権以降の改革がモデルとされており、日本での全国一斉学
力テストや、資質・能力ベースの学習指導要領もその一環に位置づけられる。

　このような新自由主義的改革は、教師の教育の自由、創意工夫を制約し、
教育内容・方法、さらに子ども、教師双方の資質能力（学力を含む）のスタ
ンダード化を通じて、脱専門職化の方向に向かうものであり、子どもを学力
競争・評価管理に追い込み、新自由主義への適合度による選別淘汰を強いる
ものであって、子どもの学習権を侵害するものととらえられる。国から教育
への直接管理・統制であれば、被抑圧者側が、自らの権利を自覚し、主体性
を取り戻し、「国民」として連帯・共同し対抗しやすい。しかし、競争、評
価を通じた間接管理となれば、「国民」は客体化され、分断され、相互に牽

制・対抗し合い、成果競争、能力競争、忠誠競争に巻き込まれていく。

　学校参加と学校選択をめぐっては、黒崎勲がアメリカの事例を取り上げて、学校参加による民衆統制の強化が結果的に学校の官僚制に帰結し、教師の専門的自由を抑制する方向に働くこと、逆に、抑制と均衡の原理による学校選択によってこそ教師の専門的責任を問うことができ、同時にそれが教師の専門的自由の承認につながるものだ、としていた[21]。、学校選択への評価は論争的な点であり、単純に学校参加はプラス、学校選択はマイナスという評価は単純にすぎるだろう。新自由主義＝悪、戦後改革＝善ととらえる発想も科学的とはいえない。国民の教育権論が1970年代に形成されたように、新自由主義が世界的に浸透する背景・構造や必然性を探ると同時に、新自由主義を組み替え、利用するような、したたかな比較教育法制の理論と国際的な運動が求められている[22]。

---

21）　黒崎勲『学校選択と学校参加』（東京大学出版会、1994年）など、黒崎の関連する著作参照。藤田英典との論争とともに、戦後教育学や国民の教育権論をめぐる佐藤学、高橋哲らとの論争も注目される。黒崎勲『教育学としての教育行政＝制度研究』（同時代社、2009年）参照。
22）　広瀬裕子は黒崎の持田栄一評価をふまえながら、教育を「技術過程」（教授＝生活形成過程）と「組織過程」（教育管理＝経営過程）の二重性において把握し、「近代公教育を『私事』としての教育秩序の国家保障」ととらえる持田の理論枠組みを高く評価している（広瀬裕子ほか編著『カリキュラム・学校・統治の理論』（世織書房、2021年）207-232頁）。

第四部

# 教育法学・教育法の先端的展開

第 8 章

# 子どもの権利と子ども法

宮盛 邦友

## I  はじめに

　1989年11月20日、国際連合の総会において、全会一致で、「子どもの権利
条約 Convention on the Rights of the Child」（日本政府訳は、児童の権利に関
する条約）が採択された。前文と54条から構成される本条約は、一方で、発
展途上国における戦争や性的搾取にあう子ども問題を、他方で、先進国にお
ける子どもの競争主義的教育の問題を、同時に解決することを求めている。
条約の中軸となる条文は、12条［意見表明権］であるが、子どもの権利条約
の30年（制定過程を含めれば40年）は、いわば、この意見表明権をめぐる30
年だった、ということができるだろう。具体的にいえば、日本社会において
は、登校拒否・不登校、少年非行、児童虐待などの、いわゆる「子ども問題」
が深刻化したが、それに対しては、理論的には、事実論を基盤とする「子ど
もたちの声を聴く」を中軸とした臨床教育学[1]が、法規範論を基盤とする「意
見表明権」を中軸とした子どもの権利論[2]が、その解決に向けて重要な役割
を果たし、実践的には、NPO などの「子どもたちの生存を支える社会的共
同」[3]がひろがりをみせた。

---

1)　横湯園子『教育臨床心理学：愛・いやし・人権そして恢復』（東京大学出版会、2002年）参照。
2)　宮盛邦友『近代日本子どもの権利思想史研究』（未発表）の付論、参照。
3)　宮盛邦友編著『子どもの生存・成長・学習を支える新しい社会的共同』（北樹出版、2014年）
　参照。

　これらの動向をふまえたうえで、いま、あらためて、子どもの権利と子どもの権利論を問いなおしてみたい。子どもの権利論は、教育学・法学・臨床心理学・精神医学・社会福祉学などの学際的アプローチによって成り立つ現代人権論である。子どもの権利とは何かをめぐっては、いくつかの流派があり、対立的である。また、子どもの権利をいかに保障・救済するかをめぐっても、やはり、同様である。

　そこで、第8章では、第一に、子どもの権利の思想と法制について概観する。第二に、子どもの権利とは何か、という日本における子どもの権利論について検討する。第三に、子どもの権利をいかに保障・救済するか、という日本社会における子どもの権利条約を具体化してきた運動と実践について検討する。全体を通して、子どもの権利と子ども法の関連を問題提起したい。

## Ⅱ　子どもの権利の思想と法制

　本論に先立って、近代・現代における「子どもの権利の思想と法制」を、ごく簡単に、ふりかえっておきたい。この歴史と法制の認識が、子どもの権利と子ども法を理解するうえで、決定的に重要だからである。

　近代における子どもの権利は、一方で、民法や教育法制にみられるような自律的子ども観を主張する「国際新教育運動」（教育領域・分野）があり、他方で、少年司法などにみられるような保護的子ども観を基礎とした「児童保護事業」（福祉領域・分野）があり、その接点に「子どもの権利」が登場した[4]。つまり、近代における子どもの権利とは、「自律も保護も」という発想だったのである。

　現代における子どもの権利は、国際社会における人権のひろがりを前提として、国際連合における、1959年の児童の権利宣言があり、1979年の国際児童年をきっかけとして、1989年には子どもの権利条約が採択された（日本は

---

4)　堀尾輝久「国際新教育運動の子ども観・発達観」『人間形成と教育——発達教育学への道』（岩波書店、1991年）、寺崎弘昭「教育と学校の歴史」藤田英典・田中孝彦・寺崎弘昭『教育学入門』（岩波書店、1997年）参照。

1994年に批准した)<sup>5)</sup>。つまり、現代における子どもの権利とは、「宣言から条約へ」という法規範を持つ展開をしたのである。

このように、子どもの権利は、思想的かつ法制的な発展をしてきた、という点を理解しておく必要がある。そして、子どもの権利論は、日本においては、日本国憲法・教育基本法法制を具体化した、国民の教育権論（堀尾輝久）の中軸にもなったのである。

## Ⅲ　子どもの権利とは何か

子どもの権利とは何か、という問いを、「子どもの権利本質論」と呼ぶことにする。子どもの権利本質論には、子どもの意見表明権の解釈をめぐって、大きく分けると、二つの流派がある。一つは、子どもの権利固有論、であり、もう一つは、子どもの人権論である。子どもの権利本質論は、国民の教育権論の教育法哲学的課題でもある、といえるだろう。

第一、子どもの権利固有論について。日本において1950年代より現在まで先駆的に問題提起してきたのが、堀尾輝久（教育学・教育法学）である。堀尾の子どもの権利論は、教育思想をふまえたうえで、次のように構成されている。子どもの権利の前提として、「子どもとは何か」という子ども観の思想に関する三つの問いがある。それの一つ目は、「人権と子どもの権利」である子どもは人間であるということ、二つ目は、「子どもとしての権利、子ども固有の権利」である子どもは子どもであるということ、三つ目は、「古い世代をのりこえる『新しい世代の権利』」である子どもは成長・発達しおとなになる存在であるということ、である。そのうえで、子どもの権利論の構造に関して、「子どもにとっての学習権というのは子どもの人権の中心であると同時に、その将来に亘ってその他の人権の実質的保障のために不可欠のものである」という発達の縦軸と、「子どもの権利を保障するためには、親の人権が保障されていなければならず、子どもの学習権が保障されるため

---

5)　堀尾輝久「地球時代に向けて――平和・人権・共生の文化を」・世取山洋介「子どもの権利」堀尾輝久・河内徳子編『平和・人権・環境　教育国際資料集』（青木書店、1998年）参照。

には、同時に教師の権利（その人権と教育権）も保障されていなければならない」[6] という関係の横軸からなる、人権思想の発展的契機となる人権思想の内実を豊かにする視点である、と主張されている。堀尾の子どもの権利固有論は、学習権を中軸に据えて、国際新教育運動の子ども観・子どもの権利論を現代において継承しようとしている、と位置づけることができる。

　第二、子どもの人権論について。日本において1980年代より問題提起してきたのが、永井憲一（憲法学・教育法学）である。永井の子どもの権利論は、子どもの権利条約をふまえたうえで、次のような内容と特徴を構成している。一つ目は、「従来、大人だけに認めてきた人権を子どもにも認めようとするもの」、二つ目は、「子どもであるがゆえに保護され、それが保障される必要があるし、いわば子どもには、子ども固有の、そして子どもが生まれながらにしてもつ生来的権利といえる人権が保障される」、三つ目は、「これまでの国際社会がほかの条約などによって認めてきた大人の子どもに対する役割を確認することを通して、子どもの権利を社会的に人権として保障しようとするもの」、である。この点、堀尾の子どもの権利論とのある共通性がみられる。そのうえで、子どもの権利条約の目玉である子どもの意見表明権の解釈としては、「子どもの年齢と成熟度の高い段階では、大人の表現の自由と同じような、自己決定権と同義となる」・「少なくとも、自分に影響を及ぼすすべての決定過程に子どもが参加できる権利」・「子どもの最善の利益が確保されるための手続的権利」[7]、という三つがある、という。永井の子どもの人権論は、自己決定権を中軸に据えて、児童保護事業への批判を含んで、子どもの権利条約の持つ意義を日本国憲法・教育基本法法制に位置づけようとしている、と理解することができる。

　堀尾と永井の子どもの権利論は、「子ども固有の権利か、それとも、一般人権の子どもへの適用か」という点で対立していた。この理解の仕方の違いは、教育成文法レベルで子どもの権利の保障・救済を求める子どもの権利条

6)　堀尾輝久「子どもの発達と子どもの権利」『人権としての教育』（岩波現代文庫、2019年）55-57、70頁。

7)　永井憲一「子どもの権利条約の歴史的意義」『教育法学の原理と体系　教育人権保障の法制研究』（日本評論社、2000年）254-256頁。

約市民・NGO報告書づくりの中心にいた福田雅章（刑事法学・少年司法）の子どもの権利論と、教育慣習法レベルで子どもの権利保障・救済を求める子どもの権利条例づくりの中心にいる喜多明人（教育学・教育法学）の子どもの権利論の間で、特に子どもの権利の中核としての意見表明権をめぐって、論争に発展していった。

　福田の意見表明権の解釈は、「人が人間としての尊厳を確保し、人間関係（居場所）を形成し、自らの人生を主体的に生きる（成長発達・自己実現する）ためのあたらしい人権＝人間関係を形成する権利」[8]、である。これに対して、喜多の意見表明権の解釈は、「子ども自身の問題の決定に際して、広く子ども自身の意思を反映させる適正手続を求める権利であり、かつ、自己の生活条件（みずからの成長発達の場を含む）や社会条件の決定に対して、子ども自身の意思を尊重すること（自己決定の促進）を求めた権利」[9]、である。福田の子どもの権利論は、堀尾の子どもの権利固有論を、人間の尊厳の権利化としての人間関係を形成する権利、というように発展させ、喜多の子どもの権利論は、永井の子どもの人権論を、自己決定権、として継承した、と位置づけることができる。しかし、子どもの権利条約市民・NGO報告書づくりにみられる子ども観・子どもの権利観と、子どもの権利条例づくりにみられる子ども観・子どもの権利観には、研究領域・分野の違いがあったとしても、子どもの権利条約をふまえたうえでの同じ子どもの権利とは思えないほどの隔たりがあることは、明らかである。

　これらの子どもの権利論に対して、増山均（学校外教育論・児童福祉論）の子どもの権利論を取り上げてみたい。増山が注目するのは、子どもの権利条約31条［遊びの権利］＝「子どもの文化権」である。子どもの文化権とは、

8)　福田雅章「人間の尊厳の権利化——子どもの意見表明権を手がかりに、二一世紀のあたらしい人権を展望する」『日本の社会文化構造と人権——"仕組まれた自由"のなかでの安楽死・死刑・受刑者・少年法・オウム・子ども問題』（明石書店、2002年）12頁。宮盛邦友「〈BOOK REVIEW〉『気附千晶・福田雅章／文、森野さかな／絵「こどもの権利条約」絵事典　ぼくのわたしの思いや願いを聞いて！』」『現代の教師と教育実践〔第2版〕』（学文社、2019年）も参照。
9)　喜多明人「第12条（意見表明権）」喜多明人ほか編『[逐条解説] 子どもの権利条約』（日本評論社、2009年）101頁。宮盛邦友「〈図書紹介〉喜多明人著『子どもの権利　次世代につなぐ』」教育学研究83巻1号（2016年）も参照。

具体的には、「休息権・余暇権」・「遊び権・レクリェーション権利」・「文化的生活・芸術への参加権」、である。その内容構成は、「子どもの健やかな成長・発達に不可欠な『福祉』と『教育』と『文化』の実践領域と、それぞれの権利の側面である『生存権・生活権』と『学習権・教育権』と『文化権』」[10]である、という。増山の子どもの権利論は、教育と福祉を基盤として、子ども固有の権利としての遊びの権利（子どもの自治権）を基軸としながら、おとなと子どもによって創造される子どもの人権としての文化権（子どもの参加権）へと向かっていく、という構想である。その意味において、増山の31条論は、より包括的な子どもの権利論だということができるだろう[11]。

## Ⅳ　子どもの権利をいかに保障・救済するか

　子どもの権利をいかに保障・救済するか、という問いを、「子どもの権利機能論」と呼ぶことにする。子どもの権利機能論には、子どもの権利本質論をふまえたうえで、大きく分けると二つの流れがあり、その一つがさらに二つの流れをつくっている。一つの流れは、国レベルでの子どもの権利保障・救済であり、もう一つの流れは、学校レベルでの子どもの権利保障と自治体レベルでの子どもの権利救済である。小川正人（教育行政学・教育政策研究）は、「学校・教員と保護者・子どもの間の法的関係」、すなわち、国民の教育権を考えていく際に、「保護者・子ども全体、あるいは多数の意向を集約してそれを学校の教育活動や学校運営に反映させていくルート・しくみ」である開かれた学校づくりと、「個々の保護者・子どもの一般人権や権限関係の問題に対応し解説していくルート・しくみ」[12]である子どもの人権オンブズ

---

10)　増山均「子どもの文化権とアニマシオン」『余暇・遊び・文化の権利と子どもの自由世界——子どもの権利条約第三一条論』（青踏社、2004年）114、77頁。子どもの文化的参加権については、佐藤一子『子どもが育つ地域社会　学校五日制と大人・子どもの共同』（東京大学出版会、2002年）も参照。

11)　この他にも、関係的権利を軸とした大江洋（法哲学）や、体罰問題を通してみた馬場健一（法社会学）のなどの、ユニークな子どもの権利論がある。

12)　小川正人「『開かれた』学校づくりの動向と課題」小川正人・岩永雅也編著『日本の教育改革』（放送大学教育振興会、2015年）124-132頁。

パーソンがある、と指摘しているが、このことからすれば、子どもの権利機能論は、国民の教育権論の教育法社会学的課題でもある、といえるだろう。

　第一の流れ、子どもの権利条約市民・NGO 報告書づくりについて。市民・NGO 報告書づくりとは、子どもの権利条約に基づいて、日本政府が国連・子どもの権利委員会（CRC）に報告書を提出するのに対して、市民・NGO も代替的報告書を提出し、それらを CRC が審査したうえで、日本政府に日本における子どもの権利の状況を改善するための「勧告」を出す、という、「子どもの権利を担う主体」が子どもの権利条約を深めるための一連のプロセス、をさす。その特徴は、「草の根で活動している市民・NGO から寄せられた基礎報告書と多様な声に基づきながら、各領域の専門家が子どもの直面する困難とそれを解決するのに必要とされる措置を明らかにして、CRC に提出する代替的報告書を作成してきたこと」[13]、と説明されている。これまでの報告書のタイトルは、第1回『豊かな国日本社会における子ども期の喪失』（1997年）、第2回『豊かな国日本社会における子ども期の剥奪』（2003年）、第3回『新自由主義社会日本における子ども期の剥奪』（2009年）、第4・5回『日本における子ども期の貧困——新自由主義新国家主義のもとで』（2017年）、というように、日本社会における子ども期のあり方、を問うているのである。市民・NGO 報告書づくりでは、堀尾や福田の学習権論的・人間関係論的子どもの権利論を採用しており、それを受けた勧告では、日本の教育は「過度に競争的な学校制度」である、というような問題点が指摘されてきた。この取り組みは、いわば、教育運動レベルにおける教育成文法の子どもの権利改革である、といえる。

　それに対して、教育実践レベルにおける教育不文法の子どもの権利改革として、第二と第三の流れがある。

　第二の流れ、開かれた学校づくりについて。開かれた学校づくりとは、「教職員、子ども、保護者、住民に対して学校を開くこと」であり、他の学校改

---

13)　堀尾輝久・世取山洋介「はしがき」子どもの権利条約市民・NGO の会編『国連子どもの権利条約と日本の子ども期——第4・5回最終所見を読み解く』（本の泉社、2020年）6頁。世取山洋介「子どもの権利条約の日本での35年余」教育877号（2019年）も参照。

革との一番の違いは、「子どもを中心に据えるかどうか」[14]、である。具体的には、浦野東洋一を先頭にして、長野県辰野高等学校・土佐の教育改革・埼玉県立草加東高校などで取り組まれている、三者協議会・学校フォーラムにおいて学校に関わるすべてを子ども・父母・教師で話し合って決める、というシステムである。これは、堀尾の学習権論的子どもの権利論を採用しており、したがって、子どもの権利と学校の公共性でもって開かれた教師の専門性を問いなおすという教育実践である、ということができる[15]。

　第三の流れ、子どもの権利オンブズパーソンづくりについて。子どものオンブズパーソンづくりとは、「なによりもまず子どもの置かれている現実をふまえ、子どもの思いや願いに丁寧に応える必要がある。それには、子どもを単なる支援の対象にするのではなく、子どもを権利の主体としてとらえ、国連・子どもの権利条約が重視する子どもの意見の尊重・子ども参加を進めることが不可欠である」[16]、という子ども支援である。具体的には、荒牧重人が中心になりながら、川西市・子どもの人権オンブズパーソンの活動をはじめとする、学校、居場所、機関、まちづくり、などでの子どもの権利侵害に対する救済制度の取り組みである。これは、喜多の参加権論的子どもの権利論を採用しており、したがって、子どもの現実に応える子どもの権利とし

14)　浦野東洋一「はじめに」浦野東洋一・勝野正章・中田康彦・宮下与兵衛編『校則、授業を変える生徒たち　開かれた学校づくりの実践と研究──全国交流集会Ⅱ期10年をふりかえる』（同時代社、2021年）4頁、浦野東洋一「『開かれた学校づくり』全国交流集会一〇年をふりかえって」浦野東洋一・神山正弘・三上昭彦編『開かれた学校づくりの実践と理論　全国交流集会10年の歩みをふりかえる』（同時代社、2010年）13頁。宮盛邦友『現代学校改革の原理と計画のために』（学文社、2022年）も参照。

15)　同様の学校改革としては、佐藤学『学校を改革する　学びの共同体の構想と実践』（岩波ブックレット、2012年）参照。

16)　荒牧重人「子ども支援の相談・救済　はじめにかえて」荒牧重人・吉永省三・吉田恒雄・半田勝久編『子ども支援の相談・救済　子どもが安心して相談できる仕組みと活動』（日本評論社、2008年）i頁、荒牧重人「子どもの相談・救済と子ども支援──はじめにかえて」荒牧重人・半田勝久・吉永省三編『子どもの相談・救済と子ども支援』（日本評論社、2016年）1頁。荒牧重人「子どもの権利救済のこれから──結びにかえて」喜多明人・吉田恒雄・荒巻重人・黒岩哲彦編『子どもオンブズパーソン──子どものSOSを受けとめて』（日本評論社、2001年）も参照。なお、子どもの権利救済制度については、臨床教育学的視点もふまえたうえで、あらためて、論文を用意したい。

ての子ども支援という教育実践である、ということができる[17]。

　これらの子どもの権利に関する運動・実践について、子どもの権利本質論から子どもの権利機能論が決まってくるように描いてきたが、実際には、子どもの権利機能論の中心的課題の一つである、子どもの権利保障・救済の主体である国家（国・自治体・学校）のあり方をどのように構想するのか、という観点から、子どもの権利本質論のとらえ方が決まってくるように思われる。子どもの実態をふまえたうえで、子どもの権利と国家の緊張関係をどのようにとらえるのか（すなわち、なぜ子どもの権利論は国家を根本において批判しなければならないのか）、を説明できるようになることが、子どもの権利論の今日的課題であろう。

## V　おわりに

　近年、日本政府によって立法化されている、「子ども」が名称につく法律としては、「子ども・若者育成支援推進法」（2009年）・「子ども・子育て支援法」（2012年）・「子どもの貧困対策の推進に関する法律」（2013年）などがある。また、現在、「こども基本法」（2022年成立・公布）、および、「子ども家庭庁設置法」（2022年成立・公布）が施行されようとしている。これらの理念には、「子どもの権利条約の精神に則り」といったような文言が書き込まれていることがあるものの、子どもの権利条約や日本における子どもの権利論を具体化している法制とはいいがたい。また、開かれた学校づくりや子どものオンブズパーソンづくりにおける子どもの権利保障・救済の蓄積が反映しているともいいがたい。これらは、はたして、「子どもの権利の法制化」と理解してよいのだろうか。「慈恵ではなくて権利」となるのか、それとも、「みじめなまがいもの」となるのか、は、国家を批判する真の子どもの権利の実現の分かれ目である[18]。

---

17)　ただし、子どもの権利保障としての子どもの権利条例づくりについては、子どもの権利条約を形骸化させる危険性を持っている、という意味において、批判的検討をする必要があるだろう。
18)　さしあたり、宮盛邦友「子どもの権利論と教育学の課題——子どもの権利と公教育の連関をめぐって」教育877号（2019年）参照。

　また、児童虐待防止法（2007年最終改正）における親権と児童相談所をめ
ぐる問題も、子どもの権利の視点から解きほぐさなければならない、重要な
課題である。
　以上、教育法学の中心的な主題である、「子どもの権利と子ども法」につ
いて分析してきた。最後に私見を述べれば、子どもの権利論は、子ども中心
主義（child）ではなく、「子どもたち中心主義（children）」である。社会を
構成する自由や平等などの価値の中で、子どもの権利の最優先を求めている
わけではなく、社会とともに「共生」することを求めているのである。子ど
もの権利は、その対極にある「国家」を批判する最大の力を持っているので
あり、それは国際新教育運動が教えてくれているところである。真の子ども
中心主義に基づく発達＝学習権を中軸とした子どもの権利を通して、子ども
たちは、親・おとな・教師などとの関係のなかで、権利行使の主体として育
っていく。こうした子どもの権利を日本社会に根づかせようとする運動・実
践を通して、私たちおとなも、子どもの権利を担う主体として、育っていく。
このような子どもの権利の思想と実践・運動を通して、ポストモダン・新自
由主義に対抗する未来社会像を展望していきたい[19]。

19）　詳しくは、小島喜孝『教育改革の忘れもの──子どもにとっての学校と公共性』（つなん出版、
2006年）、宮盛邦友「堀尾輝久における子どもの発達論・子どもの権利論──総合人間学への問題
提起としての」総合人間学研究16巻（2022年）参照。

# 第9章
# 教師の教育権論

## 松原 幸恵

## I　教育権とは何か

「教師の教育権論」について考察する前に、まずは「教育権」の語義について確認しておこう。

　一般的な国語辞典である『広辞苑〔第7版〕』によれば、「①教育を受ける権利。学習権。（以下略）」「②教育をする権利。学校で生徒に何をどのように教えるかを決める権利をいう。この権利が誰に属するかをめぐり、国家の教育権説と国民の教育権説が対立している。」とある。「教師の教育権」について考える場合、まずは②の意味でとらえることになる。

　それでは、教育に関する専門書においては、どうだろうか。『教育思想事典〔増補改訂版〕）』（勁草書房、2017年）では、「教育権とは、広義には、子ども、親、教師等の教育に関わる諸当事者間の、責任と権限の関係の総体をいう。狭義には、教育の主体の法的に規定された権能をさして用いられる。前者（広義の教育権）の構造をいかに解するかにより、後者（狭義の教育権）の解釈に対立が生じる。すなわち、教育の意思決定において、親、教師、国家といった教育の主体のうちのいずれが第一次的な権限を有するかが争点となる。たとえば日本では、現行法の解釈をめぐり、教育裁判という形をとって、この問題が争われた。」[1]と述べられている。この見解によれば、『広辞苑』の②は、狭義の教育権に含まれよう[2]。

　こうした点をふまえ、教育の主体としての教師について、狭義の教育権の

意味で考えた場合、本章の検討対象である「教師の教育権」は、具体的には、教師の「教育内容決定権」の問題ということになる。なお、上記「広義の教育権」の具体的な意味内容については、後に紹介する判例を手がかりに考察することとする。

## II　教育権の所在と教育権論争

　Iで紹介したように、教育の具体的な主体として、親、教師、国家が挙げられるが、教育権の所在の問題として考える際、「国家の教育権」と「国民（親、教師）の教育権」との二面性において語られることが多い。特に、国家と国民との関係性に注目する憲法学においては、両者の対立関係を強調する傾向がみられる。そこでは、国家と国民の教育権のどちらが優先的に考えられるか（いいかえると、国家が教育内容に介入する権限を基本的に認めるか否か）が重要な争点となった。以下、代表的な判例もあわせて紹介しながら、この問題について考えてみたい[3]。

### 1　国家の教育権

　中央集権的国家統治を旨とする大日本帝国憲法下の日本では、教育内容の決定についても当然国家が強大な権限を有していたが、戦後、日本国憲法と教育基本法が制定されたことで、状況は大きく変わることになった。しかし、1950年代後半以降、教員の勤務評定制度の導入、学習指導要領の告示化[4]、

---

1)　これとほぼ同趣旨の見解として、堀尾輝久『人権としての教育』（岩波現代文庫、2019年）119-120頁（初出は、「国民の教育権論の構造──子どもの学習権を中心として」有倉遼吉教授還暦記念論文集刊行委員会編『教育法学の課題　有倉遼吉教授還暦記念論文集』（総合労働研究所、1974年）77-78頁）参照。ただし、堀尾は、狭義の教育権について、「教育する権利（権能ないし権限）」と表現しており、本章でも、「教師の教育権」について狭義の意味で述べる際は、その定義を使用する。

2)　「親の教育権」の範囲を家庭教育まで含めて考えると、『広辞苑』②にある「学校で生徒に何をどのように教えるかを決める権利」に収まらないので、この場合、厳密には『教育思想事典』の狭義の定義と同一にはならないことに注意。

3)　杉原泰雄『憲法と公教育──「教育の独立」を求めて』（勁草書房、2011年）14-38頁参照。

国による全国一斉学力テスト、教科書検定の強化等、国家的統制の強い教育制度が実施されるようになり、それらの意義を重視する立場からは、「国家の教育権」論が展開された。

　こうした立場を反映する判例として、第一次家永教科書検定訴訟[5]一審判決（いわゆる高津判決、東京地判昭49(1974)・7・16判時751号47頁）が挙げられる。そこでは、教育の私事性が否定され、（中等教育以下の）教師の教育の自由が制約され、国の教育内容決定権限が強調された。その判旨は次のようなものである。

　「現代公教育においては教育の私事性はつとに捨象され、これを乗りこえ、国が国民の付託に基づき自からの立場と責任において公教育を実施する権限を有するものと解せざるをえない。また、かように考えることこそ、憲法前文が（中略）宣明している議会制民主主義の原理にもそうゆえんである」。「公教育の場における教育方法や教育内容に対する国の教育行政が原則として排除され、ただ全国的な大綱的基準の設定や指導助言をなしうるにとどまるとするほど（中略）教師の教育の自由ないし独立が排他的絶対的でありうる筈はない」。「公教育における国の教育行政についても民主主義政治の原理が妥当し、議会制民主主義のもとでは国民の総意は国会を通じて法律に反映

---

4)　告示化（1958年）以前の学習指導要領（1947年版、1951年版）は、文部省著作物として発行され、「試案」の名称が付いていたことから、教師にとっての参考書としての意味合いで認識されていた。しかし、1954年以降、文部省（当時）は方針を転換させ、「試案」の名称を削除し、学習指導要領が法的拘束力を持つ国家基準であるとの見解を示すようになっていった。石井拓児「学習指導要領の性格をめぐる歴史的考察と教育法研究の課題」日本教育法学会年報47号（2018年）114-120頁。

5)　この裁判の概要は次のとおりである。日本史研究者の家永三郎氏が執筆した高校日本史の教科書「新日本史」が、1963年に教科書検定で不合格と判定されたため、同氏が一部修正の上、検定再申請したところ、文部大臣（当時）は更なる修正を指示する条件付検定合格とし、同氏は不本意ながらその指示に従い教科書として発行したが、発行が予定よりも1年遅れた。1965年、同氏は、文部大臣のした検定処分を違法として、国を相手に、検定過程で受けた精神的打撃に対する慰謝料、逸失利益の支払いを求めて損害賠償訴訟を提起した。これに対し、第一審判決は、教科書検定制度の違憲性については認めなかったものの、条件付合格処分における検定意見の一部は不当であり、修正指示は違法であるとし、慰謝料10万円の限度で原告の請求を一部認容した。その後の控訴審・上告審で原告の請求は棄却された。なお、第三次訴訟まで30年以上にも及ぶ家永裁判の概要については、永井憲一「家永教科書裁判」法学教室349号（2009年）22-23頁参照。

されるから、国は法律に準拠して公教育を運営する責務と権能を有するというべきであり、その反面、国のみが国民全体に対し直接責任を負いうる立場にあるのである。」「大学など高等教育機関においては学問の自由の範ちゆうに教授の自由を含むものと解されうるとしても、それより下級の教育機関についてはその教育の本質上一定の制約を伴うことのあるのは当然」。

　上記判示において、国が公教育を実施する権限の根拠として議会制民主主義が挙げられているが、多数決原理に支配され、少数派の意思が反映されにくい立法と、それに基づく教育行政一辺倒で、国民の多様な教育的ニーズが充足されるのかが問題点として指摘される。

## 2　国民の教育権

　1で述べた「国家の教育権」論が国家的統制の強化を背景に、そうした状況を擁護する理論として登場したとすれば、「国民の教育権」論は、それに対するアンチテーゼとしての側面からみることができよう。そして、そうした議論は、後述する教育裁判のなかで展開していくこととなる。

　「国民の教育権」における教育主体としての「国民」の中心に据えられるのが、親（保護者）と教師である[6]。「国民の教育権」論では、どちらの側面についても、国家権力が教育内容に介入することを極力排除し、公権力の任務を教育の条件整備程度にとどめようとする点では共通であるが、親の権利を親であることそのものに基づく「一身専属的なもの」としているのに対し、教師の権利は教師という「仕事の専門性と教育責任」に基づいているところに特徴がある[7]。

　まず、親の教育権は、従来、自然的権利として理解されてきた[8]が、憲法

---

[6]　近年、コミュニティ・スクール（学校運営協議会制度）の進展にともない、教育に携わる他の主体として「地域住民」も特に注目されているが、「住民の教育権」という視点は、地方自治原則との関連で、以前より議論がある。藤岡貞彦「教育における住民自治」季刊教育法16号（1975年）4-12頁。堀尾輝久『教育の自由と権利［新版］』（青木書店、2002年）205-206頁（初出は、「教育権の構造と教育内容編成」季刊教育法21号（1976年）41-42頁。今橋盛勝「第4章　住民の教育権の法理」『教育法と教育社会学』（三省堂、1983年）239-352頁。

[7]　吉岡直子「第4章3　親の教育権と教師の教育権」神田修・兼子仁編著『ホーンブック教育法』（北樹出版、1995年）47頁。

13条の幸福追求権に親の教育の自由が含まれていると解されている。実定法上の明文規定として、民法820条「親権を行う者は、子の利益のために[9]子の監護及び教育をする権利を有し、義務を負う。」、新教育基本法（2006年、以下、「新教基法」という）10条１項「父母その他の保護者は、子の教育について第一義的責任を有するものであって、生活のために必要な習慣を身に付けさせるとともに、自立心を育成し、心身の調和のとれた発達を図るよう努めるものとする[10]。」が挙げられる。また、国際法では、世界人権宣言（1948年）26条３項で、子に与える教育の種類を選択する親の優先的権利を、「児童の権利に関する条約」（子どもの権利条約）（1989年採択、日本は1994年に批准）18条１項で、子どもの養育および発達についての親（保護者）の第一義的責任を規定している。

　これらの規定から、具体的には、家庭教育を含む親の教育の自由、教育制度整備請求権等が導き出されるが、これらは、親の好きにしてよいといった恣意的な権利ではなく、子の利益を実現するために課せられた責務[11]を遂行するのに必要な限りにおいて認められると理解されている。なお、ここでいう親の責務は、あくまで子どもの権利・利益を実現するためのものであり、国家のためのものではないことを注意しておきたい。

　次に、教師の教育権について検討する。憲法上の関連規定として挙げられるのが、13条（幸福追求権）、23条（学問の自由）、26条である。26条１項は、「教育を受ける権利」を保障する規定であり、一見、教育を行う側の教師の教育権にはなじまない印象を受けるかもしれない。この点は、前述の「親の責務」の問題と共通する。また、これは、Ⅰで紹介した「広義の教育権」の内容にも関わるが、後述する判例のところでも確認する。その他法律上の規定として、学校教育法37条11項に、「教諭は、児童の教育をつかさどる[12]。」

8)　結城忠「親の教育権と学校教育（4）」季刊教育法83号（1991年）102-106頁。
9)　「子の利益のために」の部分は、2011年の法改正により追加されたもの。
10)　旧教育基本法７条との比較も含めた本条項の解説については、大島佳代子「第10条（家庭教育）第１項」日本教育法学会編『コンメンタール教育基本法』（学陽書房、2021年）284-296頁参照。
11)　堀尾は、こうした親の責務を自然的なものであると指摘する。堀尾・前掲書（注１）131-132頁。この点につき、後掲杉本判決参照。

（小学校の規定だが、中学校・義務教育学校・高等学校・中等教育学校・特別支援教育にも準用）も挙げられるが、かなり抽象的な規定であり、これをどう解釈するかは議論の余地がある。

　「国民の教育権」論の立場をとる重要な判例として、第二次家永教科書検定訴訟[13]一審判決（いわゆる杉本判決、東京地判昭45（1970）・7・17行集21巻7号別冊1頁）がある。以下、同判決の判旨をみてみよう。

　「教育の本質は、（中略）子どもの学習する権利を充足し、その人間性を開発して人格の完成をめざすとともに、このことを通じて、国民が今日まで築きあげられた文化を次の世代に継承し、民主的、平和的な国家の発展ひいては世界の平和をになう国民を育成する精神的、文化的ないとなみである」。「このような教育の本質にかんがみると、前記の子どもの教育を受ける権利に対応して子どもを教育する責務をになうものは親を中心として国民全体である」。「国民は自らの子どもはもとより、次の世代に属するすべての者に対し、その人間性を開発し、文化を伝え、健全な国家および世界の担い手を育成する責務を負うものと考えられるのであつて、家庭教育、私立学校の設置などはこのような親をはじめとする国民の自然的責務に由来する」。「このような国民の教育の責務は、いわゆる国家教育権に対する概念として国民の教育の自由とよばれる」。「現代において、すべての親が自ら理想的に子どもを教育することは不可能であることはいうまでもなく、右の子どもの教育を受ける権利に対応する責務を十分に果たし得ないこととなるので、公教育としての学校教育が必然的に要請されるに至り、（中略）国に対し、子どもの教

---

12)　こうした実定法上の規定を、教師の教育権の根拠とする主張をしたのは、永井憲一である。永井は、「つかさどる」の文言から、教師が「みずからの主体的意思にもとづき職務を行う機能を法的に保障しようとするものであるとみられる」との解釈を見出した（ただし、条項は、2007年改正後の現行法とは異なっている）。永井憲一「教師の教育権、自主研修の権利と義務」教育評論247号（1970年）12-13頁。

13)　事件の概要については、前掲（注5）参照。第二次訴訟は、1964年の条件付き検定合格処分において一度修正に応じた箇所について、その後の部分改訂の検定申請の際、元の記述に戻して不合格処分となったことを受けて、同不合格処分の取消を求める行政訴訟を提起した。本判決と控訴審判決では検定不合格処分の取消が認められたが、上告審で破棄差戻しとなった。なお、提訴日の遅い第二次訴訟一審判決日の方が、第一次訴訟一審判決日よりも早いことに注意されたい。

育を受ける権利を実現するための立法その他の措置を講ずべき責任を負わせ、とくに子どもについて学校教育を保障することになつた」。「国家は、(中略)国民の教育責務の遂行を助成するためにもつぱら責任を負うものであつて、その責任を果たすために国家に与えられる権能は、教育内容に対する介入を必然的に要請するものではなく、教育を育成するための諸条件を整備することであると考えられ、国家が教育内容に介入することは基本的には許されない」。教師の教育ないし教授「の自由は、主として教師という職業に付随した自由であつて、その専門性、科学性から要請されるものであるから、自然的な自由とはその性質を異にするけれども、上記のとおり国民の教育の責務に由来し、その信託を受けてその責務を果たすうえのものであるので、教師の教育の自由もまた、親の教育の責務、国民の教育の責務と不可分一体をなす」。「下級教育機関における教師についても、基本的には、教育の自由の保障は否定されていないというべきである(前記「教員の地位に関するユネスコ勧告」六一項参照)。」

　上記判決の中で、特に次の点に注目しておきたい。①子どもの学習権・教育を受ける権利を保障するため、親をはじめとする国民全体に子どもを教育する「自然的責務」が課せられており、この責務が、同時に「国家教育権」に対抗する概念としての「国民の教育の自由」と位置づけられている。②親だけの力で子どもを教育するのは難しく、①の責務を十分に果たすことができないので、学校教育が必要となる。国家の役割は①の遂行を助けることであるから、教育内容に介入することは要請されておらず、教育のための諸条件の整備に限られる。③教師の教育の自由は、その専門性、科学性から要請される、職業に付随した自由であって、自然的な自由とは異なり、①の親の教育の責務、国民の教育の責務と不可分一体のものである。④中等教育以下の学校の教師についても、基本的に教育の自由が保障される。

## 3　教育権論争と旭川学力テスト事件最高裁判決

　教育権論争との関連で最も注目される判決が、旭川学力テスト事件[14]最高裁判決(最大判昭51(1976)・5・21刑集30巻5号615頁、以下、「学テ判決」という)である。同判決は、国家教育権論も国民教育権論も「いずれも極端

かつ一方的」で、「いずれをも全面的に採用することはできない」とした。それでは、どのような見解をとったのか、以下、この点に絞って判旨をみてみよう。

　憲法26条において、「子どもの教育は、教育を施す者の支配的権能ではなく、何よりもまず、子どもの学習をする権利に対応し、その充足をはかりうる立場にある者の責務に属するものとしてとらえられている」が、「同条が、子どもに与えるべき教育の内容は、国の一般的な政治的意思決定手続によって決定されるべきか、それともこのような政治的意思の支配、介入から全く自由な社会的、文化的領域内の問題として決定、処理されるべきかを、直接一義的に決定していると解すべき根拠は、どこにもみあたらない」。「憲法二三条により、学校において現実に子どもの教育の任にあたる教師は、教授の自由を有し、公権力による支配、介入を受けないで自由に子どもの教育内容を決定することができるとする見解も、採用することができない。」「専ら自由な学問的探求と勉学を旨とする大学教育に比してむしろ知識の伝達と能力の開発を主とする普通教育の場においても、（中略）一定の範囲における教授の自由が保障されるべきことを肯定できないではない。しかし、（中略）普通教育においては、（中略）教師が児童生徒に対して強い影響力、支配力を有することを考え、また、普通教育においては、子どもの側に学校や教師を選択する余地が乏しく、教育の機会均等をはかる上からも全国的に一定の水準を確保すべき強い要請があること等に思いをいたすときは、普通教育における教師に完全な教授の自由を認めることは、とうてい許されない」。「親の教育の自由は、主として家庭教育等学校外における教育や学校選択の自由にあらわれるものと考えられるし、また、私学教育における自由や前述した教師の教授の自由も、それぞれ限られた一定の範囲においてこれを肯定するのが相当であるけれども、それ以外の領域においては、一般に社会公共的な問

<hr>

14)　事件の概要は次のとおりである。1961年度「全国中学校一斉学力調査」（以下、「学テ」という）実施に反対する被告人等が、北海道旭川市の市立中学校での学テ実施を阻止するため、校舎内に侵入し、校長に暴行を加え、建造物侵入、公務執行妨害、共同暴行の罪で起訴された事件。一・二審は、学テが教育基本法等にてらして甚だ重大な違法性があるとして公務執行妨害罪の成立のみ否定し、その余の罪は認めた。上告審では、一部破棄自判、一部上告棄却。

題について国民全体の意思を組織的に決定、実現すべき立場にある国は、国政の一部として広く適切な教育政策を樹立、実施すべく、また、しうる者として、憲法上は、あるいは子ども自身の利益の擁護のため、あるいは子どもの成長に対する社会公共の利益と関心にこたえるため、必要かつ相当と認められる範囲において、教育内容についてもこれを決定する権能を有する」。
「本来人間の内面的価値に関する文化的な営みとして、党派的な政治的観念や利害によつて支配されるべきでない教育にそのような政治的影響が深く入り込む危険があることを考えるときは、教育内容に対する右のごとき国家的介入についてはできるだけ抑制的であることが要請されるし、殊に個人の基本的自由を認め、その人格の独立を国政上尊重すべきものとしている憲法の下においては、子どもが自由かつ独立の人格として成長することを妨げるような国家的介入、例えば、誤つた知識や一方的な観念を子どもに植えつけるような内容の教育を施すことを強制するようなことは、憲法二六条、一三条の規定上からも許されないと解することができるけれども、これらのことは、前述のような子どもの教育内容に対する国の正当な理由に基づく合理的な決定権能を否定する理由となるものではない」。

　国民の教育権論や教師の教育権論の立場で考えると、上記学テ判決は、国民の教育権論を全面に押し出した前記杉本判決よりも後退したとはいえるだろう。特に気になる点としては、教育関係者としての親、私学、教師、国を並列させ、それぞれに教育権を分配するアプローチをとっていることである。親、私学、教師の教育の自由を「それぞれ限られた一定の範囲において」認める一方で、「それ以外」（つまり残りすべて）の領域については国の管轄であるとしている。この点につき、上記「一定の範囲」の基準が不明確であるとの指摘[15]や、教師や親の教育の「自由」（人権）と、国家の教育「権限」（権力）の範囲を並列的に扱うことはおかしいとの指摘[16]がある。

---

15）　杉原・前掲書（注3）34-35頁。
16）　兼子仁「教育人権と教育権力」星野安三郎先生古稀記念論文集刊行委員会編『平和と民主教育の憲法論　星野安三郎先生古稀記念論文集』（勁草書房、1992年）258頁。

## 4　その後の判例の展開と公権力による教育介入

　学テ判決後の判例の展開として、注目されるのが、伝習館高校事件[17]最高裁判決（最一小判平2（1990）・1・18民集44巻1号1頁）である。この事件では、学習指導要領の法的拘束性や、教科書の使用義務が主たる争点となった。

　学習指導要領の法的拘束性につき、最も柔軟な見解を示したのが一審であった。同判決では、学習指導要領の法的拘束性を一定程度認めたが、法的拘束力のある条項と、そこまででない条項（訓示規定）に分けて判断した。教科書の使用義務についても、肯定の立場をとりながら、教師の教育方法の自由も一定程度認めた。

　これに対し、二審と上告審は、一律に法的拘束性を認める判断を下しているが、まず高裁判決をみてみよう。「本件学習指導要領は、学教法四三条、一〇六条一項、同法施行規則五七条の二の委任に基づいて、文部大臣が、告示として、普通教育である高等学校の教育の内容及び方法についての基準を定めたもので、法規としての性質を有する」。「本件学習指導要領の効力について考えるに、その内容を通覧すると、高等学校教育における機会均等と一定水準の維持の目的のための教育の内容及び方法についての必要かつ合理的な大綱的基準を定めたものと認められ、法的拘束力を有するものということができるが、その適用に当つては、それが『要領』という名称であること、『大綱的基準』であるとされること、その項目の目標、内容、留意事項等の記載の仕方等から明らかなように、その項目を文理解釈して適用すべきものではなく、いわゆる学校制度的基準部分も含めて、その項目及びこれに関連する項目の趣旨に明白[18]に違反するか否かをみるべき」（以上、①②事件共

---

17)　県立高校教員3名が、授業において所定の教科書を使用しなかったこと、高等学校学習指導要領に定められた目標・内容を逸脱した指導を行ったこと、生徒の成績評価について所定の考査を実施せず、一律評価を行ったこと等を理由として、県教育委員会から懲戒処分を受けたことを不服として、処分の取消しを求めた訴訟。一審（福岡地判昭53（1978）・7・28）は、1名の請求を棄却、2名については、裁量権の濫用があったとして懲戒処分取消しを命じた。二審から二つの事件（請求が棄却された1名についての①事件・あと2名の②事件）に分けられたが、結論は一審と同じだった（福岡高判昭58（1983）・12・24）。上告審は①事件については上告棄却、②事件については、二審判決を破棄、一審判決を取り消した。

通）。

　最高裁は、①事件について、「高等学校学習指導要領（中略）は法規として の性質を有するとした原審の判断は、正当として是認することができ、右 学習指導要領の性質をそのように解することが憲法二三条、二六条に違反す るものでない」とし、②事件については、「高等学校においても、教師が依 然生徒に対し相当な影響力、支配力を有しており、生徒の側には、いまだ教 師の教育内容を批判する十分な能力は備わっておらず、教師を選択する余地 も大きくないのである。これらの点からして、国が、教育の一定水準を維持 しつつ、高等学校教育の目的達成に資するために、高等学校教育の内容及び 方法について遵守すべき基準を定立する必要があり、特に法規によってその ような基準が定立されている事柄については、教育の具体的内容及び方法に つき高等学校の教師に認められるべき裁量にもおのずから制約が存する」と 判示した。

　上記①事件の最高裁判決は、学習指導要領の法規性を明確に認め、その判 断は学テ判決の趣旨に適っているというが、その根拠についての具体的説明 は特にない（この点で高裁判決よりも後退している）。そもそも学テ判決は、 学習指導要領が法規であるとも法的拘束力があるとも明言したわけではなく、 「全体としてはなお全国的な大綱的基準としての性格をもつ」とする一方で、 「教師による創造的かつ弾力的な教育の余地」等にも言及して、国の教育内 容決定権に一定の制限をかけている点を見逃してはならない。このように、 最高裁が、本判決で、論証なしに結論だけを示したことには大きな問題があ ったといえる。そして、学習指導要領の法規性の根拠を、学校教育法及び同 法施行規則からの委任命令であることに求め、しかもその委任内容について 限界を設けない行政解釈にとって、結論だけの上記司法判断は非常に都合の

---

18)　この「明白性の判定」にあたり、高裁判決が、四つの留意事項（①専門職である教師の自主 性を充分に尊重すること、②教育の機会均等と一定水準の維持という目的の範囲に限るべきで、不 必要な画一化を避けること、③懲戒処分規定として適用する場合、処分事由が②の目的や学校教育 法所定の高校の目的、目標の趣旨にも違反するか否かもみること、④学習指導要領は教育の政治的 中立の規制基準ではないこと）を挙げて、適用場面では厳格な縛りをかけている点に注意。市川須 美子「伝習館高校事件最高裁判決」ジュリスト959号（1990年）98-99頁。

よいものでもあった。

　こうした行政解釈に歯止めをかけるべく、学説からは様々な試みがなされてきた。中でも、学校制度的基準説は、法定化できる学校制度を「学校体系（公教育たる学校の種別とその全体的組立て）や義務教育制をはじめ、学校配置基準、学区制、学年、入学・卒業要件、学校設置基準をなす組織編成（必修教科目をふくむ）など学校に関して社会的に公認された根幹的しくみ」に限定し、教育内容に踏み込む学習指導要領を法的拘束力のない指導助言的基準とする見解[19]で、注目される。

　上記最高裁判決が出される前年1989年に告示された学習指導要領では、「入学式や卒業式などにおいては、その意義をふまえ、国旗を掲揚するとともに、国歌を斉唱するよう指導するものとする」との表記への変更（1977年では「国民の祝日などにおいて（中略）国旗を掲揚し、国歌を斉唱させることが望ましい」）がなされ、「日の丸・君が代」の学校現場への押しつけが懸念されていた。その後、1999年の国旗及び国歌に関する法律（国旗・国歌法）の制定を契機として、文部省（当時）や都道府県教委からの働きかけが一層強化され、これに従わない現場の教師が懲戒処分を受け、数々の訴訟が提起される事態を招いた。さらに、2006年の新教基法では、教育と教育行政との分離の側面（旧10条）が16条において希薄になり、この新法に従って2008年に改訂された学習指導要領では、音楽で「国歌」を「歌えるように指導すること」が求められた。

　このように、学習指導要領が、「指導」の名のもとに、教育内容に公権力が介入するための強力な装置として機能することになると、教師からこれに対する批判的検討が行われ難くなる。2007年の学校教育法改正により学校組織内管理体制が強化され、上司の命令に従う義務（地方公務員法32条）が強調される実態をみるにつけ、新教基法9条に規定された教員の「職責」の意味[20]を、無批判に上司の命令（「お上」の意向）に従うことではなく、専門

19)　兼子仁『教育法〔新版〕（法律学全集16-1）』（有斐閣、1978年）247、382-383頁。
20)　勝田正章「第9条（教員）第1項」日本教育法学会編『コンメンタール教育基本法』（学陽書房、2021年）267-268頁、「第9条（教員）第2項」同上279-280頁参照。

職としての教師の教育権から改めてとらえ直す必要があるだろう。そのこと
は、単に教師の教育権の問題にとどまらず、教育の発展にとっても重要な問
題と考えられる。

## III　教師の教育権を支えるもの：市民・労働者としての
　　教師の権利

　IIにおいて、教師の教育権は、恣意的な権利ではなく、子どもの学習権・
教育を受ける権利を充足するために課せられた責務をともなうものであるこ
とを確認した。とはいえ、教師の「専門性、科学性から要請される、職業に
付随した自由」（杉本判決参照）が保障されなければ、子どもの権利の充足
も見込めないことになる。ここでは、実際、そうした点について、日本にお
いて教師の権利が実効的に保障されているのか、特に労働者としての側面に
注目して検討してみたい。

　労働者としての教師の権利として、憲法27条で勤労の権利が、憲法28条で
労働基本権が保障されている。ただし、労働基本権は、公務員については一
定の制限が課せられており、地方公務員である公立学校教員もその制限に服
すことになる（公立学校教員を含む一般地方公務員については、団体行動権
は禁止され、団体協約締結権も認められていない）。公務員といっても、労
働者でもあるわけで、しかもその職種は多様であり、労働基本権の制限の程
度が厳しいものであってよいはずはない。しかし、判例の動向としては、残
念ながら公務員にとって厳しい判断が下される傾向が強い。

　ここで注目されるのが、1966年、ユネスコ（UNESCO・国際連合教育科
学文化機関）における、教員の地位に関する特別政府間会議で採択された
「教員の地位に関する勧告（Recommendation concerning the Status of
Teachers）」（通称、ILO[21]／ユネスコ地位勧告）である[22]。同勧告には、前

---

21)　勧告は、最終的には、ユネスコで採択されたが、勧告作成に至る経緯においては、ILO（国
際労働機関）との共同作業（ILO は教員の社会的経済的状況、教員の雇用・勤務条件を、ユネス
コは教員養成、国の教育政策を管轄）によるものであることから、通称名に ILO の名を入れている。

述した杉本判決においても詳細な言及があった、教職に関する包括的な国際基準として、教師の権利保障にとって非常に重要な内容が含まれている。そこでは、教師の仕事を「専門職」と明確に規定し（3.指導原則6項）、そのための生活、労働条件、教育条件、準備教育の改善、教員団体の役割強化、教師の市民権、学問の自由等が保障されている[23]。勧告自体は法的拘束力を持たない[24]が、加盟国に勧告の実施状況についての報告義務が課されている。また、同勧告の適用を監視し、促進するための機関として、CEART（セアート、教員の地位勧告の適用に関するILO・ユネスコ共同専門家委員会）[25]があり、2003年、日本も、同勧告の水準を満たしていないとの指摘を受けている。上記勧告は1966年のものであるが、その後も、国際的には、専門職としての教員の地位向上にむけての活発な動向[26]が続いている。

　他方、日本はそうした動向に遅れをとっているのが実情である。近年、教師（特に公立学校教員）の多忙化問題が顕著となり、働き方改革の行方が注目されている[27]。こうした問題の根底にあるものとして、特に、公立の義務教育諸学校等の教育職員の給与等に関する特別措置法（以下、「給特法」という）の問題がいわれる[28]が、給特法を廃止するだけでは解消できない構造的問題も様々指摘されている。

　近年、コロナ禍を契機として、GIGA スクール構想、ICT 教育や ICT を

---

22)　同勧告には、日本を含む76ヵ国が参加しており、対象となるのは、保育所・幼稚園・初等教育・中等教育教員までである。高等教育教員については、1997年ユネスコ総会で採択された「高等教育教員の地位に関する勧告」がある。

23)　本章との関連で特に注目されるのが「8．教員の権利及び責任」で、「職業上の自由」が具体的に保障されている（61-69）。

24)　法的拘束力を有する条約化への動きもあったが、実現には至っていない。

25)　CEART が積極的な勧告を行っていることの背景に、新自由主義教育政策の広がりとともに、教職の脱専門職化が進行する世界的動向への危機意識があることも指摘されている。勝野正章「教師の職務上の責任と権利」日本教育法学会年報51号（2022年）28-29頁。

26)　その現れの一つとして、1996年の「ユネスコ第45回国際教育会議（ICE）宣言と勧告」があるが、これについては、河内徳子「教師の役割と地位に関するユネスコ勧告——教師の専門的自律性と責任の強化を」教育612号（1997年）103-117頁参照。

27)　中央教育審議会（中教審）答申とりまとめ（2019年1月25日）を含む、働き方改革についての学際的検討については、「特集・教員の多忙化問題——働き方改革のゆくえ」法学セミナー773号（2019年）17-58頁参照。

活用した業務効率化などに拍車がかかっている。これらには、確かにメリットもあるだろう。しかし、こうした動向が、政財官主導で推進されてきている状況や、それを押し進めるために、デジタル化をすすめるようになど、学習指導要領における指導内容にとどまらず、指導方法にまで注文がつけられる事例が出てくると、それは本当に子どもたちのためになるのか[29]、教師に必要以上の負担を掛けてはいないか等のデメリット面の検証[30]がおろそかになってしまう危険性も否定できない。

　また、そうした問題が発出しても、個々の教師からの声（意見表明）が教育の場に反映される体制作りができていなければ、問題の解決には至らない。その意味で、近年のガバナンス改革の動向も、危惧されるところである。

　本章では、教師の教育権に注目して述べてきたが、それを実効性のあるものにするためには、ILO／ユネスコ地位勧告が目指す「教育の発展における教員の本質的役割を重視し、教育の専門職にふさわしい教員の地位」を確立してゆく必要があるだろう。そうしたことも含めた教員法制全般にわたる見直しが求められている。

---

28)　給特法は、給料月額4％の教職調整額を支給する代わりに労働基準法上の超勤手当を適用除外する特殊ルールを規定するが、教員の長時間に及ぶ時間外労働をただ働きにしてきた実情が指摘される。給特法全般の問題と、2019年の「公立の義務教育諸学校等の教育職員の給与等に関する特別措置法の一部を改正する法律」の問題については、高橋哲『聖職と労働のあいだ――「教員の働き方改革」への法理論』（岩波書店、2022年）参照。

29)　ICT化が子どもたちの身体・生活・社会的側面に与える影響については、筒井潤子「コロナ禍にもたらされたICT――子どもの心身への影響を考える」教育910号（2021年）37-46頁参照。

30)　この点につき、植野妙実子「コロナ禍と教育」日本教育法学会年報51号（2022年）88-96頁参照。

## 第 10 章

# 学校事故と学校安全

安原　陽平

## I　はじめに

　「学校事故」に、法律上明確な定義は存在しない。もっとも、学校や教育活動における児童や生徒の心身への被害という理解が、学校事故研究において共通に念頭にあるものと思われる[1]。

　他方で、「学校安全」は、教育行政によって一応の定義がなされている。文部科学省（以下、「文科省」という）による『学校安全資料　『生きる力』をはぐくむ学校での安全教育』のなかで、学校安全の領域として「生活安全」「交通安全」「災害安全」が挙げられ、各項目ごとにその対象が示されている[2]。ただ、「水泳事故、学校給食における食中毒・アレルギー事故の詳細、薬物乱用、児童生徒等間暴力の防止や解決及び学校環境の衛生等については、学校体育、学校給食、学校保健、生徒指導等の関連領域で取り扱うことが適切であると考えられることから、本資料では詳細には取り扱わない」[3]とあるように、学校事故の代表的事例である水泳事故などが別の取り扱いとなって

---

1)　このような理解につき、例えば、兼子仁『教育法〔新版〕』（有斐閣、1978年）497頁、伊正市『学校事故の法律と事故への対応〔第 3 版〕』（法友社、2014年）3 頁、関口博・菊地幸夫『学校事故の法務と対処法 Q&A〔改訂版〕』（三協法規出版、2016年）2 頁など参照。

2)　文科省発行の『学校安全資料　『生きる力』をはぐくむ学校での安全教育』10頁参照（https://www.mext.go.jp/a_menu/kenko/anzen/1416715.htm 全体版（本編）, last visited, 18 January 2023）。

3)　同上10頁。

いる。教育行政の定義する学校安全は学校事故を網羅的に扱うというよりは、それぞれの領域ごとに問題を把握し、安全管理や対応等を示すものとなっている。

　そのため本章では、学校事故と学校安全の両方を視野に収めつつも、先に確認した「学校や教育活動における児童や生徒の心身への被害」という理解を念頭に議論を進める。

## Ⅱ　学校事故に関する法や制度の概観

### 1　出発点としての憲法26条

　学校事故に関する法につき、国及び地方公共団体の賠償責任を定める憲法17条が出発点とされることがある[4]。もちろん、司法救済あるいは責任の所在を考察するうえで必須の条文ではあるが、まずは憲法26条の教育を受ける権利に目を向けることが重要である。

　明示的に論じられることは少ないものの、憲法26条には安全に教育を受ける権利が含まれる[5]。そのため、学校事故における国や地方公共団体の義務をより可視化するためには、憲法26条を出発点とすることが重要となる[6]。換言すると、安全に教育を受ける権利に対応した、国や地方公共団体の条件整備的義務を視野に収めることが意識されなければならない。

---

[4]　例えば、米沢広一『憲法と教育15講〔第4版〕』(北樹出版、2016年) 124頁、そのほか、坂田仰・河内祥子『イラストと設問で学ぶ　学校のリスクマネジメントワークブック』(時事通信社、2017年) 64頁でも憲法上の関連法規として挙げられているのは、17条となっている。

[5]　安全に教育を受ける権利とそれに対応する義務につき、兼子・前掲書 (注1) 503頁参照。関連して、季刊教育法151号 (2006年) 4頁以下の「特集:いじめ、事故から子どもを守る」内の各論稿、特に喜多明人「Ⅰ　子ども期の安心・安全に生きる権利を考える」4頁、あるいは「Ⅱ　子どもの安心に教育を受ける権利と指導上の安全配慮のポイント」中の船木正文「人権としての子どもの安全とその能力形成」26頁など参照。

[6]　この観点からの重要な論稿として、細井克彦「学校事故と教育の条件整備」人文研究35巻6分冊 (1983年) 1頁参照。

## 2　学校・教師の責任に関する法

　憲法26条が出発点となるが、学校事故において損害賠償請求がなされた場合、教師の責任が主に争点となる。

　国公立学校の事例では、国及び地方公共団体の賠償責任を定める憲法17条、そしてそれに基づく国家賠償法1条1項が請求の根拠となる。また、施設や設備の不備に基づく事故の場合には、国家賠償法2条1項が適用される。

　私立学校の場合、不法行為による損害賠償について定める民法709条、使用者責任を定める715条などが挙げらる。また、施設や設備の不備に基づく事故の場合には、民法717条が適用される。

　これらとは別に、学校事故において国公立学校の教師に重大な過失が認められる場合、国や地方公共団の求償権を定める国家賠償法1条2項が問題となる。また、公立学校教師が「職務上の義務」に違反した場合、地方公務員法29条1項2号が問題となる。そのほか、国公私立問わず、刑事法上の業務上過失致死傷罪などが適用される場合もある。

　上述したように損害賠償請求においては、主に教師の過失責任が問われる。いわゆるこの過失主義に対する、「組織的に行われるこんにちの学校教育においては、この教育上の安全義務の主体を教師のみ（特に個人としての教師）に求めるのは不条理」[7]との指摘は重要である。過失主義に対しては、教育法学上様々な懸念が示されてきた[8]。その要点として、被害者救済に教師の責任追及が内包されてしまい教師と保護者／児童生徒の関係性に影響が及ぶこと[9]、教育活動に萎縮効果を惹き起こすこと[10]、あるいは、教師が過失を否定せざるをえない状況下では情報共有がされづらくなることなどを挙げることができる。

　もちろん、教師の過失が問題にならないわけではない。しかし、責任追及

---

7)　市川須美子『学校教育裁判と教育法』（三省堂、2007年）75頁。

8)　例えば、兼子・前掲書（注1）520頁以下、伊藤進・織田博子『実務判例　解説学校事故』（三省堂、1992年）822頁、伊藤進『学校事故の法律問題』（三省堂、1983年）7頁など参照。

9)　伊藤進「学校事故をめぐる救済法制」有倉遼吉編『教育法学』（学陽書房、1976年）231頁、兼子・前掲書（注1）520頁など参照。

10)　兼子・前掲書（注1）521頁など参照。

に集中するあまり、学校における関係性、事後対応、あるいは教育活動へ悪影響が生じることは避けなければならない。

## 3 災害共済給付制度

学校事故への備えとして、独立行政法人日本スポーツ振興センター法に基づく災害共済給付制度が存在する[11]。独立行政法人日本スポーツ振興センター法施行令5条において「災害共済給付に係る災害」は、「学校の管理下において生じたもの」とされ、「学校の管理下」については、施行令5条2項の1号～5号で定められている。学校の管理下で生じた災害には、程度に応じた給付金が支給される。

当該制度の課題として、支給される給付金が低額であることが挙げられる[12]。また、請求は「学校設置者を経由して行う」ため、「学校が責任追及を恐れて「学校の管理下」の災害であることを認めたがらない場合には、保護者と学校との間でトラブルが生じる可能性がある」[13]という問題も確認できる。

さらに、「各種学校は対象外とされている」[14]との指摘も重要である。各種学校はもちろん、学校に準ずるような教育施設も、日本の公教育において、外国にルーツを持つ子どもたちを含む多くの子どもたちの学習権や多様な学びを保障している。一条校か否かにより公的な安全保障の程度が異なることは、災害共済給付制度を含めた制度全体の課題といえよう。

## 4 学校保健安全法と文科省による指針や通知等

その他学校事故に関する法として、学校保健安全法も挙げることができる。1条で「この法律は、学校における児童生徒等及び職員の健康の保持増進を

---

11) 制度の詳細については、独立行政法人日本スポーツ振興センター編『災害共済給付ハンドブック〔増補版〕』（ぎょうせい、2012年）など参照。

12) 米沢・前掲書（注4）136頁。

13) 同上136頁。

14) 小島祥美「社会で『見えない』不就学の外国人の子どもたち」荒牧重人ほか編『外国人の子ども白書〔第2版〕』（明石書店、2022年）138頁。

図るため、学校における保健管理に関し必要な事項を定めるとともに、学校における教育活動が安全な環境において実施され、児童生徒等の安全の確保が図られるよう、学校における安全管理に関し必要な事項を定め、もつて学校教育の円滑な実施とその成果の確保に資することを目的とする。」と規定されている。また、同法27条で学校安全計画の策定が要請されている。同法に基づき、文科省は「学校安全の推進に関する計画」（2023年現在は第3次）を策定し、学校安全の推進に取り組んでいる。関連して、「学校事故対応に関する指針」も取りまとめるなどしている[15]。

また、「生活安全」、「災害安全」、「交通安全」の各領域において、文科省は各種通知等を発出している。例えば、「生活安全」の領域で熱中症事故や登下校時の安全確保に関わる通知等、「災害安全」の領域で避難確保計画の作成や防災教育の取り組みに関わる通知等、「交通安全」の領域で通学路の安全確保や学校生活におけるバス利用時の安全管理に関わる事務連絡等を出すなどしている[16]。さらに、「文部科学省や都道府県等で実施している取組やこれまでに作成した資料など」についての「学校安全ポータルサイト」も作成している[17]。

近年、学校安全への意識は高まっている。以上のような計画、指針、あるいは通知が、形式的なものにとどまることなく、学校固有の安全基準を構築する基礎となることが求められる。

## Ⅲ 学校事故の類型化と過失判断の法理

### 1 学校事故の類型化

学校事故は、論者によって様々に類型化される。代表的なものは、学校教育の態様による類型化である[18]。具体的な場面においていかなる事故が生じ、

---

15) 「学校安全の推進に関する計画」や「学校事故対応に関する指針」については、https://www.mext.go.jp/a_menu/kenko/anzen/1289303.htm, last visited, 18 January 2023を参照。
16) 各通知等の一覧と内容について https://www.mext.go.jp/a_menu/kenko/anzen/1339094.htm, last visited, 18 January 2023を参照。
17) 「学校安全ポータルサイト」https://anzenkyouiku.mext.go.jp, last visited, 18 January 2023.

誰にどのような法的責任が問われたかを可視化できる類型である。

　この類型による学校事故の分析は比較的多い。そのため、本章では別の類型から分析を進めたい。本章では、内在している危険が顕在化する教育活動中の事故、教育活動にとって外在的な危険で児童生徒の偶発的・突発的な行為によって被害が生じる児童生徒間事故[19]、そして通常有しているはずの安全性を欠いた施設設備の瑕疵に基づく事故の3つに類型化し[20]、損害賠償請求における過失判断の法理を検討する[21]。

## 2　教育活動中の事故

　教育活動中の事故の対象は広い。そのため裁判例も多岐にわたる。授業中はもちろん、教育活動の一環であれば、例えばクラブ活動や給食の事故も教育活動中の事故に含まれうる[22]。

　学校関係において、学校や教師には児童生徒を守る安全配慮義務が存在する。そして、教育活動中の事故については、とくに予見可能性と注意義務が問題となる。最高裁は「学校の教師は、学校における教育活動により生ずるおそれのある危険から生徒を保護すべき義務を負っており、危険を伴う技術を指導する場合には、事故の発生を防止するために十分な措置を講じるべき注意義務がある」[23]としている。なお、3で検討する児童生徒間事故の場合

18)　例えばこの観点からの類型化として、奥野久雄『学校事故の責任法理II』（法律文化社、2017年）47頁以下、米沢・前掲書（注4）125頁以下、伊藤ほか・前掲書（注8）6頁以下など参照。また、態様ではなく要件ごとの分類として、関口ほか・前掲書（注1）48頁以下参照。

19)　教育活動中の事故、児童生徒間事故の定義ついては、市川・前掲書（注7）74-79頁参照。

20)　これは筆者独自の分類ではなく、兼子仁編『教育判例百選〔第3版〕』（有斐閣、1992年）における学校事故の分類などを参考にしている。

21)　学校事故は私立学校や国立学校の事例も含むが、紙幅の関係上本章では公立学校の事例を中心に扱っている。

22)　例えば授業中の事故として、最二小判昭62（1987）・2・6判時1232号100頁（横浜市立中プール飛び込み事故）、静岡地沼津支判平1（1989）・12・20判時1346号134頁（理科実験事故）など。クラブ活動中の事故として、最二小判昭58（1983）・7・8判時1089号44頁（県立高校ラグビー部事故）、大阪高判平28（2016）・12・22判時2331号31頁（バドミントン部熱中症事故）など。学校給食に関連する事故として、札幌地判平4（1992）・3・30判時1443号124頁（給食そばアレルギー事故）、大阪地堺支判平11（1999）・9・10判タ1025号85頁（O157食中毒事故）など。

23)　最二小判昭和62（1987）・2・6判時1232号101頁（横浜市立中プール飛び込み事故）。

も含め、児童生徒の年齢や障害の有無により注意義務の程度が異なることには留意が必要である[24]。

　注意義務は、教師の義務だけではなく、「学校管理者の条件整備的安全義務と教師の教育専門的安全義務」[25]の両方から成り立つ。そして、「前者の履行状況と後者の必要度とは相関関係にある」[26]といわれるように、教師の注意義務を問う前提として、教育行政による条件整備的安全義務が先行的に問われる関係にある。そのため、教育活動中の事故で教師の過失が主に問われる傾向のなかで、学校管理者の条件整備的安全義務という点をより意識することが求められる。

　また、教師の過失は、専門的観点から問われなければならない。当該教育活動について、専門家としての教師が当然有しておくべき知見から注意義務を検討することが重要となる。もっとも、教師に対して過剰な専門的知見を要求することは適切でない。教育行政による情報提供とあわせて、教師が有すべき知見の水準を考えていく必要がある[27]。例えば、教育活動中の事故として水泳事故や柔道事故が多いが、教師の専門性はもちろん、施設設備の整備、事故が発生する原因の情報共有、あるいは場合によっては事故が起こりやすい指導に対する教育行政からの指導・助言（既になされている例として、水泳の飛び込み禁止）などが同時に求められる。

　教師の教育専門的安全義務は、担う教育活動により幅がある。各教科において求められる専門性が異なることは想像に難くない。たしかに、学校事故に関する職員研修、あるいはコアカリキュラム導入以降の教職課程における学校事故の必修化など、教師や教職志望者が理解を深める機会は増えている。しかし、担当する教育活動ごとの学校事故対策への理解をより深めるため、自主研修を含めた研修のあり方も同時に検討されなければならない。

---

24)　障害を有する児童生徒の場合、より高度の注意義務を課せられる可能性がある。例えば、東京地八王子支判平20（2008）・5・29判時2026号53頁（自閉症児体育館倉庫転落事故）など参照。
25)　市川・前掲書（注7）74-75頁。そのほか、兼子・前掲書（注1）503頁など参照。
26)　市川・同上75頁。
27)　この点につき、村元宏行「教員に求められる学校安全の最新知見」季刊教育法210号（2021年）119-120頁参照。

## 3　児童生徒間事故

　児童生徒間事故も学校関係全般にわたり[28]、教育活動中の事故と同様、教師の注意義務が問題とされる。しかしながら、「教師の教育専門的安全義務と親の子どもに対する監督義務が交錯する」領域として把握され、教師の義務には「濃淡」がある[29]。例えば、クラブ活動中の生徒間の喧嘩が問題となった事例において、最高裁は以下のように述べている。「課外のクラブ活動が本来生徒の自主性を尊重すべきものであることに鑑みれば、何らかの事故の発生する危険性を具体的に予見することが可能であるような特段の事情のある場合は格別、そうでない限り、顧問の教諭としては、個々の活動に常時立会い、監視指導すべき義務までを負うものではないと解するのが相当である」[30]。

　児童生徒間事故においては、その事故の性格から、特に予見可能性が問題となる。突発的・偶発的な生徒の行為による事故を予見することは容易ではない。また、過剰な管理監督は、子どもたちの自主性を奪うことにもなりかねない。生徒間の関係性や関連する情報の把握、生徒の動きへの注視といった対応はもちろん必要であるが、注意義務の程度は児童生徒の年齢、学校や学年の状況などに大きく依存することになろう。教師の専門性が発揮しづらい児童生徒間事故のような領域こそ、教師に対する過失主義的な責任追及を極力排し、無過失責任に基づく賠償制度の構築や再発防止のための積極的な情報共有が求められる。

## 4　施設設備の瑕疵に基づく事故

　施設設備の瑕疵に基づく事故は、人ではなく、物を対象としている点で特徴的である[31]。

　瑕疵の有無につき最高裁は、「当該営造物の構造、用法、場所的環境及び

---

28)　例えば、クラブ活動中の児童生徒間事故として、最二小判昭58（1983）・2・18民集37巻1号101頁（クラブ活動中事故）など。放課後の事故として、最三小判昭58（1983）・6・7判時1084号70頁（放課後画鋲附紙飛行機事故）など。

29)　市川・前掲書（注7）77-79頁。

30)　最二小判昭58（1983）・2・18民集37巻1号104-105頁（クラブ活動中事故）。

利用状況等諸般の事情を総合考慮して具体的個別的に判断すべき」[32]として
いる。

　また、施設設備が通常有すべき安全性については「本来の使用目的・方法
に従って使用した場合に安全であるように設置・管理されておれば足り、た
だ、本来の目的以外での使用が予見可能な場合には、そのような目的外使用
も考慮に入れて設置・管理されねばならない」という見解が参考となる[33]。

　なお、人の過失と物の瑕疵の境界領域については、国家賠償法1条と2条
のどちらに請求を根拠づけるかが問題となる。この点、「一条によれば、公
務員の過失の内容としての注意義務違反が賠償請求権の成立要件となり、二
条によれば、営造物の設置・管理の瑕疵の内容としての回避可能性の存在が
賠償請求権成立の要件となるので、理論的には過失の要件の不要な後者のほ
うが責任を認定しやすいといえるであろう」[34]という見解がある。もっとも、
現状においては、「教師の適切な指導によって事故を回避することができた
と考えられるためか、実際には、1条の責任を追及することが多いように思
われる」[35]との指摘がなされている。ここにも、過失主義の「弊害」をみて
とることができよう。施設設備については、動態的な教育活動等は一応異な
り、静態的にその安全基準を考えることができる。そのため、教師の過失に
先行してその瑕疵を問うことが可能である。

---

31)　施設設備の瑕疵に基づく事故として、例えば、大阪地判昭56（1981）・2・25判タ449号272頁
（プール取水口事故）、福岡地小倉支判昭58（1983）・8・26判時1105号101頁（回旋シーソー事故）、
最三小判平5（1993）・3・30民集47巻4号3226頁（テニスコート審判台事故）など。

32)　最三小判昭53（1978）・7・4民集32巻5号811頁。

33)　米沢・前掲書（注4）134頁。

34)　塩野宏『行政法Ⅱ〔第6版〕　行政救済法』（有斐閣、2019年）366頁。

35)　青野博之「施設・設備事故における国家賠償法1条と2条の関係」日本教育法学会編『教育
法の現代的争点』（法律文化社、2014年）315頁。

## Ⅳ　いじめ問題

### 1　学校事故におけるいじめの位置

　学校事故にはいじめや体罰も含まれる。ただ、体罰については第三部第6章で扱われているため本章ではいじめのみを扱う。また、いじめ防止対策推進法制定以降、第三者委員会の設置など、様々な動きが存在するが、本章では特に裁判例に限定して議論を進める。

　学校事故の上述の三類型において、いじめは児童生徒間事故に含まれうるが、他の児童生徒間事故と異なる特質を有することに注意が必要である。この点、教育裁判類型論から「教育裁判類型（条件整備要求的教育裁判）に属する学校事故裁判一般とは、いじめ・体罰裁判は、教師の教育権行使のあり方（違法性）を端的に問題とする点で異質なものが含まれており、むしろ、教育裁判類型的には、子どもと親が学校の教育的措置の違法性を争う教育是正的教育裁判に属するといえる。このような特質から、いじめ・体罰裁判には、教師の責任についても、学校事故裁判一般とは異なる特徴がみられる」[36]との指摘は重要である。

　さらに、同論者は、「いじめによる事故の生徒間事故への組み込みには、いくつかの疑問がある」としていじめ問題に関する法理を考える上で重要な三点の指摘をしている。一つ目はいじめは日常的に行われており教育活動に内在する危険であること、二つ目はいじめは長期にわたるため教師には予見可能であること、そして三つ目は「長期的かつ全面的な人権侵害」であるいじめに対して教師は「教育専門性の高い生活指導義務が高度に要求される」ことである。これら指摘をふまえ、「いじめ事故に対する安易な生徒間事故の法理の適用は、事案の特質を見誤った解決を招きやすい危険性を含んでいる」とする[37]。

　いじめについては学校事故に位置づけつつも、児童生徒間事故から独立し

---

36)　市川・前掲書（注7）79頁。
37)　同上80-81頁参照。

て扱うことが必要となる。

## 2　いじめに対する学校・教師の安全配慮義務

　いじめに対しては、加害児童生徒あるいはその保護者の不法行為も問題となるが、他の学校事故の場合と同様、学校や教師の安全配慮義務（安全保持義務）が問題となる[38]。より具体的な学校側のいじめへの対策義務として「個人としての担任教師による問題の抱え込みではなく、学校教師集団としての集団的取組みとする必要を前提に、①いじめの実態・全容把握義務、②被害生徒の保護義務、③集団的いじめ防止指導義務、④動静経過観察義務、⑤保護者との協力連携義務、⑥例外的な場合の外部機関協力義務など」が、いわき小川中いじめ自殺事件や中野富士見中いじめ自殺事件を基に析出されている[39]。さらに近時、いじめ自殺の事後対応における被害者遺族の感情への配慮義務も裁判上認められるなどしている[40]。

　いじめ裁判においては「いじめに係る事実関係をそれが生じる背景事情を含めて確認した上、いじめを行った児童生徒に対する指導等によっていじめをやめさせるだけでなく、いじめが発生する要因を除去し、かつ、いじめの再発防止のための措置を講じるべき義務」が問題とされる[41]。そのうえで、対策が講じられたかどうかにつき「その当時におけるいじめ対応に関する知見に基づいて判断すべき」[42]という基準が示されている。この事例ではいじめ対応に関する知見として、いじめの防止等のための基本的な方針が挙げられた[43]。情報収集にたけた教育行政による文書のため、一つの参考にはなり

---

38)　福島地いわき支判平2（1990）・12・26判時1372号27頁（いわき小川中いじめ自殺事件）、東京地判平3（1991）・3・27判時1378号26頁（中野富士見中いじめ自殺事件）、福岡高判令2（2020）・7・14判時2495号36頁など参照。

39)　市川・前掲書（注7）17頁。また、ここで対象にされている判決から時間は経過しているものの、これら義務内容は現在も妥当しているものと思われる。近時の文献でも同種の義務内容が挙げられている（米沢・前掲書（注4）130頁参照）。

40)　神戸地判平28（2016）・3・30判時2338号24頁（県立高校いじめ自殺事件）。この事例の検討として、村元宏行「いじめ事後対応における被害者・遺族の心情配慮義務」季刊教育法209号（2021年）106頁以下参照。

41)　福岡高判令2（2020）・7・14判時2495号56頁。

42)　同上。

うるであろう。ただし、いじめが関係性や継続性に基づく個別具体的なケースであることを考えると、本方針の機械的な適用による義務履行の判断は避けられなければならない。

　いじめ対応における責任に加え、被害者が自殺した場合、学校や教師の自殺に対する責任も争点となる。過失と自殺との間の相当因果関係をめぐる争点である。相当因果関係の判断においては、自殺の予見可能性が問題となる。いじめ自殺を通常損害と考えれば、自殺は一般的に予見可能であり過失と自殺の間に相当因果関係が認められる。他方、いじめ自殺を特別損害と考えれば、自殺につき予見可能性が認められなければ過失と自殺との間に相当因果関係は認められない。

　いじめ自殺裁判において、相当因果関係が認められた事例[44]はこれまでに存在するものの、いじめ自殺が通常損害か特別損害かについては明示されてこなかった。しかし、大津いじめ自殺事件において[45]、悪質重大な行為を受けての自殺の場合、自殺は通常損害であり予見可能であることが初めて明示された。すべてのいじめ自殺ではなく、悪質重大な行為を受けての自殺の場合に限定されている点には留意が必要である[46]。しかし、いじめ自殺が通常損害と明示されたことの意義は大きい。

## V　学校災害から考える学校事故

　学校災害も学校事故に含まれうるが、災害に起因することから上述の学校事故とは独立して論ずる方が適切であると思われる。しかし、大川小児童津波被災訴訟において登場する安全確保義務と組織的過失という概念は、学校事故を検討するうえで避けて通ることはできない。そのため、これら概念を

43）　同上参照。
44）　福島地いわき支判平2（1990）・12・26判時1372号27頁（いわき小川中いじめ自殺事件）、横浜地判平成13（2001）・1・15判時1772号63頁（津久井町立中学校いじめ自殺事件）、東京高判平成14（2002）・1・31判時1773号3頁（津久井町立中学校いじめ自殺事件）。
45）　大津地判平31（2019）・2・19判時2474号76頁、大阪高判令2（2020）・2・27判時2474号54頁。
46）　この点につき、村元宏行「いじめ自殺と学校の法的責任」季刊教育法211号（2021年）106頁参照。

中心に以下大川小児童津波被災訴訟を検討する[47]。

## 1 大川小児童津波被災訴訟の概要

2011年3月11日午後2時46分頃に発生した大地震後、石巻市立大川小学校の児童と教職員は校庭に避難していた。保護者の迎えがあった児童は個別に帰宅し、その他の児童の帰宅は見あわせられた。午後3時30分頃まで校庭にいた後、避難先の候補としてあった裏山ではなく、三角地帯に向かった。その移動途中に津波に巻き込まれ、児童74名、教職員10名が犠牲となった。その後、死亡した児童の保護者らが原告となり、石巻市と宮城県に対し国家賠償法1条1項等に基づき損害賠償請求を起こした。この訴訟が、大川小児童津波被災訴訟である。

一審判決では、「校庭で避難を継続することに具体的危険があると合理的に判断できる場合は、教員としてもその危険を予見しなければならず、これを怠ったことにより危険を避け得なかったときには、予見義務違反の過失があることになるし、危険を予見したにもかかわらず回避を怠ったり、あるいは予見された危険の種類内容との関係で不適切・不十分な回避行動しかとらなかったため危険を回避できなかった場合にも、結果回避義務違反の過失があることになる」[48]との判断枠組が示された。そして、「遅くとも午後三時三〇分頃までには、教員は、津波が大川小学校に襲来し、児童の生命身体が害される具体的な危険が迫っていることを予見したものであるところ、C教諭以外の教員が、児童を校庭から避難させるに当たり、裏山ではなく、三角地帯を目指して移動を行った行為には、結果を回避すべき注意義務を怠った過失が認められる」[49]として、教師の注意義務違反を認めた。この判断は、これまでの教師の過失を問う構造と類似したものといえる。

他方、控訴審[50]では、学校保健安全法26条ないし29条に基づき市教委や校

47) なお、本訴訟と学校防災についての論稿として、堀井雅道「津波被災訴訟と学校防災の課題」日本教育法学会年報47号（2018年）44頁がある。
48) 仙台地判平28（2016）・10・26判時2387号98-99頁。
49) 同上104頁。
50) 仙台高判平30（2018）・4・26判時2387号31頁。

長等には児童らの生命・身体の安全を確保すべき安全確保義務がある旨述べた。そして、津波被害を受ける危険性が高いことが予見可能であったにもかかわらず、市教委や校長等は同校の危機管理マニュアルの作成や改定等を行わなかったことなどから、安全確保義務懈怠が認められ、賠償請求が認容された。また、控訴審は、教育委員会や校長等の組織的過失も認定している。

　控訴審につき、従来の教師個人の過失ではなく、安全確保義務から組織的過失を問うている点が特徴的といえる。なお、上告は棄却されている[51]。

## 2　安全確保義務と組織的過失

　大川小児童津波被災訴訟控訴審において、特に今後の学校事故を考えるうえで重要となる安全確保義務と組織的過失という2つのコンセプトが登場している。

　安全確保義務について、まず安全配慮義務との違いを確認しておきたい。この点、以下の説明が参考となる。「学校側の安全配慮義務は、判例上、教育活動や学校生活において通常発生することが予想される危険（教育内在的危険）と、そうではない危険（教育外在的危険）とで、注意義務の水準や予見可能性の有無について類型的な差が見られる」[52]。そして、「教育外在的危険に関して事前の体制整備を求めることは、安全配慮義務を超える内容・性質の義務であり、この点で安全確保義務と安全配慮義務には違いがあると考えられる」[53]。安全確保義務は「教育条件整備に関する義務に位置付けることができ」、「大川小学校津波訴訟控訴審判決は、条件整備基準立法に基づく条件整備的義務を認めたものでもあり、この意義は極めて大きい」[54]。

　学校事故において、学説上「学校管理者の条件整備的安全義務と教師の教育専門的安全義務」[55]の両方を視野に収めることが指摘されてきたにもかか

51）　最一小決令1（2019）・10・10D1-Law.com判例体系。
52）　齋藤健一郎「大川小学校津波訴訟控訴審判決の教育法的分析」商学討究71巻1号（2020年）190頁。
53）　同上191頁。
54）　同上218頁。
55）　市川・前掲書（注7）74-75頁。

わらず、裁判上前者はあまり争点化されてこなかった。本控訴審判決におい
て「条件整備的義務」が認められたことにより、教師の過失を問う前提とし
ての条件整備的義務という議論の地平が今後より拓かれるものと思われる。

　関連して、裁判上初めて認められた「学校の管理・運営に携わる公務員の
いわゆる『組織的過失』」[56]にもふれなければならない。学校事故の研究にお
いて、「教育活動にともなって生ずる危険から生徒の身体、生命の安全を保
持する義務は、直接、教育活動を指導する教師個人にあることはいうまでも
ないが、それよりも第一次的には、教育組織としての学校自体にある」[57]と
主張されてきた。この観点からみると、「教育委員会や校長による人的・物
的体制整備や管理運営体制の整備に係る組織的過失（組織的な義務に対する
違反）を認めることは、事案の適切な解決という点で意義がある」[58]と控訴
審判決を評価することができ、組織的過失というコンセプトによって組織の
責任という議論の地平を拓くものと思われる。

　学校事故において、教師個人の過失が追及されやすいことは繰り返し指摘
してきた。もちろん、安全確保義務と組織的過失が、学校事故全般へと射程
を有するのか、大川小児童津波被災訴訟のような大規模災害に限定されるの
かは、慎重に見極めなければならない。そのうえでなお、これらコンセプト
が裁判上受け入れられたことにより、学校事故における過失をめぐる議論の
新たな展開が期待される。

## VI　おわりに

　学校事故の防止と学校安全の確保、そして事故後の対応は、いつの時代も
学校や教師の責務として存在する。学校や教師の責任を問うことは重要であ
るが、一部主体への責任追及には限界がある。一部主体への責任追及に集中
しすぎると、学校事故を生じさせた問題の本質を見失い、再発防止の議論に

---

56)　判例時報2387号（2019年）31頁。
57)　伊藤ほか・前掲書（注8）822頁。
58)　齋藤・前掲論文（注52）217頁。

つながらない。また、教師が事故を意識するあまり教育活動を萎縮させてしまうと、子どもの教育を受ける権利が十全に保障されなくなる可能性もある。

　学校や教師が責任を果たすために、教育行政による条件整備的義務が十分に履行されなければならないことは繰り返し確認されてよい。条件整備的義務の内容については「施設設備・教職員勤務条件、学校活動運営体制」[59]あるいは学校事故に関する情報提供[60]などが考えられるが、そのつど「物的条件、人的条件、及び財政的条件」[61]の観点から問い直されることが求められよう。

　学校事故を未然に防ぎ、学校安全を確立し、安全に教育を受ける権利を保障するには、教師の義務はもちろん、学校や教育行政などの各主体の義務も含めて総合的に検討しなければならない。

59)　市川・前掲書（注7）74頁。
60)　給食そばアレルギー事故（札幌地判平4（1992）・3・30判時1433号124頁）では、アレルギー症の発生に関する情報を学校関係者に周知徹底し事故を防止する義務が教育委員会にあり、その義務懈怠があったとされている。
61)　細井・前掲論文（注6）3頁。

## 第11章

# 学問の自由論

石川 多加子

## I　はじめに

　大日本帝国憲法は、学問の自由を保障する条項を有さなかった。教育と学問研究全般は「教育勅語」の強い支配下にあって、ただただ天皇中心国家に尽くすため勉学に勤しみ才智を養うことが強いられた。大学は「帝国大学令」（1886年）によって「国家ノ須要ニ応スル」（１条）ことを目的としていた。もっとも、学問の自由と大学自治の思想および慣行は「人事権を除いて明治20年代にほぼ完成し」[1]た。大正デモクラシーを背景に、「教授の任免について教授会の同意を必要とするとの慣行が確立」[2]したと評される。

　しかしながら、教員人事に係る教授会自治、大学自治と学問の自由の慣行は、森戸事件（1920年）において早くも否定され、以降、軍国主義の跳梁とあいまって、瀧川事件（1933年）、天皇機関説事件（1935年）等々が相次ぎ、国体思想に則さない学問研究の自由と大学の自治は容赦なく斥けられていった。

　学徒達のなかには、永遠に学問研究の時を失った者も少なくない。1943年の「在学徴集延期臨時特例」公布・即日施行による「学徒出陣」、同年の「学

---

1)　寺崎昌男『日本における大学自治制度の成立』（評論社、1979年）341頁。明治末から大正初めに、「戸水事件」（1905-1906年）、「沢柳事件」（1913-1914年）が起きている。
2)　片山等「『学問の自由』、『大学の自治』と大学内部の法関係（1）」比較法制研究27号（2004年）4頁。

徒戦時動員体制確立要綱」での「学徒勤労動員」、陸・海軍の少年兵、満蒙
開拓青少年義勇軍のことを想起すべきである。

　敗戦後は、占領下の「レッド・パージ」（1949年から1951年にかけて団体
等規制令に基づいて強行された日本共産党員およびその同調者の職場からの
強権的排除・追放）[3]、1949年に公布・施行された「教育二法」（「教育公務
員特例法の第二次改正法改正」・「義務教育諸学校における教育の政治的中立
の確保に関する臨時措置法」）、「防衛二法」（「防衛庁設置法」・「自衛隊法」）
が、「逆コース」への舵切りを象徴するものである。

## II　学問の自由保障の意義

　日本国憲法23条は「学問の自由は、これを保障する」と定める。

　学問の自由は「人間が自然と社会にかかわる法則の真理・真実をあくこと
なく探求する自由」[4]であり、学問の自由保障は「個人が学問の研究や研究
成果の発表について権力による侵害を受けない自由を保障すること」[5]を核
とする。前述したように、敗戦前にも慣行としての学問の自由と大学の自治
はある程度認められていた。しかし「国家意思に追従しない場合」、「その自
由はいとも簡単に奪いとられてしまった」[6]ことは、幾多の事例が示す通り
である。

　学問の自由条項を初めて有した憲法はフランクフルト憲法（1849年 3 月28
日）であり、「学問およびその教授は自由である」（152条）と規定し、以降
現行のドイツ連邦共和国基本法 5 条 3 項（「芸術及び学問、研究及び教育は
自由である。教授の自由は、憲法に対する忠誠を免除しない」）まで引き継
がれている。元来ドイツにおける学問の自由は、イギリスやフランスのよう
な近代市民革命が不完全であったがゆえに市民的自由が不充分な状況下、

---

3)　平田哲男「イールズ問題と大学教員レッド・パージの史的究明」平田編著『大学自治の危機
　　──神戸大学レッド・パージ事件の解明』（白石書店、1993年）331頁。
4)　野上修市『解明　教育法問題』（東京教学社、1993年）58頁。
5)　橋本公宣『日本国憲法』（有斐閣、1988年）242頁。
6)　野上・前掲書（注 4 ）57頁。

「上から与えられることにより、それは大学および大学教授の特別の自由ないし特権として機能した」[7]点に特質がある。その大学教授の特権と自由は「国家が与えた枠内のものでしかな」く、「一般市民と同様、政治的不自由を味合わなければならなかった」[8]のである。また、「学問の自由の憲法的保障」という方式もドイツ（およびその系統に属する）国に特有のものであり、第二次世界大戦以前は他にほとんど例が無かった[9]。しかるに、市民革命を経験したイギリス、アメリカ、フランスといった国の憲法に、学問の自由保障は明記されていない。大学研究者にも市民としての思想、信教、言論等の自由が保障されているのに、加えて特段の自由（学問の自由）を与えるのは、民主主義と平等の原理にもとるとされたのである[10]。

　さて、日本国憲法には、思想・良心の自由（19条）、信教の自由（20条）および表現の自由（21条）条項があり、学問もこれら精神的自由権の一つである。では、憲法が学問の自由をことさらに保障した意義、享有主体はどうとらええればよいのであろうか。

　まず、先にふれたドイツにおける学問の自由観念に大きな影響を受けた専門的特権説である。『註解日本国憲法』は「学問の自由として特に論議された理由」を五つ挙げ、その（2）に「学者、研究者はその領域において指導的立場にあるいわば『選ばれた人』であるから、通常人を対象とし、通常人の平均的な水準に立脚する政治や行政が、その判断に基づいてみだりに干渉すべきではなく、国家も社会もその独立性を尊重すべきことであること」[11]とする。宮沢俊義[12]、東大ポポロ劇団事件（以下、「ポポロ事件」という）

---

7)　高柳信一『学問の自由』（1983年、岩波書店）56頁。

8)　同上54頁。

9)　同上20頁。

10)　アメリカでは19世紀後半に「大学における研究教育を自己に奉仕せしめようとする大資本の論理」と対立し、学問の自由が問題とされるようになった。フランスでは第4共和制憲法が、公教育への権利保障を国家の義務とする規定を設け（25条）、第5共和制憲法（1958年10月4日）下でも効力を有している。高柳・前掲書（注7）34頁、野中俊彦ほか『憲法Ⅰ〔新版〕』（有斐閣、1997年）303-304頁。

11)　法学協会編『註解日本国憲法　上巻』（有斐閣、1948年）223-224頁。学説の名称と分類は、成嶋隆「第23条」小林孝輔・芹沢斉編『基本法コンメンタール憲法〔第4版〕』（日本評論社、1997年）143-144頁。

第一次最高裁判決（最大判昭38（1963）・5・22刑集17巻4号370頁）もこの立場である。次に市民的自由説で、市民と比して高度な自由を大学研究者が享有し得るドイツの観念に異を唱えるものがある。高柳信一は「教員研究者の「『特別の自由』とは、思想の自由および思想の交易の自由等の市民的自由を教育研究機関の内部に貫徹させるための自由」としたうえで、「学問の自由、大学の自由は、社会において市民的自由が普遍的に保障されているという状態の下でのみ存立しうる」[13]とする。さらに信託説がある。野上修市は「学問の自由は国民の真理探究の自由、真実を知る権利、学習の権利にねざし、国民のすべてに保障された基本的人権であ」り「国民とは別の、国民から離れた専門研究者としての教員研究者の学問研究を意味しない」ととらえる。そして、国民と研究者との関係について、「専門的研究者の学問研究の自由は、国民の知的探求の自由、国民の学習権の信託に根拠を持つ」と主張する。学問の自由と教育を受ける権利（26条）を統一的に捉え、初等・中等教育機関における教育の自由を構成した画期的な立場である。すなわち、子どもの「"人権としての教育権"あるいは"学習権"」保障には「一般の社会において広く"学問の自由"の成果が確保されていること」、「その"成果"が自由に子どもに伝達される手段の自由（教師の教育の自由）が確保されていなければなら」ず、その内容の保障が「子どもの"学習の自由（学問の自由）"と不可分一体の"教育を受ける権利"を保障することになる」[14]とする。

　第90回帝国議会において、学問の自由条項に関して大学教授の自由に重きを置いているのか等と質問されたのに対し、金森徳次郎国務大臣は、大学教授の自由というような狭い意味には考えていないと答弁した[15]。学問の自由の享有主体を狭く大学研究者に限定する見地は法の下の平等原理に反しており、今日主張者はほぼ見当たらない。広く市民も享有主体であるとするのが一般的ではあるが、研究および教育の「量的・質的に最も重要な部分」は「学問研究を主たる社会的使命とする」[16]専門研究者が担っている点は重視する

---

12)　宮沢俊義『憲法II　基本的人権〔新版〕』（有斐閣、1971年）396頁。
13)　高柳・前掲書（注7）121-122頁。
14)　中村睦男・永井憲一『生存権・教育権』（法律文化社、1989年）240頁。
15)　清水伸『逐条日本国憲法審議録　第2巻』（有斐閣、1962年）467-468頁。

必要があろう。研究および教育という「思想の表明を主たる職責とするこの
専門職能は、最も危険で傷つきやすい職能の一つ」であって[17]、しかも専門
研究者は「他人の設置した教育研究機関に給料を得て雇われる使用人」であ
るため、使用者・任命権者、管理機関等から研究・教育活動に具体的な指示
や命令を受け、それを良しとしない場合は馘首される場合すらある。このよ
うな状況にあっては、個人としての市民的自由のみで真理探究の自由が充分
に確保されるとは思えない。よって、専門研究者には個人としての市民的自
由の他に特別の真理探究の自由――「本来の意味の市民的自由の範疇からは
み出たところの自由」[18]――が不可欠であり、このことこそが学問の自由規
定をおく本義といえよう。

## Ⅲ　学問研究の自由の内容

　憲法23条は、学問研究の自由を保障する。学問研究の自由は、研究活動の
自由、研究成果発表の自由、教育（教授、講義）の自由とを具体的内容とす
る。研究活動の自由とは、研究の主題、内容、対象、方法を自身で決定し行
いうることである。研究成果発表の自由とは、研究の成果を、書籍、論文等
に著す、学会・研究会・学習会等で報告、講演するといった言動全般につい
て、国家をはじめ他者から干渉されないことである。教育（教授、講義）の
自由とは、研究活動での蓄積を主として授業において学生・生徒・児童に供
するにあたり、同様に指図・指揮を受けないことである。いずれも思想・良
心の自由、信教の自由と、表現を伴う場合は表現の自由と重畳的に保障され
る。そして、研究活動と成果発表、教育の営為をめぐり、社会的・経済的に
あらゆる不利益を被らないことも担保されなければ意味がない。加えて専門
研究者・教員に関しては、公権力、使用者・任命権者、上司等、研究・教育
機関内外から研究活動、成果発表および教育の営みに関し指示・制約・統制

---

16)　高柳・前掲書（注 7 ）62頁。
17)　同上78頁。
18)　同上64-65・68頁。

を受けないことが肝要である。同時に、使用者・任命権者・管理機関が有する職務・業務命令権、・監督・統督権、懲戒権、解雇・免職権を「教員研究者の真理探究営為と矛盾抵触する限りにおいて制限・排除することが、『大学』を最も普遍的な教育研究機関としてもつ近代市民社会における学問の自由保障の根幹とならなければいけない」[19]のである。

　非公務員となった国立大学法人の教育職員の身分は不安定になった。「地方独立行政法人法」（2003年）によって法人化した公立大学においても同然で、教育公務員の人事の自治を法定化した教特法の適用を受けるのは今や小数となった従前どおりの公立大学のみである。大学教員の任期制導入（1997年）も安定的雇用を妨げ、教育・研究を蝕んでいる。後に述べるが、大学教員・研究者の身分保障の弱体化には、教授会の地位の変質も大きい。実際に、大学研究者・教員の採用、解雇、懲戒処分や「再編」をめぐる訴訟、労働審判は、国・公・私立の別なく引きも切らない[20]。かつて教特法制定に際し構想された「教員身分法案」のような法制定を再び議論すべき時かも知れないと思う。同法案の「教員の身分について、一般公務員法に対する特別法の形式をとらず、いわば並列的に教員身分法とした」[21]点に注目すべきである。

　学問研究の自由をめぐる課題は、他にもある。一つは、学問研究の範囲である。特に、遺伝子治療・ゲノム医療、生殖補助医療、遺伝子・ゲノム工学、原子力技術、軍事技術といった領域の研究行為との関係である。元来真理探究は「知的権威に挑戦し、大多数の人が当然のものとしているところの既成の常識を疑うこと」を出発点とする。それが真理と呼ぶに値するかどうかは、

---

19)　同上60頁。

20)　例えば、近年では「山形県・県労委（国立大学法人山形大学）事件～団交における法人の対応を不誠実であるとした救済命令の適法性等～最高裁2小令4.3.18判決」労働判例2022年7月1日号20-32頁、「学校法人國士舘ほか事件～教授らに対する懲戒解雇・降格処分の有効性～東京地裁令和2.10.15判決」労働判例2021年12月15日号56-83頁、「公立大学法人都留文科大学事件　中労委令2.3.4命令」労働判例2020年12月1日号103-106頁等々枚挙にいとまがない。

21)　永井憲一「大学人事権と教育公務員特例法──文部省の任命拒否問題を中心に」ジュリスト426号（1969年）40頁。ただし、教員身分法案は「教員組合運動対策の法的槓杆」・「労働運動規制の論理」の側面も有していた。羽田貴史「教育公務員特例法の成立過程　その1」福島大学教育学部論集32号の3（1980年）44頁。

事実による検証、「思想の自由市場における自由競争において勝ち抜けるかどうかという・時間的契機を含んだプロセスの結果にかかる」[22]のである。研究活動の自由が完全に無制約というわけではもちろんない。第90回帝国議会で金森国務大臣は、学問の自由は公益に反すれば憲法12条の枠によって抑制されてもやむをえない旨答弁した[23]。小林直樹は「他者の基本権ないし公共の福祉を害する結果を生ずる」例として、「社会科学の名によるデゴマーグ、性科学の名目で行うわいせつ図書の頒布」・「学問の名で"生体解剖"をする」・「遺伝子組替え実験のように、人類の生存を脅かす惧れのある」ものを示し、懸念している[24]。問題は、先端的な科学技術研究に対し、何らかの「法的統制」をなすべきか否かである。芦部信喜は、「人間の尊厳を根底からゆるがす」深刻な脅威をもたらしかねない先端的研究について、「研究の自由と対立する人権もしくは重要な法的利益（プライバシーの権利や生命・健康に対する権利など）を保護するのに不可欠な、必要最小限度の規律を法律によって課すことも、許されるのではないか、という意見が有力になっている」[25]と説く。他方、小林直樹は、基本権や公共の福祉を害するような"研究"が「学問的であるか否かの問題も……第一義的には学者じしんと学問の府（大学・研究機関等）の自律や自主的判断に委ねられるべき」[26]と述べている。

　日本国憲法下の研究者・教員は全て、平等、個人の尊重、人権不可侵原理、民主主義そして何より恒久平和主義に即した研究・教育を銘肝すべきである。しかし、立法によってこれらに適合しない研究・教育を規制し、場合によっては罰則を与えることには慎重でなければならないと考える。まずは個々の研究者・教員の自律的研究活動に、次いで学会、研究・教育機関における自治的規律に任せ、法律等を制定するにしてもせいぜい努力義務規定にとどめ

22）　高柳・前掲書（注7）120頁。
23）　清水・前掲書（注15）470頁。
24）　小林直樹『［新釈］憲法講義上』（東京大学出版会、1980年）381頁。
25）　芦部信喜（高橋和之補訂）『憲法〔第6版〕』（岩波書店、2015年）170頁、戸波江二「科学技術規制の憲法問題」ジュリスト1022号（1993年）82-83頁。
26）　小林・前掲書（注24）『憲法講義』381頁。

るべきであろう。とはいえ、軍事研究の拡大には手をこまねいていられない。2015年度に防衛省は、"デュアルユース技術の取り込み"を謳った「安全保障技術研究推進制度」を開始した。敗戦後も目立たぬよう続けられてきた軍事研究は同制度によって"解禁"され、軍官産学協同が再び表舞台に登場する転機ともなった。しかも、軍民両用となれば他に、文部科学省や経済産業省等ないし管下組織、企業が募集する委託研究・共同研究も多数存在する。

　研究活動をめぐるもう一つの大きな問題は、初等・中等教育機関における教育の自由に憲法の保障が及ぶか否かということである。第90回帝国議会において田中耕太郎文部大臣は、学問の自由の対象は大学が重要な部分を占め、すべての教育・研究機関に関係するとしながらも、教授としての活動には条理上の制限がある旨答弁している[27]。学説は否定説と肯定説に分かれている。否定説は、学問の自由に含まれるのは、専ら高等教育機関の教授の自由であるとする。『註解日本国憲法』は、憲法23条の趣旨は大学その他の教育機関について教授の自由を広く認めることであるから「教育ということの本質上、下級の学校に至るに連れ制限されることがある」[28]とし、宮沢、ポポロ劇団事件最高裁判決、第一次家永教科書訴訟第一審（高津）判決（東京地判昭49（1974）・7・16判時751号47頁）もこの立場に立つ。

　肯定説は、初等・中等教育機関における教育の自由も憲法で保障されるとする立場であり、根拠規定に関して見解が分かれる。第一に、憲法的自由説がある。高柳は、教育の自由を「教師の教育の場における創意、自主性、主体性」を国民の憲法的自由の重要な一環と位置づける[29]。第二に、憲法23条説がある。中村睦男は、初等・中等教育機関の教師の教育の自由は23条に含まれ、その場合における学問の自由は「たんにそれぞれの教科の専門分野の研究成果を知得するだけでなく、児童生徒の心身の発達段階に対する科学的認識と経験による教育学の学問的実践を含む」[30]と述べる。第二次家永教科書訴一審（杉本）判決（東京地判昭45（1970）・7・17行集21巻7号1頁）も、

---

27）　清水・前掲書（注7）474-475頁。
28）　法学協会・前掲書（注11）26頁。橋本公亘教授も同様な見解である。橋本・前掲書（注5）243頁、宮沢・前掲書（注12）96頁。
29）　高柳「憲法的自由と教科書検定」法律時報臨時増刊41巻10号（1969年）56-57頁。

23条説を採る。第三に、憲法26条説がある。山崎真秀は、教育を受ける権利は学問の自由を前提とした教育の自由と学問の自由無しには成立しない権利であるとする[31]。第四は、憲法23条・26条の両方とする学説である。永井憲一は、児童・生徒の学習の自由を、「生来的権利としての発達権そのもの」で「憲法26条の"教育を受ける権利"の主要な内容をなすものであり、その権利を保障する第一次的な責務をもつ親と国民そして教師の教育権も、すべて憲法26条に法的根拠をもつ」[32]と解し、「教師の教育の自由は、その"成果"を子どもの『学習の自由』に伝達する自由であり、それが教育に本質的に内在する教師にとって不可欠な教育の自由なのである」[33]とする。野上もまた、教員の教育の自由は「26条によって基礎付けられながら、その機能を23条に基づいて発揮する複合的権利」[34]と述べている。第五に、憲法13条一般法説がある。一般法たる憲法13条を中心に、「教師、学者・研究者の基本的人権としての教育の自由の保障の根拠規定」は特別法としての憲法23条にも、基本的人権としての教育の自由は教育を受ける権利が教育の自由を前提とすることから、やはり特別法としての憲法26条にも求めることができるとする見解である[35]。

　旭川学力テスト事件上告審判決（最大判昭51（1976）・5・21刑集30巻5号615頁）が普通教育における教員の教授の自由に関し、「憲法の保障する学問の自由は、単に学問研究の自由ばかりでなく、その結果を教授する自由をも含むと解される」とした上で、「普通教育の場においても、例えば教師が公権力によつて特定の意見のみを教授することを強制されないという意味において、また、子どもの教育が教師と子どもとの間の直接の人格的接触を通

---

30)　中村睦男『論点法律学　憲法30講〔新版〕』（青林書院、1999年）138-139頁、有倉遼吉「憲法と教育──憲法26条を中心として」永井憲一編『文献選集　日本国憲法8　教育権』（三省堂、1977年）67頁

31)　山崎真秀「教育を受ける権利、教育の義務」永井・前掲『文献選集　日本国憲法8』236頁。

32)　永井「教育権の理論と教育裁判」芦部信喜編『教科書裁判と憲法学』（学陽書房、1990年）134頁。

33)　中村・永井・前掲書（注14）286頁。

34)　野上・前掲書（注4）65-66頁。

35)　荒井誠一郎『教育の自由──日本における形成と理論』（日本評論社、1993年）239頁。

じ、その個性に応じて行われなければならないという本質的要請に照らし……一定の範囲における教授の自由が保障されるべき」と判示した。消極説に傾いていた従来の判例から抜け出して「明らかに積極説に近づいていること」[36]に注目する必要がある。

　そもそも学問研究と教育は判然と区別しうるものではなく、相互に連関している。大学教員には教育の自由があるが、初等・中等学校の教員に自由はないとする合理的理由は見当たらない。前者と後者の教育の自由「に相違があるとすれば、それは、学校設置の目的から生じる教育に対する国民の期待の違いに基づくものであらねばならない（これは、学生と児童・生徒の間に存する心身の発達状況からくる教育内容・方法・対象の違いによるものである）」[37]。憲法23条、26条と、二つの規定を具体化する '47教基法3条と10条1項——「教育は、不当な支配に服することなく、国民全体に対し直接に責任を負つて行われるべきものである」——が初等・中等教育機関の教育の自由を導き出す直接の根拠といえよう。初等・中等教育機関における教育の自由をめぐっては、学習指導要領の法的性格、教科書検定の合憲性がとりわけ大きな基本的問題である[38]。そして何より、'06教基法による教育・研究への干渉ひいては統制の拡張と浸透が強く作用していることを重くみなければならない。

## Ⅳ　大学の自治

　学問の自由条項は一般に、学問研究の自由と共に大学の自治をも保障する

---

36)　高野真澄「最高裁学テ判決における教育の自由論」奈良教育大学教育研究所紀要13巻（1977年）3頁。さらには、「憲法23条の学問の自由は主として大学においてのみ保障される、という従来の最高裁判例（ポポロ事件判決）の内容を変更したものと見るべき」との意見もある。兼子仁「学テ判決の読み取り方」季刊教育法21号（1976年）82頁。

37)　野上修市「学問の自由と大学の自治」永井憲一先生還暦記念論文集刊行委員会編『永井憲一教授還暦記念　憲法と教育法』（エイデル研究所、1991年）93頁。

38)　2017-2018年に告示された学習指導要領、教科書検定に関しては、石川多加子「教科書検定の違憲性に関する再検討——主権者教育権論の視点から」公教育計画研究9号（2018年）8-34頁を参照されたい。

と解されている。例えば、「学問の自由のコロラリイとして、いわゆる大学の自由ないし大学の自由が要請される」[39]とする。ポポロ事件最高裁判決でも、学問の自由は「特に大学におけるそれらの自由を保障することを趣旨としたものであ」り、「大学における学問の自由を保障するために、伝統的に大学の自治が認められている」と判示している。ただし、大学の自治保障の概念と根拠をめぐっては、学説が分かれている。

　第一は制度的保障説である。橋本公宣、阿部照哉等がこの立場で、通説的地位を占める[40]。種谷春洋は、大学の自治は学問の自由を保障するための「客観的な制度保障である」としつつ、学問の自由という「内部的精神的自由権と不可分に結合して保障されることを注意する必要がある」とし、大学自治は「学問の自由を保障する目的の上で必要不可欠な制度としてのみ」法的意義を有することを意味すると主張する[41]。そもそも「制度」とは何なのか、個人の人権を担保するためになぜ制度を保障しなければならないのかが判然としない。第二は、制度・職能・機能的自由説である。高柳は「大学の自治の保障は、単に制度的自由（大学管理機関の大学設置者からの独立性、財政及び施設管理上の独立性等）及び職能的自由（大学教員の教育内容及び教育方法の自主決定権、教授団による大学人事の自主決定権）を保障するだけではない」とする。併せて、教員と学生とが相互に教え・学ぶ自由とその真理探究によって媒介された信頼を基礎とする内面的な関係、「自由でデリケイトな内面的プロセス＝機能をそのものとして保全する機能的自由をも保障するものでなければならない」[42]と説く。第三は、憲法23・26条説である。永井は「学問研究と教育の科学的・実践的な統一の"場"としての"大学"の自治の法的根拠として」、23条と共に26条にも求められるとする。この立場は全段階での学校と児童・生徒・学生に学問の自由および教育を受ける権利を保障すると解し、「教育の内容については、国は画一的な支配をしない

39)　宮沢俊義『憲法〔改訂版〕』（有斐閣、1962年）34頁。

40)　橋本・前掲書（注5）46頁、阿部照哉『憲法〔改訂〕』（青林書院、1991年）127頁、法学協会・前掲書（注11）227頁。

41)　種谷春洋「学問の自由」芦部信喜編『憲法Ⅱ人権（1）』（有斐閣、1978年）394頁。

42)　高柳・前掲書（注7）279-280頁。

ことが必要不可欠」であるから、そのために小・中・高校では「学校の自治」が保障されなければならず、「それが大学において保障される場合が『大学の自治』といわれるもの」[43]と論ずる。野上も、大学自治は「国民（学生）の教育権と学問研究権の保障に基礎づけられた大学という学校が有する教育自治権である」[44]と述べている。第四は、教師団自治説である。研究・教育機関の自治は「教育研究上の基本となる組織体」（教師団）が有する自由であり、権利主体たる組織体に保障されている「主観的公権」[45]ととらえる。

　研究・教育機関の自治は、教育の自由と同様、憲法23条・26条および両規定を具体化する'47教基法3条・10条を根拠と考えるのが最も適切である。大学は「国民の教育を受ける権利を保障する"場"ないし国民の教育権を形成する一つの"場"」であるから、「学問・研究・教育の"場"一般の自律性の保障の原理に立つ大学の自治」が確保されなければならない。そして、初等・中等教育機関においても教育内容に対し国・公権力が支配・干渉をしないことが不可欠であり、高等教育機関と同様に保障されるのが「学校自治」である[46]。'47教基法10条1項が、教育は教師ないしは教師集団が国民全体に対し直接責任を負う形で行うべきとするのは「憲法上の教育の自由から導きだされる当然の命題にほかならない」。同時に、社会権としての教育を受ける権利を実現するための立法や教育行政は、教育の自由を侵害することなくなされる必要がある。'47教基法10条2項は「かような教育行政を憲法的なあり方を具体的に定め」[47]たといえる。「学校を構成する全教職員の民主的な組織の構築を促す」学校自治の確立は、憲法26条と23条の統一的な把握によって基礎づけられるべきである[48]。

　大学の自治の具体的内容は、研究および教育の内容・方法・対象の自主決定権、教員および管理機関人事の自主決定権、施設管理の自治権、学生管理

43）　中村・永井、前掲書（注14）240-241頁。
44）　野上・前掲論文（注37）96頁。大須賀明『生存権論』（日本評論社、1984年）159-160頁。
45）　佐藤功『入門法学全集　憲法Ⅱ』（日本評論社、1979年）280頁。
46）　中村・永井・前掲書（注14）238-239頁。
47）　大須前掲書（注44）160頁。
48）　野上・前掲論文（注7）97頁。

の自治権、財政自治権からなる。学校教育法5条は、「学校の設置者は、その設置する学校を管理し、法令の特別の定のある場合を除いては、その学校の経費を負担する」と規定する。国・地方公共団体・学校法人が、それぞれ設置する学校を管理し、かつ、経費を負担する原則（設置者管理・負担主義）を定めたものである。もっとも学校設置者の管理権は無制約ではなく、大学の場合は文科大臣が所轄権を有する（学教法98条）。そして、設置者の管理権並びに文科相の所轄権は、研究および教育、教員等の人事、施設管理、学生管理、財政を具体的に統制することは許されず、大学が独立して決し、運用するのが大学の自治である。

　教授会は、これらの自治、自主決定を担う中心的存在と考えられ、法定化されてきた（学教法旧93条1項、旧国立学校設置法7条の4）。研究者・教員集団の自治（≒教授会自治）が必要なのは、一部の研究者・教員に加えられた侵害を当該職能への侵害として受け取り、職能が一団となって侵害の排除および自由の回復のために闘わなければ、全体に萎縮をもたらし業務を有効に遂行することを妨げることとなるゆえである[49]。ところが、2014年に改正された学教法により教授会は、それまで「重要な事項を審議する」必置機関であり、大学の管理・運営全般について審議、裁断する事実上の意思決定機関たる地位を占めていたが、「学生の入学、卒業及び課程の修了」・「学位の授与」の他、「教育研究に関する重要な事項で、教授会の意見を聴くことが必要なものとして学長が定めるもの」に関し、学長が決定を行うに当たって意見を述べること（93条2項）、それ以外の「教育研究に関する事項について審議し、学長や学部長の要求があれば、意見を述べることができる」ことを、教授会の権限とするのみの機関にしてしまった（同条3項）[50]。もはや参与機関でなければ審議機関でさえなく、単なる諮問機関にすぎなくなっ

<hr>

49)　高柳・前掲書（注7）88-89頁。
50)　国立大学の法人化前の改正による学教法（1999年5月28日法律第55号）は、教授会の構成員および権限を明確化する（同法7条の4）条項を置いていた。同改正は「学部自治や学部教授会を通じた管理運営方式に制限を加え、人事案件等も包含した学部教授会の審議事項の抜本的見直しや、審議手続の管理主導型プロセスへの改編」が、国立大学のみならず、公・私立大学への波及する端緒であった。早田幸政「『教授会自治』の変容と認証評価──2014年学校教育法改正を基軸として」大学評価研究14号（2015年）76頁。

たといえる。

　さて、大学自治の根幹は、自主的な研究・教育を行うことにある。何をお
いても、研究および教育の内容・方法・対象等を大学が決定し得る状況、第
一義的には「教育行政ないし一般的行政権力からの独立性」[51)]を確保しなけ
ればならない。研究および教育の内容・方法・対象の自主決定に関わる具体
的問題として、大学設置基準等がある。新制大学発足に際しては当初、46の
国・公・私立大学を会員とする民間専門団体として設立された「大学基準協
会」が、大学設置資格審査のための基準として「大学基準」（1947年）を定め、
教授会自治についても明記していた[52)]。しかしながら、大学人が中心となっ
て設定されてきた大学基準は、1956年10月に文部省令「大学設置基準」にか
えて公布された。大学設置基準の省令化は「戦後日本の大学を国家統制のも
とに置く前兆」[53)]を意味し、国家統制の背後には経済・産業界の意向が働い
ていたのである[54)]。この後、設置基準の"大綱化"（1991年）により、「政府
と産業界がその主導権を握った」[55)]大学"改革"が加速化していくこととなる。

　なお、2022年10月より「大学設置基準等の一部を改正する省令」（2022年
9月30日文部科学省令第34号）が施行されたことにふれておく。教員組織と
事務組織を統合した「教育研究実施組織」（3条、7条1-5項）、「基幹教員」
（複数の大学・学部を兼務したり、企業人等が務められる）（8条、10条）、
オンライン授業による単位数の上限（60単位）や校舎・校地免責基準等に従
わなくとも良い「教育課程等に関する特例制度」を設ける（34〜36条）[56)]と
いった大幅な改定である。そもそも行政立法によって大学の自治、研究・教

51)　中村・永井・前掲書（注14）245頁。
52)　永井憲一監修、矢倉久泰ほか『憲法から大学の現在を問う』（勁草書房、2011年）9-10頁。
大学基準協会設立および大学設置基準の経緯に関しては、同書8-10頁を参照されたい。
53)　土持ゲーリー法一『戦後日本の高等教育政策　〈教養教育〉の構築』（玉川大学出版部、2006年）
184頁。
54)　1956年に旧日経連は、「新時代の要請に対応する技術教育に関する意見」を公表している。
55)　大場淳「日本における高等教育の市場化」教育学研究76巻2号（2009年）185頁。なお、一般
教育の変遷に関しては、石川多加子「教員養成〈改革〉と日本国憲法——憲法教育と教養教育の重
要性」『植野妙実子先生古希記念論文集　憲法理論の再構築』（敬文堂、2019年）343-365頁を参照
されたい。

育の自由を制限されている状態が非常に問題なのであり、起点に戻って早急に議論する必要がある。

　ところで、政府と産業界主導による“改革”を最も強く要求されてきたのは、大学“改革”だけではなく幼児・初等・中等教育機関“改革”も直接的に影響する教員養成ではないだろうか。とりわけ2016年の改正時に導入されることとなった「教職課程コアカリキュラム」は、カリキュラム編成・授業開設等に対し大学ないし教員が自主性を発揮し得る余地を極端に狭めてしまうもので、もっと問題視されなければならない[57]。

　また、「国立大学法人等の管理運営の改善並びに教育研究体制の整備及び充実」を掲げ[58]、2021年に改正された国立大法人法は、「中期目標、中期計画の原案作成プロセスに対する介入の拡大強化」[59]や大学内の意思を遠ざけ、監事と学長選考・監察会議を通した文科省・政府・国家の統制を強める内容で、法人法3条、同法国会附帯決議に反するもので、こちらも看過できない。

　次に、人事の自主決定権である。教授の任免には教授会の同意を要するとした慣行が形成されてきた歴史から鑑みても、大学の自治の基本的かつ中心的なものといえる。国・文部科学省、大学設置者（国立大学法人、公立大学法人、地方公共団体、学校法人、株式会社）による教員人事への介入を許せば、「大学における学問の自由は設置者の認めるかぎりの学問の自由に転落し、大学自治は根底からくずれる」[60]こととなるからである。　教員の資格に関する事項は、学教法8条により、法律（教免法・教特法）の他、文部科学省令（学教法施行規則20-23条、大学設置基準等）で規定されている。資格

56)　「中央教育審議会大学分科会（第168回　2022年6月22日）配布資料」　文部科学省ホームページhttps://www.mext.go.jp/b_menu/shingi/chukyo/chukyo4/siryo/1422495_00022.html, last visited, 18 September 2022.

57)　2016年の教免法改正に関しては、石川「2016年の教育職員免許法改正に関する憲法的考察」公教育計画研究10号（2019年）28-45頁、同前掲論文（注55）343-365頁を参照されたい。

58)　萩生田光一文科大臣による法案提案理由の説明。第204回国会衆議院文部科学委員会議録10号（2021年4月14日）19頁。

59)　国立大学法人法改正案が審議された衆議院文部科学委員会における光本滋参考人の発言。第204回国会衆議院文部科学委員会議録11号（2021年4月20日）6頁。

60)　野上・前掲書（注4）81頁。

を参考に選任・採用・昇任がなされるのであるが、実際の方法・過程に関しては、教特法が定める任免等の方法（3‐5条）によるのは公立大学法人となっていない道府県および市立大学のみで、国立大学法人、公立大学法人および私立大学では、それぞれの「教育職員人事規程」・「教員の採用選考規程」等に基づく。法人化前の国立大学・公立大学における採用等には教特法が適用され、学長選考は大学内部機関の評議会が、学部長は「教授会の議に基き」、教員は評議会の議に基づき学長が行い（旧4、25条1項）、任命は学長の申出に基づいて文部大臣が行うと定めていた（旧4、10、25条1・6項）。しかしながら法人法は、人事に係る教授会自治の柱となった教特法のこれらの条項と理念を継承していない。

　旧国立大学時代に起きた九州大学井上事件は、文部省が人事の自治を直接脅かした事案である。前者は、1969年3月、九大評議会が井上正治を総長事務取扱後任に選出し上申書を提出した（教特法10条）にも拘らず、文部省は同教授の言動を問題視し任命発令しなかったというものである。井上教授はその後、正当な理由無く発令を延期されたことにより名誉を毀損されたとして国家賠償請求訴訟を提起した。東京地方裁判所は、旧文部大臣の任命権の性質――拒否権を含むのか――について、「『文部省に発令拒否権なし』の新判断を」下したのであった（東京地判昭48（1973）・5・1訟月19巻8号32頁）[61]。

　法人化後、国・文科省から直接人事に干渉されるという態様に変化が生ずる。国立大学の学長選考が国立大学法人法の規定によって大きく変えられ、私企業役員や文科省元官僚等の学外者を含む経営協議会と教育研究評議会委員で構成する学長選考会議（2022年4月からは「学長選考・監察会議」）[62]の選考により行われることとなった。旧国立大学時代に実施されていた教職員による投票は「意向投票」として残したところ、廃止したところがある。意向投票を実施しても、1位となった候補者が学長に選ばれない事例が相次い

---

61）　九州大学百年史編集委員会編著「九州大学百年史第2巻：通史編2」（2017年）402頁。
62）　2021年の法人法改正によって「学長選考会議」は「学長選考・監察会議」に変わり、学長は同委員を務められなくなった（旧12条3項の改正）。

だ。元々法人化は、新自由主義に基づく教育「改革」の一環であり、高等教育機関の競争体制への移行を決定づけた施策である。法人化が学問の自由と大学の自治を損なう危険性のあることは、法人法制定前後から認識されていた[63]。

　研究者・教員を採用するに当たっては、研究・教育業務を担当し得る適格性の判定は「当然、専門職能自身すなわち同僚の教員研究者である」し、「この理は、当然、教員研究者の地位の剥奪の場合にも適用され」るべきはいうまでもない。教員の採用、昇任、転任、降任、免職および懲戒処分に関して、国・地方公共団体・学校法人が有する管理権（学教法2条1項、5条）、任命権（法人法12条1・8項、教特法10条1項）は、「学問の自由・大学の自治の要請によって形式化され、実質的な権限を意味するものではな」[64]く、「実質において教授団の決定に基づいたものでなければならない」[65]。その反面、人事の自治を担う教授会がセクショナリズムに陥って、研究者・教員個人の学問研究の自由を損なう元凶ともなる場合があることに注意する必要がある。

　さらに、財政自治権であるが、大学の自治を真に確立させるのに不可欠である。学校の経費に関し学教法5条は設置者負担主義を示しており、国立大学法人は国が、公立大学法人と都道府県・市立大学は地方公共団体が、私立大学は学校法人がそれぞれ負担するのが原則である。私学助成について定める私立学校法（59条）、私立学校振興助成法は、同原則の例外である。研究・教育に要する資金を授業料収入等によって自身で賄える大学は、研究者・教員と同様恐らく皆無であり、充分な研究・教育を行うべく国・地方公共団体若しくは社会に資金を要求するしかない。けれども、供与された金銭について「国民の納めた税金の管理者としての政府がその責任において全面的に管理統制し」[66]たり、企業等が「受給者の思想信条を条件としたり、教育研究

63)　法人法成立時に附された附帯決議の第1項目。国立大学の法人化に係る経緯に関しては、永井憲一監修・前掲書（注52）39-44頁を参照されたい。
64)　野上修市『憲法問題の解明』（成文堂、2012年）130頁。
65)　高柳・前掲書（注7）87頁。
66)　高柳信一「学問の自由と教育」日本教育法学会年報1号（1972年）27頁。

の内容ないし具体的過程についての統制権を留保したりする」[67]ようでは、研究・教育の自由は無に等しくなってしまう。かくして大学の財政自治とは、大学が研究・教育にかかる費用を国・地方公共団体・企業等に求め、かつ、提供者から独立して管理する権利でなければ意味をなさない。

　残念ながら、日本の大学に財政自治の基盤はほぼない。しかも、「日常的な教育研究活動を支える資金として、研究者や研究支援者の人件費、最低限の研究費、研究基盤の整備費（施設整備費、設備費等）として支弁される」[68]国立大学運営費交付金、私立大学等経常費補助金（私立学校振興助成法4条1項）は減額され続けている。加えて、国立大学の法人化前後から実行され始めた競争政策「選択と集中」[69]政策を背景に、基盤的経費・経常費を削減する一方で、研究者が応募し審査を経て受給する科研費（科学研究費補助金・学術研究助成基金助成金）を代表とする競争的研究費の予算を増やしたのである[70]。そればかりか、国立大学運営費交付金（2016年度以降）、私立大学等経常費補助金の特別補助（2007年度以降）には、「努力と成果に応じた配分」[71]がなされるようになってしまった。

　研究費不足に苦しむ各研究者・大学は、国・地方公共団体・企業といった学外者が供する資金取得に奔走する。企業等が研究費提供と引き換えに、自身の意に沿った成果——例えば、治験で新薬のすばらしい効能を証明したり、

---

67)　高柳・前掲書（注7）106頁。

68)　科学技術学術審議会 基本計画特別委員会（第3期科学技術基本計画）第8回（2005年2月15日）配布資料「資料2-5 基盤的系譜の確実な措置」https://www.mext.go.jp/b_menu/shingi/gijyutu/gijyutu11/siryo/attach/1333826.htm, last visited, 26 September 2022.

69)　「選択と集中」政策は安倍晋三内閣が強調したことで知られているが、その前の小泉純一郎内閣次にその萌芽がみられる。内閣府総合科学技術会議「諮問第5号「科学技術に関する基本政策について」（2005年12月27日）11頁、教育再生会議「社会総がかりで教育再生を〜公教育再生に向けた更なるの第一歩と『新教育時代』のための基盤の再構築〜　―第二次報告―」（2007年6月1日）15頁等。

70)　「2022年度 競争的研究費制度一覧」内閣府ホームページhttps://www8.cao.go.jp/cstp/compefund/kyoukin_r4.pdf, last visited, 26 September 2022.

71)　経済財政諮問会議における有識者議員伊藤隆敏東京大学大学院経済学研究科教授の主張。経済財政諮問会議「平成19年第4回経済財政諮問会議議事要旨」（2007年2月27日）6頁。https://www5.cao.go.jp/keizai-shimon/minutes/2007/0227/shimon-s.pdf, last visited, 26 September 2022.

調査により放射能汚染はごく軽微で健康被害は生じないとの結果を導き出したりする——を明示的にか暗にか求める場合も想像できる。昨今は、人文・社会分野の研究者をも対象とし、平和や人権を掲げて潤沢な資金を提供しようとする民間研究所・財団等も存する。世にいうひもつき資金を研究者が拒絶しなければならないのはもちろんで、「真理探究者としての道義的基礎を自ら破壊すべきではないという原理は厳として存在している」。しかし、それでは研究手段を得られず、「教育研究を行うことによって社会の福祉に寄与すべき専門職能上の義務を」果たせない。国・地方公共団体・企業はひもつきでない資金を支給する義務を負うと共に、研究者・大学はひもつきでない研究費を要求する権利を有するとの結論に達する[72]。同時に個々の研究者・教員は、所属する大学ないし学部等に、ひもつきでない研究費を請求する権利を持つ。学外からの資金提供がもたらす課題は未だある。省庁等が事業を掲げ公募することで研究テーマや内容を方向づけ、「国家ノ須要ニ応スル」研究・教育を行わせる効果を発揮する。研究者・教員募集時に業績書等の他「外部資金の取得状況（学内競争的資金を含む）」を提出させる、昇格の要件の一つに「科研費の採択実績」を挙げる、業績評価項目に含む等する大学は珍しくなくなった。

　なお、施設管理の自治権がある。大学の管理は設置者管理主義を原則とする（学教法5条）。具体的には、国立大学法人は文科省（文科大臣）、公立大学法人と都道府県立・市立大学は地方公共団体の長、私立大学は学校法人理事が、管理機関となる。具体的には、管理機関が大学の施設・設備の取得・営繕・保全あるいは運用をなすことを意味する。これらの作用自体は研究・教育活動そのものではないが、大学における「研究教育活動が、研究室、図書館、教室など物的施設を媒介として行われるものである以上、当該物的施設につき、自主決定権が要請されることは当然として考えられる」[73]。これまで実際に施設管理の自治を脅かす威力として論じられてきたのは、警察力である。大学が警察権力の行使から自主性を確保することは、学問の自由・

72）　高柳・前掲書（注7）107頁。
73）　種谷・前掲論文（注41）398頁。

思想・言論の自由を保障する上で極めて重要な意味を有する。「学問研究＝真理の探究」が「警察権力の監視と統制のもとにあるならば、学問研究はとうていその十分な発達をみることができず、また教員・学生の相互間の自由な学問的交流が妨げられることにもなるからである」[74]。

警察の責務は「個人の生命、身体及び財産の保護に任じ、犯罪の予防、鎮圧及び捜査、被疑者の逮捕、交通の取締その他公共の安全と秩序の維持に当ること」（警察法2条）と定められていることから、司法警察（犯罪があると思料するときに犯人および証拠を捜査する）と、警備公安警察（犯罪予防と称し、各種団体・組織もしくは諜報員に係る情報収集、監視等と警備活動を行う）とがある。前者が犯罪発生後に進められるのに対し、「予防的・事前的措置を基本とする広汎な警察活動」[75]である後者が、主として問題視されてきた。しかし、例えば「挙動不審者を発見職務質問したところ逃亡したため、窃盗犯人と思料し」大学構内に立ち入って探索していた旨警察官が主張したり、捜索差押令状は単に大学の研究棟と表示し場所を特定していないのに、警察官が各研究室をくまなく捜索し棟内の物を差し押さえる等、捜査活動を口実とした警備活動である場合も考えられるので[76]、検討を怠るべきではない。

警察力の出動に関しては、「緊急やむをえない場合と大学当局の要請のある場合に限定」[77]すべきとの解釈が学説上多数を占め、ポポロ事件一審判決（東京地判昭29（1954）・5・11判時26号3頁）および控訴審判決（東京高判昭31（1956）・5・8判時77号5頁）も認めている。この前提に立ち、大学構内での警察権行使には大学の判断を第一として警察の恣意的判断は禁止され、あくまで大学の自主的な管理・運営に任せらるるべきであるから、警察権の一般的限界[78]は当然に修正されねばならない。

---

74) 野上修市「大学の自治と警察権」明治大学社会科学研究所年報18号（1977年）132頁。

75) 同上132頁。

76) 愛知大学事件（名古屋地判昭36（1961）・8・14判時276号4頁、名古屋高判昭45（1970）・8・25判時609号7頁、最一小決昭48（1973）・4・26判時703号107頁）。和光大学事件（東京地判昭45（1970）・3・9判時589号28頁）。

77) 樋口陽一ほか『注釈日本国憲法　上巻』（青林書院新社、1984年）557頁。

　ポポロ事件における論点の一つは、警察官が立ち入って警備活動をしていたのは演劇発表会で、講義や研究が行われていたものではないという点である。「警察権による制限は公衆の権利利益を守ることを目的とするから、公衆とは直接関係のない私生活及び民事上の法律関係については警察権を根拠とし関与し、これを制限することはできない」とする警察公共の原則によれば、大学であっても「不特定多数の人が参加する集会が現実に行われる場所」[79]であれば、警察権が及ぶ場合があることとなる。東大の教室内で同大公認ポポロ劇団主催により反植民地闘争デーの一環として松川事件を題材とする演劇を公演していたところ、本富士警察署の私服警察官が警備情報収集目的で入場していたのをみつけた学生が警察手帳を取り上げる等の暴行をしたとして「暴力行為等処罰ニ関スル法律」違反で起訴されたのであった。最高裁は演劇発表会につき、公開の集会、少なくともこれに準じるものというべきとした上で、「真に学問的な研究と発表のためのものでなく、実社会の政治的社会的活動であり、かつ公開の集会またはこれに準じるもの」と位置づけ、「大学の学問の自由と自治は、これを享有しない……警察官が立ち入ったことは、大学の学問の自由と自治を犯すものではない」と判示した。しかしながら、学生劇団の公演に憲法23条の保障が及ばないとするのは誤りである。「本来、学問、教育は国民生活の全分野に亘るべきものであ」って、「学生が政治的、社会的事象に関心を寄せ、研究の対象、題材を広く政治や社会に求め、これを学内活動において、広い意味における学問的立場より研究的に取り扱うことは、学習の自由の重要な内容の一つをなす」[80]といえる。したがって、正規の学内集会である演劇発表会への警察権介入は、大学の自治を侵害するもので許されないと解するのが相当である。

　もう一つは、大学内での警備活動の必要性という点である。「警察権によ

---

78)　従来警察権の限界として、警察消極目的の原則（警察権による個人の権利自由の制限は公衆の安全を守るという消極目的でなされなければならない）・警察公共の原則（または私生活自由の原則）・警察責任の原則・警察比例の原則が示されている。綿貫芳源『行政法概論』（有信堂、1960年）328頁。

79)　田上穣治・杉村敏正『警察法 防衛法』（有斐閣、1958年）68頁。

80)　ポポロ事件一審判決（東京地判昭29（1954）・5・11判時26号3頁）。

る制限及び強制手続は憲法上保障される個人の権利自由の制限を内容とするものであるから、公共の福祉の維持に必要にして合理的な範囲に止まらねばならない」のが、警察比例の原則である。二審の東京高裁は警官の立ち入りに関し「警察当局よりみて大学（学生をも含む広義のもの）がわに若干警察活動の対象を以て目せらるる事態がありとしても、その予防または除去のため直ちに大学の使命とする学問や教育の本務の実質を害する程度の警察活動をおよぼすが如きは警察権の限界を踰越する」とした。東京地裁も同様の見解であった。一・二審とも、限定的にせよ大学での警備警察活動を是認している点に疑問を呈したい。警備活動はおよそ「政治・経済・思想および体制反対分子の動向などに関する治安情勢のすべてを明らかにするための情報収集活動」であることから、ことに「学問・思想・言論の自由を前提としてのみなりたつ大学の学問・教育ならびに自治活動にとって、公安警備警察は基本的には対立物」である。人権を侵害する活動が前提である公安警備警察の存在そのものが認められるのかどうか、改めて論じるべきであろう[81]。

　学生寮や学生会館の管理・運営をめぐっては、警察責任の原則（警察権による個人の権利、自由の制限はその違反状態の発生について責任を負う者を対象とし、かような責任を負わない者に対しては緊急に必要ある場合の外、命令強制できない）とも関連する。大学闘争が激しかった1960年代末を中心に、「大学側の施設管理権の要求と学生側の自治を理由とする施設の自主管理の要求との衝突が原因」[82]である紛争がいくつも生じた。大学の自治による同原則の修正を検討するに際しては、後述するように大学自治の主体に学生を含むのか否かが問題となる。この間、警察が「学園紛争に関して違法行為の取締りのために警察部隊が学内に出動」し、「大学の著しい荒廃に対して国民の批判が高ま」[83]ったのを背景に大学への介入を続けていく。学寮や大学会館に及ぶ例は、京都大学熊野寮が家宅捜索を受けた例（2021年6月）[84]等、近年でも生じている。

---

81)　野上・前掲書（注64）124頁。

82)　室井力「学寮・学生会館と学生」ジュリスト420号（1969年4月）29頁。

83)　警察庁編『昭和48年版 警察白書』（大蔵省印刷局、1973年10月）https://www.npa.go.jp/hakusyo/s48/s480700.html, last visited, 26 October 2022.

　最後に、学生管理の自治権であるが、学生を大学自治の主体とするかどうかという問題と関わる。学教法は学生の地位に係る直接的な規定は置いておらず、教員から教授され、研究を指導され、または研究に従事すると定められているのみである（92条6–10項）。学生の在学関係に関する学説は五つ程に分れている。旧制大学時代に採られそのまま敗戦後も法人化前までの国立大学について一部で支持されていた特別権力関係説は、学校教育における倫理性・規律性と営造物利用関係＝特別権力関係と把握する。ポポロ事件最高裁判決もこの立場で、「大学の学問の自由と自治は、大学が学術の中心として深く真理を探究し、専門の学芸を教授研究することを本質とすることに基づくから、直接には教授その他の研究者の研究、その結果の発表、研究結果の教授の自由とこれらを保障するための自治とを意味すると解される。大学の施設と学生は、これらの自由と自治の効果として、施設が大学当局によって自治的に管理され、学生も学問の自由と施設の利用を認められる」とする。在学関係契約説は、教基法・学教法が公立学校にも私立学校にも等しく適用されていることを理由に、その在学関係を契約関係として構成し、学校営造物の利用関係についてはガスや公営住宅等のような経済的営造物の利用関係と同様にとらえる[85]。大学共同体一員説は、学生を大学共同体の一員とし、大学の自治と学生の自治との関係も次元の異なるものではなく、対外的に分担して大学の自治を支えるとする[86]。ポポロ事件一審はこの見解に属する。共同利益擁護説は、学問の自由・大学の自治の保障は、教育研究の送り手たる教員研究者だけでなく受け手である学生の利益も擁護しようとするもので、両者ともに憲法上の保護を受けるものとする。学生の教育権保障説は、憲法26条の教育を受ける権利と学問の自由・大学の自治とを関連させながら統一的に認識し、学生の教育権保障を大学自治のなかに位置づけようとする[87]。

---

84)　産経新聞2021年6月24日10時38分 https://www.sankei.com/article/20210624-F4RWU67LVFLV7NW5FOHHB2JRPQ/, last visited, 26 October 2022.

85)　田中舘照橘「国公立大学学生の学生寮利用の法的関係（一）」法律論叢47巻2号（1975年1月）116–142頁。

86)　有倉遼吉「学問の自由と学生の自治――ポポロ事件」教育判例百選別冊ジュリスト41号（1973年）17頁。

87)　野上・前掲書（注64）109頁。

思うに研究・教育機関としての大学は、教授する自由と学習する自由との活発なやりとりによって発展する場である。そのための大学の自治であり、学生が主体的なその担い手となることは必須である。新制大学発足後、かつて一橋大学には学長選挙に際し学生が参加する除斥投票制度が存在した。立命館大学では学生代表が選挙人として投票する「総長公選制度」が今も存続すると共に、同学園の運営方針等を検討する「全学協議会」が維持されている[88]ことを付記しておきたい。

　大学自治の主体には、職員も含めるべきである。大学の教育・研究機能を果たす上で欠かせない業務に従事しており、その意思を大学運営に反映させるのは当然であろう。したがって大学の自治は、「①学問研究と教育の任務に当たる教育研究者と、②自ら学問研究をし、かつ学問研究の先輩である教師の指導（教育）を受ける学生と、③大学において学問研究と教育が行われる条件設備を責務とする職員の三者」[89]が担う。三者が相互に批判し連携し、人事、財政、施設・設備等の自治を確立していくことが、大学における研究と教育の充実につながろう。

## V　まとめにかえて

　学問の自由・教育の自由も大学・学校の自治も、憲法で保障されているからといって実際に損なわれないものではない。特に1990年代以降は新自由主義的「改革」策がこれでもかと提示されているが、学生・生徒・児童等の学習権、教員・研究者等の学問・教育の自由を脅かしかねないものが少なくない。「全国学力・学習状況調査」や国立大学の法人化はその典型例であろう。権利、自由が自身の手からこぼれ落ちつつあるのを知ってか知らずか、教職員、学生・生徒・児童とその親族等は、夜に日を注いで対応させられている。

　敗戦後の日本の教育は、日本国憲法の基本原理確立・進歩を教育の力によ

88）　立命館百年史編纂委員会編『立命館百年史　通史第二巻』31頁、家永三郎『大学の自由の歴史』（塙書房、1962年）163頁。

89）　中村・永井・前掲書（注14）250-251頁。

って実現すべく「民主的で文化的な国家を建設して、世界の平和と人類の福祉に貢献」（'06教基法1条）することを目標とする。大日本帝国憲法と教育勅語による国家主義・軍国主義教育を徹底的に批判・否定して、「『個人の人格の完成』をめざすことを最も最重要視し」、市民一人ひとりが主権在民に基づく「"平和で民主的で文化的な、基本的人権が尊重される国"の維持と発展のために」、主権者に必要な教育の保障が、憲法と'06教基法の基本理念である[90]。この理念は、「真理と正義を愛する」学校において、国・公権力はもとより、経済界・政界等からの支配・干渉を排し、研究・教育をめぐる自主的決定および自治を獲得しなければ結実し得ない。つまり、学問の自由・大学の自治は、大学および研究者に、真理探究という「使命を果たさせるに当たって、その職責遂行上の不可欠の条件として、社会自らの利害の観点から、大学・研究者にこれを与えたものである」。そのために大学は「独立的思考と批判の府」となり、かつ「自由な内部的秩序を形成」して真にその使命を果たすことが可能となる。「自由な社会と自由な大学」[91]へ向けた不断の努力を重ねることは、われわれ一人ひとりの責務である。ここでいう大学は、学校（全教育機関）といいかえても妥当しよう。

---

90)　永井憲一『教育法学の原理と体系──教育人権保障の法制研究』（日本評論社、2000年）43頁。
91)　高柳・前掲書（注7）125-128頁。

# 第12章
# 高等教育法

早田　幸政・堀井　祐介

## I　はじめに

　高等教育機関とは、法制上、大学（専門大学を含む）、短期大学、高等専門学校、専門学校をさすとされている。大学院は、大学に設置されるもので、修士・博士等の学位が与えられる教育課程である。

　そしてここにいう「高等教育法」とは、高等教育機関を規律する法規を軸とする一群の規範体系をさしている。それは、憲法秩序のもと、初・中等教育を対象に、教育基本法、学校教育法などの基本法およびそれらに関連する諸法規で構成される「教育法」体系と、性格上、大きな違いはない。もっとも、大学・大学院は憲法23条の「学問の自由」条項により「大学の自治」の保障をともなうものものであること、大学の自律性が保障されていることの帰結として、教育研究の内容や教育指導の方法への国法の関与は、謙抑的に対処することが求められる一方で、設置認可後の大学の諸活動に対する管理・監督の領域における「自主規制規範」としての「民間ソフト・ロー」の関与の割合が各段に大きいこと、が高等教育法制、高等教育規範体系の大きな特徴となっている。

　そこで、本章では、「大学の自治」の確認のうえに立って、まず、現行高等教育法制がこれにどう対応しているかの検討を行うとともに、高等教育法制とともに、高等教育規範体系の重要な一翼を形成する「民間ソフト・ロー」の意義・性格についてみていく。つづいて、大学設置認可・監督に関わる法

制の役割並びに国の監督行政と並行的に実施されている高等教育質保証の準
則である「民間ソフト・ロー」の内容・意義の考察を行う。そして最後に、
日本の高等教育の質保証を規律する高等教育規範体系の方向性を、制度上の
視点から言及していきたい。

## Ⅱ　「大学の自治」の保障のもとでの高等教育規範体系の特質

### 1　「大学の自治」保障と現行高等教育法体系の相克

(1)「大学の自治」の憲法保障

　憲法23条の「学問の自由」とその重要な要素をなす「大学の自治」の詳細
は別稿に委ねることとし、ここでは、この問題に関わる本章の基本的視点を
簡潔に記しておく。

　今日における学術・科学技術の急速な進展とグローバル化の拡大および労
働市場・雇用環境の変化は、社会・産業構造に大きな変容をもたらした。ま
た少子化の影響とも相俟って、日本の大学進学率は既に50％を超え「高等教
育のユニバーサル段階」に達している。

　こうした背景のもと、大学は、憲法23条の保障のもとで、過去から継承さ
れた「学問知」を発展させるとともに、学術的営為と「教授」活動の交叉の
なかで、それらをあらためて後世に伝承させる役割を担っている。一方で、
少子化の只中で学生獲得競争に明け暮れる日本の高等教育機関は、受入れ学
生の資質・能力が多岐に亘っていることを見越して学生目線に立ったきめ細
かな教育指導を行うとともに、社会のニーズの変化に柔軟に対応しつつ、人
材育成機能の一層の強化を図ることが求められている。そうした意味におい
て、「大学の自治」の枠組みのなかで、憲法26条に依拠し、学生の「学習権」、
「学習者利益」を最大限尊重しつつ、教育研究活動に邁進することが公教育
機関としての大学に課された今日的責務となっている[1]。

(2)「教授会自治」の制約、任期制要因の増加

　憲法の保障する「大学の自治」には、教育研究活動における自律性や管理・

---

1)　植野妙実子『基本に学ぶ憲法』（日本評論社、2021年）160-165頁。

運営上の自主性の尊重が重要な要素を構成していると考えられるが、その核心部分をなすのが「教授会自治」である。しかしながら、その基本原則は、2014年学校教育法改正を契機に、制度上、大きな変化をもたらした。

　具体的にみていくと、2014年改正にともなう学校教育法93条およびその解釈指針として文部科学省が発出した通知により、教授会は、教育研究に関する事項の「審議機関」であり、決定権者である学長等に対し「意見を述べる」関係にとどまるものとされるとともに、教授会の意見具申事項は、「学長裁定」などの方法で予めそれらを明確化しておく必要があるとされた。加えて、教授会は、学部単位、研究科単位の必置機関ではなく、学科・専攻科単位の教授会、機能別に組織される教授会（教育課程編成委員会、人事委員会等）など、各大学においてその設置単位について再点検をするよう促した。

　ところで、憲法保障事項である「学問の自由」にとって、大学教員の身分保障も不可欠的要素である。しかしながら、競争的公的資金に裏付けられた大学内の期間限定の研究組織や研究プロジェクト等の増加にともない、若手教員の研究の活性化を促すという名目のもと、今日、設置形態の別を問わず、任期を限った教員が増加傾向にある。不安定な身分の任期制教員の存在に対しては、該当教員の教育研究意欲を減殺させるにとどまらず、大学教員の職務の特性と教育研究の継続性確保の観点から疑問を呈する意見が根強い[2]。

(3)「学部」システムの揺らぎ

　大学教育を「学部の垣根」を超え横断的に展開させようとする昨今の高等教育政策動向のなかで、教育組織と教員組織（若しくは研究組織）を別組織とするいわゆる「教教分離」方式を導入する大学が漸増傾向にある。

　同方式は、学部・学科の枠組みを見直し、学位取得につながる学位プログラムと教員組織を分離することで、学習／教育ニーズに対応して教育課程を機敏に編成し、限られた資源をそのプログラムに効率よく機動的に投入できるメリットがあることが指摘されている。しかしその一方で、そうした仕組みの導入が、大学における教養主義や基礎研究の減退に繋がることを懸念する意見も一部に存する。仮に、そうした仕組みの普及を推進する制度措置が

---

2)　早田幸政『入門　法と憲法』（ミネルヴァ書房、2014年）251頁。

抜本的な法改正等をともなって講じられた場合、「学部自治」や「教授会自治」という「大学の自治」を構成する憲法概念が衰亡の際に追いやられることは想像に難くない[3]。

(4) 外部機関による評価（認証評価）

　現行法制上、日本の大学のすべてを対象に、文部科学大臣の「認証」を得た外部評価機関によって定期的に行われる質保証のしくみである認証評価システムが確立している（学校教育法109条 2 項、3 項、110条 1 項、2 項。国立大学の場合、認証評価に加え、国立大学法人評価（国立大学法人法 9 条）も課されている）。

　そこでは、大学の諸活動とそれを支える組織・体制に対する認証評価のための「大学評価基準」の適用を通じた大学への直接的関与が、「大学の自治」の阻害要因とならないかどうかが問題となる。次項で、「大学評価基準」に着目しその規範的性格の検討を行う。

## 2　高等教育規範体系と民間「ソフト・ロー」

(1) 自己規制基準としての「民間ソフト・ロー」

「ソフト・ロー」とは、強制力のある法令に対峙する法概念である。それは、行政機関の通達・要項等の「公的ソフト・ロー」と、業界団体や企業グループが策定した自主規制基準である「民間ソフト・ロー」に区分される。「民間ソフト・ロー」の目的は、自主規制基準に依拠し、組織・活動上の健全性を維持し、製品・サービス等の品質保証を行うことを通じ消費者保護を図り、その対社会的な責任を果たすことにある。

　これを高等教育分野に当てはめると、大学等の設置認可時には、教育活動の遂行に必要な最低要件を国法で定めることが認められる一方で、「大学の自治」が保障される大学・大学院に対しては、一般社会とは異なる特殊な「部分社会」としての自律性が尊重されるべきとする考え方が判例・学説によって承認されている。そこで、上記学校教育法に制度上の根拠を持つ認証評価制度のもと、設置認可後の大学の質保証の準則で、（一部機関を除き）民間

3)　同上251-252頁。

外部質保証機関が定立する「大学評価基準」が、「民間ソフト・ロー」しての性格を有し、かつ柔軟な拘束力を持つ社会規範としての高等教育規範体系の一翼を形成することが一般論として肯認される。

(2) 認証評価機関の「大学評価基準」と「民間ソフト・ロー」

　認証評価機関の定める「大学評価基準」の規律対象は、学生、カリキュラムの編成・展開、教員組織、施設・設備および教学上のガバナンス等に係る諸事項に及ぶとともに、評価結果は社会に向け公表される。とりわけ「カリキュラムの編成・展開」は、大学教育に係る内的事項であり、基準適用に当り、大学の自律性との関係で一定の緊張関係が生じるおそれがある。もっともそこでは、「同僚評価（peer-review）」方式による基準運用がなされているほか、学生に求める「学習成果」のアセスメントを軸とする大学の内部質保証の機能的有効性の検証を重視する間接評価に軸足を移そうとするなど、大学の自律性に配慮した対応もとられている。

　とはいえ、認証評価は、そもそも国法に依拠する制度で、国が大学評価基準をチェックする仕組み（学校教育法110条2項1号、3項、5項）も確立している。しかも、認証評価結果しだいで行政処分にも影響する決定が発動される。2019年学校教育法等の改正により、「不適合」判定を受けた大学は、文部科学大臣に対し、教育研究状況に関する報告・資料提出が義務づけられている（学校教育法109条5項、7項）。こうしたことから、認証評価に係る大学評価基準は、高等教育界の自主規制基準であり、受益者の学習需要に適切に対処することが指向されているとはいえ、その意義・役割について慎重に再検証するという視点も重要と考える。

## III　大学設置認可・監督行政と高等教育規範体系

### 1　大学設置認可と事後監督行政に関わる高等教育規範体系

　日本の高等教育政策では、文部科学省の行う設置認可と設置計画履行状況等調査（AC）、自立的な大学質保証機関による認証評価の三者が一体となっての高等教育質保証体制の確立がめざされている。ここにいうACとは、設置認可の際に文部科学省が付した条件や大学自身が示した将来計画の履行状

況に係る同省による調査のことをさしている。

　この質保証体制の内、大学の設置認可はいわゆる国による事前規制として位置づけられている。設置認可に関する法令としては、学校教育法、大学設置基準・大学院設置基準などが挙げられる。学校教育法３条において、学校設置者は「学校の種類に応じ、文部科学大臣の定める設備、編制その他に関する設置基準に従い、これを設置しなければならない」こと、同４条において、学校の設置廃止、設置者の変更等は認可制であることが明記されている。

　そして、学校教育法３条の定める「設置基準」として設けられている大学設置基準、大学院設置基準により、大学・大学院設置に必要な要件が法定化されている。また、同２項では「この省令で定める設置基準は、大学・大学院を設置するのに必要な最低の基準とする」、同３項では「大学は、この省令で定める設置基準より低下した状態にならないようにすることはもとより、その水準の向上を図ることに努めなければならない」と規定されている。このため、文部科学省による大学の設置認可は、この大学設置基準に則って、大学に相応しい最低限の要件を備えているかどうかという観点から行われる。但し、大学設置基準は、設置認可時の大学質保証の準拠規範としての性格に限定されているわけではない。というのも、上記のごとく、大学設置基準１条３項は、設置認可次の要件を継続充足するよう求めた上で「その水準の向上を図ることに努めなければならない」と定めているからである。この条規は、大学設置基準が「設置認可時の基準」であるにとどまらず、設置認可後の大学に対する管理・監督上の法的根拠条項としての性格をも併有していることを意味している。

　このことに関連し、設置認可後の大学に対する文部科学省による事後監督のための規範として、「大学の設置等の認可の申請及び届出に係る手続等に関する規則（平成18年文部科学省令第12号）14条履行状況についての報告等」および「大学設置基準第53条の規定に基づき新たに大学等を設置し、又は薬学を履修する課程の修業年限を変更する場合の教員組織、校舎等の施設及び設備の段階的な整備について定める件（抄）（平成15年３月31日　文部科学省告示第44号）」が定められ、これらに基づき「設置計画履行状況等調査（AC）」が実施されている。ACの具体的目的は「大学の設置等の認可や届出の後に

おいて、認可又は届出時の附帯事項への対応状況、学生の入学状況及び教員の就任状況など設置計画の履行状況等についての報告を求め、その状況に応じて必要な指導・助言を行うことにより、設置計画の確実な履行を担保する」ことにある。AC では、大学が提出した設置計画履行状況報告書等に基づく「書面調査」および「面接調査」または「実地調査」が行われる。AC は、行政処分権限を有する文部科学省が、設置認可とセットで事後的に実施する法的措置なのである。

　設置後の大学監督行政が AC を通じて行われることとあわせ、大学には、民間団体等の自立的な大学質保証機関による外部質保証の受審が義務づけられている。これが、大学の自己点検評価活動を基礎に行われる認証評価制度である。認証評価は、学校教育法109条に法的根拠を持つもので、機関別認証評価と専門職大学院認証評価の二つが存在する。機関別認証評価は大学全体を対象とするもので、専門職大学院認証評価は、機関別認証評価を受ける大学に設置されている専門職大学院を対象として実施される。

　大学の質保証を立法化した学校教育法109条は大学に対し、自己点検・評価の実施および認証評価を受けることを義務づけるとともに、大学は、認証評価機関が定めた「大学評価基準」に従って実施される認証評価を基に、同評価基準に適合しているか否かの認定（「適合認定」）を受ける。認証評価における「適合認定」が「否」とされた場合、文部科学大臣が当該大学について教育研究等状況について報告または資料の提出を求める。認証評価の受審期間については、学校教育法施行令40条において大学は７年以内、専門職大学および専門職大学院は５年以内と定められている。

　ここにいう「認証評価機関」とは、大学評価基準、評価方法、評価体制等について「学校教育法第百十条第二項に規定する基準を適用するに際して必要な細目を定める省令（平成16年文部科学省令第７号）」（いわゆる「認証評価細目省令」）の定める要件に適っているとして文部科学大臣が認証した大学質保証機関のことをさしている。

　ところで、日本の認証評価制度は、米国のアクレディテーションを参考に制度設計されている。そこでは、「大学の自治」を担保できるよう、大学関係団体を軸とする認証評価機関による大学教職員を中心としたピア・レビュ

ーが重視される。すなわち、大学には、「大学の自治」が憲法保障され、大学の教育研究活動に係る内的事項は、その専門的判断を重視するという視点から、教育研究活動の検証・評価は同方式を基本に行われる。しかしながら、昨今の高等教育政策は、国内外における高等教育に係る学位や単位の通用性の確保、公的資金に支えられた大学の対社会的責任に見合ったアカウンタビリティーの履行要求、に十分対応するよう、認証評価への国の関与をより強化する方向で推移しつつある。

## 2　大学における「3つの方針」と「内部質保証」

　高等教育規範体系のなかでの国法と認証評価基準の関係性に係る大きな転換点が訪れたのは、大学教育質保証のあり方をめぐる中教審提言（中教審大学分科会「認証評価制度の充実に向けて（審議まとめ）」（2016.3））の制度化が図られた2016年3月の学校教育法施行規則と前述の「認証評価細目省令」の一部改正法においてである。

　同法改正に先立って公にされた上記中教審提言は、この問題について、a）「入学者受入れ方針」、「教育課程編成・実施方針」、「学位授与方針」のいわゆる「3つの方針」を起点とする「内部質保証」を通じて、これら方針が実効的効果を持つよう、認証評価制度を改善すること、b）大学教育を通じ、学生が「何を身につけ、何ができるようになったか」という観点から、学位授与の前提となる「学習（修）成果の把握・評価」に係る各大学のアセスメントの実施状況の検証も、認証評価の対象に位置づけること、を認証評価機関に要請した。

　これを受け、前者の学校教育法施行規則改正により、「3つの方針」の策定・公表が大学・学部・学科等に対して義務づけられた。また後者の「認証評価細目省令」改正により認証評価の準拠規範である「大学評価基準」中に、上記「3つの方針」と大学の「内部質保証」に関する事項を追加するとともに、この「内部質保証」を認証評価における重点的評価項目として位置づけることを各認証評価機関に対して義務づけた。

## Ⅳ　大学の質保証における認証評価基準と国法との関係

　ここではまず、認証評価の際の審査・評価の準則で、大学の自律性に配慮した「大学評価基準」が規定対象とする範囲・領域を簡潔にみていきたい。その説明に当っては、現時点での機関別認証評価5機関、専門職大学院認証評価20分野13機関のうち、紙幅の都合上、大学基準協会、日本高等教育評価機構と大学改革支援・学位授与機構の3者に絞り、大学機関別認証評価に着目してこれをみていく。

　まず大学基準協会では、「1　理念・目的」、「2　内部質保証」、「3　教育研究組織」、「4　教育課程・学習成果」、「5　学生の受け入れ」、「6　教員・教員組織」、「7　学生支援」、「8　教育研究等環境」、「9　社会連携・社会貢献」、「10　大学運営・財務」の10項目を基準領域として定め、基準ごとに詳細な点検・評価項目を設定している[4]。日本高等教育評価機構は、「基準1．使命・目的等（領域：使命・目的、教育目的)」、「基準2．学生（領域：学生の受入れ、学生の支援、学修環境、学生の意見等への対応)」、「基準3．教育課程（領域：卒業認定、教育課程、学修成果)」、「基準4．教員・職員（領域：教学マネジメント、教員・職員配置、研修、研究支援)」、「基準5．経営・管理と財務（領域：経営の規律、理事会、管理運営、財務基盤と収支、会計)」、「基準6．内部質保証（領域：組織体制、自己点検・評価、PDCA サイクル)」、の六つを基準領域に設定し、基準ごとに具体的な基準項目、評価の視点を定めている[5]。大学改革支援・学位授与機構は、「領域1　教育研究上の基本組織に関する基準」、「領域2　内部質保証に関する基準」、「領域3　財務運営、管理運営及び 情報の公表に関する基準」、「領域4　施設及び設備 並びに学生支援に関する基準」、「領域5　学生の受入に関する基準」、「領域6　教育課程と学習成果に関する基準」からなる6つの基準領域を設定し、それぞれの領域ごとに下位区分となる2～8項目の基準を定めているほか、領域2の内

---

4)　『大学評価ハンドブック〔2022（令和4）年改訂〕』（大学基準協会、2022年）67-90頁。
5)　『大学機関別認証評価　評価基準〔平成30年度版〕』（日本高等教育評価機構）。

部質保証に関しては、三つの重点評価項目としての基準も定めている[6]。

　表現の仕方は異なるが、大学基準協会、日本高等教育評価機構並びに大学改革支援・学位授与機構のいずれも、内部質保証、教育課程、学習成果、学生支援、学生の受入、施設・設備、組織体制の大項目を対象に基準を定めているほか、基準ごとにより具体的、細目的な評価項目を設けている。

　そしてこれら大学評価基準に共通する基本的特質として、次の３点を指摘することができる。まず第一は、大学の教育研究活動を支える人的・物的諸条件とこれを運用するためのシステムについて、十全にその整備・確立を求めている点である。そしてそこでは、大学設置認可の際の基本要件である大学設置基準への法適合性の確認を前提に、それを上回る水準の要件をクリアすることが念頭におかれている（インプットに係る評価要素）。第二は、学生の「学習成果」を基本に学習上の到達目標を設定するとともに、学習成果の産出に向けて諸資源を適切かつ効果的に投入・活用することを求めている点である（アウトカムに係る評価要素とアウトカムの産出に至る学習／教育のプロセスに係る評価要素）。第三が、大学の組織活動を自己検証し成果の成否とその結果を将来発展に結びつけるべく、そのためのシステムとしての「内部質保証」体制の学内的整備とその効果的運用を求めている点である（同上）。日本の高等教育政策上、各大学には、ａ）学位授与方針を中心とするいわゆる「３つの方針」に沿って、学位プログラム単位で予め設定された「学習成果」に見合った知識・能力・倫理的素養を学生に身につけさせることが、高等教育機関としての基本的責務とされたこと、ｂ）「内部質保証」を通じ、自身の手でその質を担保できていること、そして認証評価機関には、「認証評価」を通じ内部質保証の有効性を検証することが重要視されたこと、などを背景に、各認証評価の基準領域に、上記のような共通的特徴が顕現されたことが理解できよう。

　このように「内部質保証」と「学習成果」の関係性については、前述の中教審大学分科会「認証評価制度の充実に向けて（審議まとめ）」（2016.3）でも指摘されたところであるが、2018年11月の中教審「2040年に向けた高等教

---

6)　『大学機関別認証評価　大学評価基準〔令和２年３月改訂〕』（大学改革支援・学位授与機構）。

育のグランドデザイン（答申）」はさらに踏み込んだ提言を行った。大学の
アカウンタビリティーの履行を促す観点から、学習（修）成果」とその把握・
測定に係る情報を軸に、大学教育の質に関する情報を公表すべきこと、換言
すれば「学習（修）成果の可視化」の必要性を力説したのである。このこと
は、「内部質保証」と「学習成果」の関係が、大学教育質保証の視点に照らし、
新たな段階に入ったことを意味している。すなわち、大学の教学マネジメン
トの重要な一翼を占める「内部質保証」のなかで営まれる「学習成果」のア
セスメントが、社会に開かれたものとして行われることを各大学に求めると
ともに、そうした対社会的な教育上の責務の履行状況の確認が、認証評価の
重要な役割として認識されるに至ったのである。

　さて認証評価機関である大学基準協会は、その公定文書である「大学基準
の解説」で、「内部質保証とは、PDCAサイクル等を適切に機能させること
によって、質の向上を図り、教育、学習等が適切な水準にあることを大学自
らの責任で説明し証明していく学内の恒常的・継続的プロセスのことであ
る」と記している。ここでは、保証すべき「質」を学習／教育に焦点化した
上で、内部質保証の意義が、大学自身の責任において点検・検証を行うとと
もに、その結果を教育改善に繋げていくための経常的な学内プロセスである
こと、を明らかにした点において重要である。大学基準協会を含む認証評価
機関は、今後、こうした高等教育政策の新たな流れのなかで、「学習成果の
可視化」に資するような内部質保証システムの運用を求めるとともに、そう
した視点に立脚した内部質保証システムの機能的有効性を担保できる認証評
価のあり方をめざし、従来の「大学評価基準」に大きく手を加えていくこと
になろう。

　具体的には、国の高等教育政策をふまえ、今後の認証評価の準則である
「大学評価基準」では、学位授与につながる「学習成果」の学位授与方針へ
の明示を前提に、「学習成果」の測定・評価の方法と測定・評価指標の開発
およびその効果的運用が求めることを内容とする条規が、「大学評価基準」
のなかに設定されることが予想される。

## V　認証評価の準則としての「大学評価基準」の変質

　日本の近年の質保証に係る高等教育政策では、ａ）各大学の学位授与方針に相応しく、国際的にも通用性を持つ「学位」を授与すること、ｂ）国民から負託された高等教育に係る責任に対応したアカウンタビリティーの責務を果たすべく、社会に開かれた高等教育機関として教育情報の公表を通じ、その「質」に対する社会的信頼を獲得すること、がめざされている。そうした政策を具体的に実現すべく、上述のごとく、認証評価の最終段階で、大学評価基準への「適合認定」がなされなかった場合、文部科学大臣による行政処分の対象となるものとされている。そして、認証評価結果と行政処分との連動性が一層強化されていくことが、昨今の高等教育政策のなかで強く指向されているのである。

　日本の大学は、憲法23条の「学問の自由」の一環として制度的に保障された「大学の自治」の保障のもと、大学の教育研究、とりわけ学生の「学習者利益」を擁護するという観点を軸に教育活動を自律的に営み、「知」の伝承に貢献するとともに、社会に有為な人材を育成することが求められている。こうした大学の自律的営みを効果的に行うことを規範面から支援することに認証評価機関の「大学評価基準」の重要な役割がある。そして、そのこと故に、認証評価機関が定める「大学評価基準」は、高等教育規範体系のなかで、大学が遵守すべき規範であるとはいえ、強制力を持つ国法とは一線を画した「民間ソフト・ロー」として位置づけられてきたのである。

　しかしながら、既述のように、昨今の政策動向において、同章「はじめに」でも述べたように認証評価結果を行政処分と連動させることを内容とする法改正が始動し、その方向性の一層の強化が指向されている。また、教学事項に限らず、大学の設置主体である学校法人の運営に当っても、2019年６月の私立学校法改正により、同法45条の２の３項が、法人の中期計画作成に当たり認証評価結果をふまえることを定めている。

　さらに、2022年３月の中央教育審議会・大学分科会質保証システム部会の「新たな時代を見据えた質保証システムの改善・充実について（審議まとめ）」

等は、認証評価と文科省の設置認可、AC との連動性を強化する法改正の必要性を提言した。同提言の趣旨が実現されれば、設置認可、AC と認証評価の各々を基礎づけている準拠規範の相互関係とその性格の「変容」可能性に対し、今後注意の目を向けていく必要がある。というのも、ピア・レビューの精神が貫かれ認証評価の準拠規範である大学評価基準がこれまで「民間ソフト・ロー」として位置づけられたのに対し、今後、認証評価結果が文科省の行政処分と紐付けられることで、これまで「民間ソフト・ロー」として認証評価の準拠規範としての役割を担ってきた大学評価基準が準法規的な性格を帯びていく端緒となるおそれがあるからである。

　このように、従来「民間ソフト・ロー」として把握可能であった認証評価機関の「大学評価基準」は、国の高等教育行政の一翼を担う準法規的性格をとみに増してきており、「大学の自治」を前提に構築された認証評価制度の位置づけが揺らぎかねない事態になろうとしている。

第五部

# 教育法学と教育法の過去・現在・未来

## 第13章

# 「教育の自由」の意義と展望

安達 和志

## I はじめに

　本章では、教育法学の成立期から今日に至るまで、その理論的な中核をなしてきた教育人権としての「教育の自由」について、その具体的な内容を簡潔に説明するとともに、教育法学上の意義と問題状況を考察することとする。

　教育法学の体系的な解釈論を提示し、そのなかで現行教育法制における「教育の自由」の存在を主唱してきた兼子仁の教育法理論（以下、「兼子教育法学」という）は、今日でも通説的位置を占めているとみられる。そこで以下では、まず兼子教育法学における教育人権解釈の要点を摘示し、それをふまえて「教育の自由」論の歴史的意義を検討した後に、現下の教育法状況における理論的課題・展望を論ずる。

　その際、兼子教育法学における教育人権解釈の前提として、現行憲法下の教育法制における「教育」は、人間を育てる人間的な活動であるという「人間教育」観に立つものであり、それは、明治憲法下の国家秩序維持・国力増進作用としての「国家教育」観から原理的に転換したとらえ方であるという点が重要であるが、詳しくは後に改めて説明することとしたい。

## Ⅱ　兼子教育法学における「教育の自由」論

### 1　子どもの学習権

(1)　近代憲法下の自由権としての「学習の自由」の原理的存在

　兼子教育法学においては、教育は、何よりも人間を育てる人間活動でなければならないという「人間教育」観がその人権解釈の前提とされる。この見方のもとでは、人間が生まれてから学習によって人間らしく成長発達していくこと自体に、人間にとっての本質的権利性が認められ、これは子どもの「学習権」（人間的成長発達権）と呼ぶべきものである。学習権は、子どもが学習を通じて人間的に成長発達していくことを人権として保障することを趣旨とするものである[1]。

　この学習権の自由権的側面として、兼子教育法学は、西欧の近代憲法下に成立した自由権の一種として「学習の自由」が存在することを指摘する。人間には、知的探求の自由や真理を学ぶ自由（宗教教育を選ぶ自由、学習内容の思想的選択の自由を含む）があるはずであり、近代的人権として生成・発展した信教の自由、思想・良心の自由などと並ぶ自由権のなかに位置づけられるというものである。現行憲法には、この「学習の自由」に関する明文の規定はないが、「すべて国民は、個人として尊重される。生命、自由及び幸福追求に対する国民の権利については、公共の福祉に反しない限り、立法その他の国政の上で、最大の尊重を必要とする。」と定めた憲法13条によると解されるほか、「学問の自由は、これを保障する。」と定めた憲法23条に、その条理上、子ども・国民の学問学習の自由が含まれると解釈できる[2]。

(2)　現代憲法下の生存権的学習権の保障

　現行憲法は、20世紀半ばに成立した現代憲法として、25条の生存権規定に続く26条1項に「すべて国民は、法律の定めるところにより、その能力に応

---

1)　兼子仁『教育法〔新版〕』（有斐閣、1978年）195-199頁。なお、教育学の分野から提起された学習権論につき、堀尾輝久『現代教育の思想と構造』（岩波書店、1971年）297、322-325、339-341頁参照。

2)　兼子・前掲書（注1）202-203頁。

じて、ひとしく教育を受ける権利を有する。」と定めた。これは生存権の文化的な内容を具体化するものであり、「教育を受ける権利」の文化的生存権性を示している。そこで、自由権的学習権として国民に「学習の自由」があることを前提として、憲法は、社会権的な人権保障の一環として、すべての国民の学習権が平等に実現されるよう国家に対して積極的な条件整備を要求しうる権利を明認したものと解される[3]。

　なお、兼子教育法学における「人間教育」観によれば、人間の能力は必ずしも先天的に与えられた固定的・静態的なものではなく、むしろ学習を通じて発達させることが可能な動態的なものである。そこで、憲法26条1項の「能力に応じて、ひとしく教育を受ける権利」にいう「能力に応じて、ひとしく」とは、各人の能力の現状に応じた程度の教育でよいという趣旨ではなく、すべての人が、各々の能力発達のし方と能力発達の必要に応じて、可能なかぎり人間的に成長発達できる教育でなければならないことを意味する。同条項は、そのために必要な教育条件の整備を国家の任務とすることを定めたとみるべきことになる[4]。

## 2　親の教育の自由

### (1)「親の教育の自由」の教育条理的根拠

　親の教育の自由は、西欧の近代憲法以来、「教育の自由」の主要な一翼をなしてきたものである。その教育条理的な根拠につき、兼子教育法学では、「家族を単位とする人間社会にあっては、子ども一人びとりの人間的成長と人生の幸福についてその子のために必要な学習上の意思決定をするのがふさわしいのは、やはり肉親という身近な人生共同体における先輩としての両親だと考えられる」[5]としている。これは、自然の親子関係に教育的意味が認められることに基づいており、両親は、その子の学習権を保障するための包括的な教育責任者と位置づけられる。

---

3)　渡辺洋三『現代法の構造』(岩波書店、1975年)77頁は、その真の実現のために社会権的な国家的条件整備を要する自由権を「現代的自由権」と呼ぶ。
4)　兼子・前掲書(注1)231頁。
5)　同上205頁。

　現行憲法には、親の教育の自由を定めた明文の規定はないが、上述した子の学習の自由に必要に応じて代位するという性質の自由権と解されるので、現行憲法上に根拠を求めるとすれば、子の真理学習の自由が問題になる範囲では、それに代位するものとして憲法23条の学問の自由による保障をうけるとみられる。また、自由権は、憲法の明文条項がなくても、歴史上および人権保障の条理解釈上に裏づけのあるものは、「憲法的自由」[6]として保障されていると解され、憲法11条「国民は、すべての基本的人権の享有を妨げられない。」の規定に親の教育の自由が含まれていると考えることもできよう。

　親の教育の自由の具体的な内容としては、家庭教育の自由のほか、学校教育選択の自由が挙げられる。この後者には、私立学校を選ぶ自由があるが、学校選択が制限される公立学校についても、教育内容選択の自由（一部不参加の自由や拒否権を含む）ができるかぎり認められてしかるべきものとする。また、学校教育に関して、親には、子に代位して教育要求をする権利があり、それに対して学校教師には教育専門的に応答すべき義務があるはずであり、その教育要求が教育条件の不備に関わるものである場合には、教育行政に対する条件整備要求権の行使も親の教育の自由の発現形態の一つといえる[7]。

(2)「親の教育の自由」への制約

　子どもの学習権は、それに代位する親の教育の自由を根拠づけると同時に、原理的に学習権に対応する親の教育義務を内在させている点で、親の教育の自由への制約も生み出す。つまり、親の教育の自由は、子に対する関係では義務的性質を有し、子の利益に反して恣意的に行使されることは許容されない。民法820条「親権を行う者は、子の利益のために子の監護及び教育をする権利を有し、義務を負う。」と規定された親の監護教育権も、親権の一部をなすとともに、それを制約する義務性を含むと解すべきことになる[8]。

---

6)　高柳信一「憲法的自由と教科書検定」法律時報増刊『教科書裁判〔増補版〕』（1970年）145-147頁参照。

7)　兼子・前掲書（注1）208-210、300-302頁。

8)　同上206-207頁。なお、堀尾・前掲書（注1）199-200頁も参照。

## 3　国民の教育の自由

### (1)「国民の教育の自由」の教育条理的根拠

「国民の教育の自由」とは、国民個々人がしかるべきルートで子どもたちの教育に参加していく自由のことで、国民は、私立学校設置の自由や教科書作成の自由などをはじめとした学校教育参加の自由を有すると考えられるほか、学校外でも成人学習者に対する社会教育の自由がこれに含まれる。

このように解すべき教育条理的根拠は、「すべて国民個々人は、地域・民族・人類の『文化』の伝承と創造のにない手であり、教育が子どもたちの人間的な成長発達を通して全体として人間社会の文化の再生産に深くかかわっていること」にあり、「このような文化のにない手たる国民の自由な教育参加があってこそ、教育が子どもたちの学習権を保障する文化的水準の高いものになりうる」[9]。

この国民の教育参加は、近代人間社会における文化の特質としての個々人の自由な活動であって、国民主権に基づく主権者・参政権者としての国民の政治的活動とは区別される。国民主権を根拠として国の教育権を導出する「国家の教育権」論[10]によれば、主権者たる国民の教育意思は議会民主制的な多数決を経て法律に反映されるとして、法律に基づき教育内容に関与する国の教育行政権限が正当視されることになるが、これに対して国民の教育の自由は、現行憲法が保障している思想・良心の自由、信教の自由、言論・出版の自由、学問の自由などと並ぶ、これらと同様の文化的自由の一種であると解される。さらに、教育に関する地方自治の原理においても、文化的教育自治という観点が重要であり、学校教育への地域住民の参加は地域の文化的な教育自治の一場面として位置づけられる[11]。

### (2)「国民の教育の自由」の憲法上の位置づけ

国民の教育の自由についても現行憲法に明文の規定はないが、子どもの学問学習の自由に対応して真理を教える国民の教育の自由というかぎりでは、

9)　兼子・前掲書（注1）211頁。

10)　相良惟一編『公教育と国の教育権』（明治図書、1974年）30、34、84、97-101頁など。

11)　兼子・前掲書（注1）223-224頁。

憲法23条「学問の自由」による保障をうけると解される。さらに、前述した「憲法的自由」に含まれるとして憲法11条に根拠を求めることもできよう。

## 4 教師の教育の自由

### (1)「教師の教育の自由」の教育条理的根拠

子どもの学習権を保障するため、学校教育においては、教師に自ら行う教育活動の内容を自主的に決定する権能が保障されなければならない[12]。この教師に教育の自由（教育権）が認められるべきことの教育条理的な根拠について、兼子教育法学は次の4点を挙げる。

第一に教育の人間的主体性であり、教育においては、教師も子どもも人間の証しである主体性・自主性を保有していなければならない。「命令支配に服している非主体的な教師に主体的人間を育てる真の教育を期待することはできず、そこにありうるのは非主体的人間を造成する"教化"にほかならない」[13]。第二に真理教育の（権力的決定からの）自由性であり、「真理教育の自由を認めないときは、学問研究の成果としての新しい真理が教育内容となることを権力によって妨げられるおそれを否定できない」[14]。第三に教育の専門的自律性であり、子どもの人間的発達には法則性があるが、子ども一人ひとりの能力発達のし方は多様であるため、日常的に子どもたちに接している教師の自主的研究と教育専門的な判断によってこそ真にその発達が促進されることになる。第四に教育の（子ども・父母に対する）自主的責任性であり、教師の教育責任は、現実の教育担当者として子ども・父母からの教育要求に専門的に応えていくという日常的な直接の責任にほかならず、そのためには教育活動についての自主性の保障が必要である[15]。

---

12) 同上273頁。
13) 同上274頁。なお、世界人権宣言26条2項前段、旧教育基本法1条参照。
14) 同上276頁。
15) 同上276-278頁。

(2)「教師の教育の自由」の憲法上の位置づけ

　①学問の自由としての教師の教育の自由

　憲法23条「学問の自由」については、伝統的に憲法学説により、学問研究の自由と研究発表の自由を主に意味するものと研究本位に限定解釈されてきたが、1960年代前半期の最高裁判決において、大学において専門の研究の結果を教授する自由を含むとの解釈が示された[16]。その後、初等・中等教育機関である小・中・高等学校等の教師の教育の自由が憲法23条による保障をうけないかが争点となった学力テスト裁判において、最高裁判決が、「一定範囲における」という条件つきながら「教師の教授（教育）の自由」を明認したことが注目される[17]。その理由について、同判決が「子どもの教育」における「本質的要請」に基づくとしている点は、まさに前述した教育の人間的主体性、真理教育の自由性という教育条理を述べているものといえよう。

　②教育をうける権利保障の一環としての教師・学校の教育権

　他方、20世紀以降の「公教育制度においては、教師は学校に組織された存在であり、その教育の自由は、子どもの教育をうける権利という社会権保障の場にある現代的自由にほかならない」[18]と考えられる。そこで、教師の教育の自由は、「学問の自由」による保障をうけるとともに、より広く教育の専門的自律性や自主的責任性に根ざすものとして、憲法26条「教育を受ける権利」の積極的保障のなかに含まれる。同条に根拠づけられる教師の教育の自由は、教師個人にとっての人権性を超えて、組織された学校教師の集団的自由および権限（各学校教師集団の教育自治）としての性質をともなうものといえよう[19]。

(3) 旧教育基本法10条1項による教師・学校の教育権の保障

　教師の教育の自由と学校の教育自治の保障については、戦後教育改革立法である旧教育基本法（1947年制定。以下、「旧教基法」という）の解釈にも

---

16)　東大ポポロ劇団事件に関する最大判昭38（1963）・5・22刑集17巻4号370頁。
17)　北海道・旭川市立中学校学力テスト事件に関する最大判昭51（1976）・5・21刑集30巻5号615頁（以下、「最高裁学テ判決」という）。
18)　兼子・前掲書（注1）289頁。
19)　同上289-290頁。

関わっていた。同法10条1項「教育は、不当な支配に服することなく、国民全体に対し直接に責任を負つて行われるべきものである。」が有する意義として、次の点を確認しておくことが重要であろう。

　第一に、旧教基法10条1項の立法過程では、当初「学問の自由と教育の自主性」、「教育権の独立」という文言により学校教師の教育権保障の原理を示すことが考案されていた事実である。したがって、最終的に教育に対する「不当な支配」の禁止という文言が採用されたが、そこには立法者意思として教育の自主性保障の趣旨が含意されていたといえる。第二に、「直接に責任を負つて」という文言は、教育を国政の一部とみて議会民主制の政治的ルートを通して間接的に行政責任を負うのではなく、各学校の教師が日常的にその教育活動のなかで父母・子どもをはじめ国民の教育要求に応えていく文化的な直接責任を負うことを意味するものと解される。第三に、そのような教育の自主性と直接責任性は、学校教育においては個別教師を超えた組織的・集団的な自治の保障と必然的に結びつくこととなる。とりわけ全校的な教育活動は、教師集団全体で決定し、共同で教育責任を果たさなければならないものであって、個別教師の教育権行使と有機的に結びつく、その必須の学校制度的前提をなす活動である。したがって、旧教基法10条1項には、教育条理上の法原理として「学校の教育自治」の保障が含まれると考えられる[20]。

　以上のように、「教師の教育の自由」は、憲法26条、憲法23条および旧教基法10条1項の総合的・体系的な解釈から裏づけられる。

## Ⅲ　教育の自由論の歴史的意義

### 1　国家の教育権力から国民の教育の自由への転換

　西欧教育法史においては、19世紀の「教育の自由」を基本とする私教育法制の時代から、20世紀に入って「教育を受ける権利」を基本とする公教育法制の時代へと変遷してきたとみられる。これに対してわが国では、明治憲法

---

20)　同上298頁。なお、現行の教育基本法16条1項には「直接に責任を負つて」との文言はないが、教育の直接責任性は当然に前提にされていると解される。

下の天皇制国家教育体制のもとで教育は臣民の義務とされ、人権としての「教育の自由」はそもそも成立する余地がなかった。そこで、20世紀半ばに制定された現行憲法は、社会権条項の一つとして「教育を受ける権利」のみを明文化したが、その前提となるはずの「教育の自由」も、基本的人権の包括的な保障の内容として同時に認めていると解すべきであろう。

　兼子教育法学における「教育の自由」論を理解する前提となる着眼点として、現行憲法下の教育は、かつて置かれていた政治権力の領域から、国民の自由の領域へ転移したというとらえ方がある。「戦後改革において日本国憲法は、法的意味で"教育の国民主権主義"を採ったのではなく、まさに国民の教育の自由を保障することによって、教育を国政と国家権力の領分から文化と個人的自由の領域へ移しかえたのである」[21]。つまり、明治憲法から現行憲法への転換は、政治原理としての主権の所在という点では、天皇主権から国民主権への変革を意味し、それにともない教育制度に関しても勅令主義から法律主義への切替えをもたらしたが、それは教育それ自体について法律主義を採用したと理解すべきではない。教育は、国民の自由人権の一つとして、憲法上の保障をうけることになったということである。

## 2　憲法26条「教育を受ける権利」の法的性質をめぐる解釈

　憲法26条に規定された「教育を受ける権利」がどのような法的性質をもつかについては、学説の分かれがあった。戦後当初に唱えられた憲法学の通説は、憲法25条の生存権保障に続く社会権的な性格の規定ととらえ、これをもっぱら教育をうける機会の均等を図るために必要な経済的配慮を国家に要求する権利と解するものであり[22]、経済的機会均等説（経済的生存権説）と称することができる。

　他方、国民主権憲法下の教育は、主権者である国民が次の時代の主権者となる国民を憲法理念に即して行う教育だとする観点から、将来の国家を担う健全な民主政治的能力を備えた主権者を育てることを教育の目的とし、その

---

21)　同上213-214頁。
22)　宮沢俊義『憲法Ⅱ』（有斐閣、1959年）413頁など。

ような内容の教育を国家に要求する権利も同条による保障に含まれると解する主権者教育権説ないし公民教育権説（政治的生存権説）が主張された[23]。ただし、この説については、現行憲法が採用する民主主義、平和主義などを教えることが教育内容上望ましいとしても、憲法が採用する特定の価値観の教え込みは「教化」であり、それを国家に要求することは是認しがたいとの批判があった。

　これらに対し、教育の自由論の立場から提唱されたのが学習権説ないし人間的成長発達権説（文化的生存権説）である。同説は、人間教育的な教育観を前提とした憲法26条と憲法23条・旧教基法10条との総合的・体系的な解釈に基づき、子ども一人ひとりが学習によりその能力をできるかぎり伸ばし、人間らしく成長発達していくことを権利として保障する趣旨と解する。この学習権は、生存権の文化的側面に当たるが、その自由権性に着目して、子どもの学習の自由には多様な価値観や歴史観を学ぶ自由が含まれるとする[24]。

## 3　教師の教育の自由の人権性

　教師の教育権の法的性質に関して、兼子教育法学は、その初期である1960年代前半には職務権限独立説を採っていた。すなわち、「何が教育内容たるべき真理であり何がよい教育方法であるかは、法的な上下関係によって決定することはできず、……各学校の教員組織により、自律的・集団的に決定されるのでなければならない。」「個々の教員は、教育権限の行使（内的事項・教育課程管理）については、大綱的な基準立法および職員会議・学内委員会など学校の教員組織の議決に拘束されるほかは、『職務上の独立』を保障されており、指揮監督・職務命令をうけない」[25]。そして、この教師の教育権限の独立は、児童生徒の教育をうける権利を国家的に保障するため、社会法上の「制度的保障」として認められるものであり、客観的な法制度として憲法上の保護が与えられるが、権利の保障とは異なり、その侵害を理由に直ち

---

23)　永井憲一『憲法と教育基本権』（勁草書房、1970年）49、251、259、277頁など。

24)　兼子・前掲書（注1）202・228頁参照。

25)　兼子仁『教育法』（有斐閣、1963年）126-127頁。

に裁判的救済をうけることはできないとしていた。同説に対しては憲法学や教育学の立場から強い批判が寄せられ[26]、これをふまえて改説し、教師の教育権の人権性を肯定したのが教師の教育の自由説である。

　それによれば、教師の教育権には、人権性と自治的権限性の両者を併有する複合的性格がある[27]。人権としての性格に関しては、既述のとおり、①憲法23条「学問の自由」に真理を教育する自由の保障が含まれること、②憲法26条「教育を受ける権利」を保障するために子ども一人ひとりの成長発達を見定める専門的教育の自由が必須と考えられることから、教師個々人にその人権性が認められ、それらの教師の集合体である学校教師集団にも、全体として人権主体性が肯定される。他方、学校の教員組織が全校的教育事項（教育課程編成・教育校務分掌・学校行事など）に関して行い、共同で教育責任を果たさなければならない教育活動は、それ自体は教師の人権ではないが、学校の教育自治の内容をなすものであり、公教育組織内における制度上の独立した「教育権限」として保障されるものと解される。

## 4　最高裁判決による「教育の自由」論の受容

　最高裁学テ判決は、最高裁として初めて子どもの学習権を承認するとともに、教育法学において論じられてきた各「教育の自由」について、それぞれ憲法上の根拠があると明示したことが注目される。すなわち、親の教育の自由は、「親は、子どもに対する自然的関係により、子どもの将来に対して最も深い関心をもち、かつ、配慮をすべき立場にある」という理由で、家庭教育等の学校外の教育や学校選択の自由を中心に認められ、国民の教育の自由は、「私学教育における自由」を例示し、限られた一定の範囲で肯定されるとした。

　さらに教師の教育の自由について、「憲法の保障する学問の自由は、……

---

26)　有倉遼吉『憲法理念と教育基本法制』（成文堂、1973年）68-73頁、宗像誠也『教育行政学序説〔増補版〕』（有斐閣、1969年）264-266頁など。

27)　兼子・前掲書（注1）273-274頁、堀尾輝久・兼子仁『教育と人権』（岩波書店、1977年）357-360頁［兼子執筆］。なお、若干ニュアンスは異なるが、内野正幸『教育の権利と自由』（有斐閣、1994年）120-123頁も、教師の教育権が職務権限性と人権性の両面の性質を有することを肯認する。

204 第五部 教育法学と教育法の過去・現在・未来

普通教育の場においても、例えば教師が公権力によって特定の意見のみを教授することを強制されないという意味において、また、子どもの教育が教師と子どもとの間の直接の人格的接触を通じ、その個性に応じて行われなければならないという本質的要請に照らし、教授の具体的内容及び方法につきある程度自由な裁量が認められなければならないという意味においては、一定の範囲における教授の自由が保障されるべきことを肯定できないではない」とし、制限つきではあるが憲法23条の保障が及ぶことを明らかにした。

　かくして、とりわけその帰趨に様々な議論があった教師の教育の自由に人権性があることが、最高裁によっても確認されたことには重要な意義があったといえる。

## Ⅳ　教育の自由論をめぐる現代的状況

### 1　教師の教育の自由論に対する批判とその克服

#### (1) 教師の教育の自由論の先行的展開

　教師の教育の自由論に対しては、1980年代に入って以降、憲法研究者を中心にその人権性を否定する議論が提起されるようになってきた。教師は学校設置者の機関（agent）であるから人権の主体にはなりえず、公教育制度のもとで教師の職務権限の独立を認められるのにとどまり、「制度上の自由」としての性質を有するにすぎないというのである[28]。また、ほぼ同時期から多発するようになった子どものいじめ・体罰等をめぐる裁判の展開をうけて、子どもの人権擁護の法理を唱える論者からも、従来の教師の教育の自由論は、子どもの学習権や親の教育権を名目的・副次的に語っているにすぎず、学校による子どもの人権侵害の重大性を軽視していると批判された[29]。

　しかしながら、教師の教育の自由論は、1960-1970年代に国・文部省（当時）

---

28)　奥平康弘「教育を受ける権利」芦部信喜編『憲法Ⅲ人権（2）』（有斐閣、1981年）417頁、戸波江二「教育法の基礎概念の批判的検討」戸波江二・西原博史編『子ども中心の教育法理論に向けて』（エイデル研究所、2006年）23-24頁、西原博史「愛国主義教育体制における『教育の自由』と教育内容の中立性」日本教育法学会年報32号（有斐閣、2003年）113頁など。
29)　今橋盛勝『教育法と法社会学』（三省堂、1983年）129、355-357頁。

と教師・教職員組合との間で生じた教育裁判において、主に国家の教育介入をめぐる一大争点に対する解釈論的研究の必要から理論化されたものであり、教師の教育権論が子どもの学習権や親の教育権に先行して展開されたのは、いわば時代的要請によるものであった[30]。また、最高裁学テ判決により職務権限にとどまらない人権性が確認されたことは、同理論が国家権力との対決における防波堤の役割をそれなりに果たしたものと評価することができよう。

(2) 教師の教育の自由限定論の克服

　最高裁学テ判決は、「普通教育においては、児童生徒にこのような（教授内容を批判する—筆者注）能力がなく、教師が児童生徒に対して強い影響力、支配力を有すること」、また、「子どもの側に学校や教師を選択する余地が乏しく、教育の機会均等をはかる上からも全国的に一定の水準を確保すべき強い要請があること」等から、普通教育における教師に完全な教授の自由は認められないとして教師の教育の自由に限定を付したが、そこには克服すべき重要な論点が含まれている。本来、このような子どもの未成熟等を理由とした教師の教育の自由の限定づけは、子どもの学習権を保障するための内在的制約と解すべきものであって、教師の教育の自由が、独善的決定を許すような自己完結的自由を意味するものでないことは当然というべきであろう。教師の教育的判断の適切性は、教師集団内での相互批判、子ども・父母との応答、外部からの高度の教育専門的な指導助言等により担保されるべきであり、その教育の自由は、応答責任をともなう"開かれた自由"であると考えられる。この点、最高裁学テ判決は、そのような社会的自律作用による抑制のみでは「自由の濫用等による弊害が効果的に防止されるという保障はな」いとしたが、逆に、子どもが未成熟であるからといって教育行政機関の権力的な関与が直ちに正当化されるわけでもないはずである。

　いじめ・体罰等の子どもの人権侵害事案が続発する現代的状況は深刻であるが、その背景に複雑な社会構造的要因があることに注意する必要がある。

---

30)　市川須美子「教育条理解釈にもとづく人間教育法学」兼子仁・市川須美子編『日本の自由教育法学』275-276頁、同「1990年代教育裁判と教育法学」日本教育法学会年報30号（2001年）46-47、50頁。なお、今野健一「教師の教育権と市民的自由」日本教育法学会編『教育法の現代的争点』（法律文化社、2014年）51-52頁も参照。

「教育の自由」が、最高裁学テ判決で確認されたにもかかわらず、その後の
教育裁判の判例、教育行政実務、さらに学校現場において依然として未定着
であることがその一因であることは疑いない。国は、大幅に教育内容・学校
運営へ関与する教育行政制度を基本的に維持したままであり、そのもとでの
学校における教師・生徒への管理主義の強化にともない、教師の人間的主体
性と集団責任体制の弱まり、また、地域・家庭の教育力の低下といった、子
どもの学習権を保障すべき主体の側に生じている内在的危機は看過しえない
ものとなっている[31]。これらを考慮すると、生身の教師が子どもとの直接的
な接触を通じて行う人間教育のもとでは、子どもの学習権を含む人権の最も
適切な保障主体は専門性を有する学校教師以外になく[32]、その意味で、教師
の教育の自由論は今日なお一層の通用性を求められているといえよう。

## 2　教育の自由論と公民教育法論との対立

### (1) 憲法価値教育の許否

　教育法学の通説的な理解となった教育の自由論に対し、近年、憲法学の分
野から教育の国民統合機能を重視する公民教育法論が提起され、論争的なテ
ーマとなっている。それによれば、現行憲法は民主主義、平和主義、自由、
人権などを中心的な理念に掲げており、そうした憲法的価値を将来の主権者
たる子どもにしっかり教えることは教育の重要な目的だと考えられるから、
国民を憲法が示す政治的価値を共有する「公民」として統合するために、子
どもに憲法的価値を教え込む教育は、国家的な任務として認められるべきも
のとされる[33]。

　しかしながら、人間教育という観点から考察すると、教育は、子どもの人
間的成長発達を促す営みであるはずであり、たとえ憲法的価値であっても、
特定の価値観を一方的に教え込む（植え付ける）ことは「教化」にほかなら

---

31)　市川須美子ほか編『教育法学と子どもの人権』（三省堂、1998年）13-14頁［安達和志執筆］。
32)　兼子仁「子どもの人権と教師の教育権」兼子・市川編・前掲書（注30）70-71頁、市川・同上
281、290頁。
33)　戸波・前掲論文（注28）30-32頁、内野正幸「教育権から教育を受ける権利へ」ジュリスト
1222号（2002年）104-106頁。

ず、もはや「教育」の名に値しないというべきであろう。また、特定の価値
教育が許されないとしても、現行憲法が掲げる理念は国際社会において歴史
的に発展し、現代では普遍的に承認された基本的価値であるから、憲法価値
教育は特別に肯定されるべきだとも主張されるが[34]、憲法が掲げる諸理念の
解釈にも多様性があり、必ずしも一義的にその内容が定まっているわけでは
ない。価値教育は、その内容が正しければ容認されるというのでなく、特定
の価値観をそれが唯一正しいものとして教え込むという行為自体が、内容の
いかんを問わず否認されると考えられる[35]。

　この問題は、とりわけ教育基本法・学校教育法で教育目的や教育目標が法
定されていることをどう評価するかをめぐって、大きな対立点となっている。
教育の自由論ではこれらを法的拘束力のない訓示的規定と解するが[36]、公民
教育法論においては、これらが憲法的価値に適合する内容であるかぎり、法
的効力があるものとして学校関係者を拘束すると解釈することになる。教育
基本法は、2006年に全部改正され、その前文や教育目的・教育目標の中に公
共の精神の尊重、道徳心・愛国心の涵養、伝統の継承などといった従前とは
異なる復古的な価値観が書き込まれることとなった。また、将来的に現行憲
法が改正され、憲法的価値に変更が生じたような場合を含めて、こうした事
態にあっても憲法価値教育の肯定的評価は維持されることになるのかが、公
民教育法論に対して問われることになろう。

## (2) 議会民主制的関与の要否

　公民教育法論のなかには、国民主権の憲法原理を前提に、教育内容の決定
に対する議会民主制的なコントロールを積極的に肯定する見方がある。教育
内容の決定には国民的な承認が必要であり、その「公的な決定と承認の手続

---

34)　戸波・同上30頁。なお、植野妙実子「憲法価値と公教育」日本教育法学会編『教育法の現代
的争点』(法律文化社、2014年) 30-31頁もほぼ同旨。

35)　公民教育法論に対する批判的分析として、今野健一「教育人権論の展開と教育法学の役割」
日本教育法学会年報40号 (2011年) 26-28頁、日本教育法学会編『コンメンタール教育基本法』(学
陽書房、2021年) 23-26頁［世取山洋介執筆］参照。

36)　成嶋隆「教育目的・目標法定の意義と限界」日本教育法学会編『教育法の現代的争点』(法律
文化社、2014年) 12頁、今野健一「教育目標法定の意義——教育基本法から学校教育法へ」日本教
育法学会年報38号 (2009年) 120-121頁など。

としては、まず、国会のコントロールと法律による決定が考えられる」[37]というのである。国民代表議会が行う決定・承認の民主的性格を重視するこうした主張に対しては、既述した国民主権を根拠とする「国家の教育権」論との親和性が強く感じられるとともに、教育内容の政治的中立性、そして教育に関する政治と文化の区別の必要性という点で根本的な疑問がある。政治制度としての議会民主制は、政党・党派間の様々な政策的議論と利害調整を経て、最終的には多数決により物事を決する仕組みである。したがって、教育内容を議会的コントロールのもとにおくことは、その時々の政権与党の教育政策により、教育内容が変わりうることを意味するが、教育内容の決定は本来的に政治的多数決になじまないと解される。

　また、上記のような主張には、教育内容の決定に対して公権力的関与を必要とする理由として、「教師の教育の自由」を広く認めた場合におけるその濫用の危険への強い懸念があるとみられる。これは、一部の独善的な教師による逸脱行為の可能性を過度に警戒する一方で、議会民主制の手続に基づく決定は本質的に正当性を有し、過ちを犯すことが少ないというやや観念的な信頼を背景にしているように思われる。しかし、公権力的権限も濫用される場合があり、個別教師の判断が濫用された場合とでは、前者が直ちに全国的・社会的に強い影響力を及ぼすのに対して、後者の影響力は概して限定的であるという大きな違いがある。教育に関する政治と文化の区別の必要性という観点からすると、学校制度や教育条件の整備など予算措置をともなう教育外的事項については、政治的ルートを通じて民主的に決定する必要があるが、教育の内容・方法などの教育内的事項については、教育専門職である教師をはじめ、子ども・親など教育関係者の話合いという文化的ルートを通じて決められていくべきものだと解するのが、「教育の自由」論からの応答ということになる[38]。

---

37)　戸波・前掲論文（注28）45頁。
38)　成嶋隆「国民主権原理と教育法」日本教育法学会年報47号（2018年）10-12、17-18頁参照。なお、小林直樹『現代基本権の展開』（岩波書店、1976年）325-327、333頁も、教育に関する議会民主制の手続への信頼を過度の楽観主義として批判していた。

# 第14章
# 主権者教育権説の意義と展望

斎藤 一久

## I はじめに

　学校は学校教育法に基づいて設立・運営されている。たとえば6－3－3制は、学校教育法に規定があり、9年の義務教育学校は同法の改正で導入されている。それでは、学校教育法などの法律を作るところはどこかというと、国会である。そして国会は、日本国憲法の41条以下に定められている。

　学校教育だけなく、生涯学習も、法律に根拠があり、最終的には最高法規たる日本国憲法にさかのぼるのである。それでは、逆に日本国憲法から、教育に対する何らかの指示や要請はあるのだろうか。憲法26条は、1項で「すべて国民は、法律の定めるところにより、その能力に応じて、ひとしく教育を受ける権利を有する」と規定し、2項で「すべて国民は、法律の定めるところにより、その保護する子女に普通教育を受けさせる義務を負ふ。義務教育は、これを無償とする」と規定するが、教育で何を教えるべきかについては特に書いていない（もちろんこの条文は重要なので、教えるべきではあるが）。

　しかし、日本国憲法が国民主権を採用している以上[1]、国民主権について、国民に知っておいてもらうことは不可欠である。そして国民主権が絵に描い

---

1）　日本国憲法のどこに国民主権が規定されているか、意外に探せる人は少ないのではないだろうか。答えは、前文と1条である。前文には「主権が国民に存する」とあり、1条には「主権の存する日本国民」とある。

た餅にならないよう、主権者として実際に政治に参加する手段を教育することも重要である。つまり主権者教育は日本国憲法下では求められているといえる。

　政治に参加する手段といっても、衆議院・参議院選挙から、都道府県知事選挙、同議会選挙、市町村長選挙、同議会選挙、請願、監査請求、住民投票など様々存在する。最高裁判所裁判官の国民審査や裁判員制度もある。学校においては、小学校の社会、そして中学校の公民、高校の公共や政治・経済などの教科の学習において、これらの知識を学んでいるが、そのほかに、特別活動としての児童会や生徒会なども政治に参加する手段であり、もしくは準備運動と位置づけられるだろう。地域活動、NPO・NGOの活動も政治につながることが多く、主権者教育の内容になりうる。さらに国を転覆する革命が、主権者としての究極的な手段と位置づけることができれば、革命も主権者教育の内容に入ってくる（ここまで唱える人はいないが）。

　主権者教育を主たる研究対象としているのは、カリキュラムや指導法などを研究している社会科教育学や公民科教育学であるが、これらの学問分野において主権者教育は自明の前提として扱われている。繰り返しになるが、次世代の国家の担い手となる主権者を育てることは、国を維持・発展させていくうえでは必要不可欠であり、重要なことはいうまでもないのである。

　しかしながら、教育法学では、主権者教育説ないし主権者教育論は「取り扱い注意」的な存在としてみなされてきた。それゆえ、まずは主権者教育説の主たる論者の見解を紹介し、なぜそのような独自の議論がなされてきたのか考察したい。その後、現代における主権者教育の展開について語ってみたい。

## Ⅱ　主権者教育説の意義

　主権者教育説とは、教育の目的は主権者の養成にあり、教育内容は日本国憲法や旧教育基本法に基づくべき、もしくは拘束されるという主張である。代表論者として挙げられるのは永井憲一である。概ね次のように説明できる[2]。

　日本国憲法は1947年11月3日に施行されているが、旧教育基本法はその前の3月に公布施行されている。前文に「われらは、さきに、日本国憲法を確

定し」、「民主的で文化的な国家を建設」するという理想の実現は「根本において教育の力にまつべきものである」と規定されていることから、教育に、日本国憲法の理念や価値の実現、そして擁護を託しているとされる。

　また教育の目的を定める旧教育基本法1条は、「人格の完成」を目指すだけでなく、「平和的な国家及び社会の形成者として、……自主的精神に充ちた心身ともに健康な国民の育成を期して行われなければならない」と規定されているので、「一人ひとりの国民が、国民主権に基づく"平和で民主的で文化的な、基本的人権が尊重される国"の維持と発展のための、よりよき主権者となるのに必要な教育」、つまり主権者教育が求められるとする。なお同法8条1項の政治教育（「良識ある公民たるに必要な政治的教養は、教育上これを尊重しなければならない」）も、主権者教育の根拠になるとされる。そのうえで、教育の内容は、平和で民主的な国の主権者となるのにふさわしい方向性を持たなければならないとする。

　永井説に対して、星野安三郎も主権者教育権説を支持している。すなわち憲法26条の教育を受ける権利から、教育は無内容ではなく、その内容と方法が規定され、平和と民主主義の教育でなければならないとし、個人の尊厳、人権擁護、民主主義と平和など、憲法的価値を擁護する教育が当然予想されているとする。

　日本という国家の中で、日本国憲法が最高法規として存在し、それに基づいて教育が実施されている以上、教育制度や教育内容が日本国憲法に拘束され、日本国の担い手である主権者を育成するためにあるとするのは、そこまで疑問が生ずる余地はないであろう。

## Ⅲ　主権者教育論への批判

　主権者教育論に対して、兼子仁が批判をしている[3]。兼子は、教育内容は

---

2)　永井憲一『教育法学』（エイデル研究所、1993年）60頁以下、同『主権者教育権の理論』（三省堂、1991年）226頁以下。
3)　兼子仁の教育法理論については、前章参照。

日本国憲法によって拘束されることはないとする。つまり日本国憲法の民主主義および平和主義がきわめて大切であり、民主・平和憲法の教育が目指されなければならないが、これは憲法の最高法規性に由来するものではなく、あくまで日本国憲法の内容の教育的・文化的価値が、教員らによる教育課程の編成において高く評価されているからであると説明するのである[4]。

　また、日本国憲法の原理を活かした教育でありえているかどうかが、教育論や教科教育法の重要課題となりうるとはするが、「事が教育内容である以上、日本国憲法の内容がそこでいかに教育的にうけとめられるべきか（法規範としてでなく教育内容指針としての日本国憲法）という教育理論上の問題であって、憲法なるがゆえにすべて当然に教育内容を法的に拘束する効力をもつとは解されない」（傍点筆者）と批判している[5]。

　永井説と兼子説の差は、憲法が先か、教育が先かという議論とも整理できる。永井は憲法学者であることもあり、日本国憲法を基軸に据え、教育内容にも日本国憲法の影響が規範的にもあると考えている。これに対して、兼子は教育の本質論[6]から、自由で創造的な教育空間が、法（最高法規の日本国憲法であっても）によって拘束されることについては否定的な立場なのである。

## Ⅳ　主権者教育論の再評価

　先の兼子の批判は1970年代後半に行われたものであるが、1990年代に入り、主権者教育説が再評価ないし再構成され、教育内容と日本国憲法の価値との関係性が再整理されることになった。代表格として戸波江二がいる。戸波によれば、まず教育においては教えられるべき特定の内容が存在することが認

---

4)　兼子仁『教育法〔新版〕』（有斐閣、1978年）26頁。教育課程（カリキュラム）を教員らが自由に編成できるということが前提である。
5)　兼子仁「教育の内的事項と外的事項の区別」『教育法学の課題』（総合労働研究所、1974年）304頁。
6)　教育法学では、「教育の本質」ないし「教育条理」なるマジックワードがしばしば登場するが、内容の吟味が必要である。

められなければならないとし、教えられるべき教育内容として以下の点を指摘している[7]。すなわち、①教科に関する基礎知識や理解能力・判断力の養成のための一般教育、②歴史・公民・道徳などの政治的・社会的・倫理的問題に関することがら、③政治・社会に関する基本的な原理や価値であるとする。特に③は個人の尊重、他者への寛容、差別の克服、自由な思想・表現、民主的な意思決定、民主政治、平和への志向を挙げ、これらは「まさに日本国憲法のなかで基本原理として保障されており、かつ、近代以降普遍的な原理として世界共通の価値となりつつあるもの」であり、「子どもたちにしっかりと教えられなければならない」とする。

　内野正幸も、第1に科学的真理という価値、第2に言語教育に関わる価値（主として国語だが、英語なども含む）、第3に憲法理念を内容とする価値の注入は、適切な仕方で価値を注入してもらう権利として教育を受ける権利から導けるとする。特に憲法理念を内容とする価値注入については、学校教育の場では「人権、民主制、平和などの価値が教えられるべきである」とし、「人権侵害、独裁制、侵略戦争などは、価値のあるものとして教えられるべきではない」とする。そして、実際の授業で中立性を維持するために行われている対立説の公平な紹介は、ここでは必要なく、むしろ「人権と非人権、民主と非民主、平和と非平和などをそれぞれ並列扱いする、という手法も許・されるものではない」（傍点筆者）とする[8]。

　坂田仰も同様に教育により国民に憲法価値を注入することを肯定している。すなわち公教育には個人の自由を最大限に尊重することを基本とする現在の体制を維持しつつ国民統合を図ることが要請されるとし、順法精神や政治制度の理解など必要最低限度の国民的教養（いわば、憲法的教養＝Constitutional Literacy）の範囲を議会制民主主義ルートを通して決定しようとすることは十分成立可能な考え方であるとしている[9]。

---

7）　戸波江二「国民教育権論の展望」日本教育法学会編『講座現代教育法1　教育法学の展望と21世紀の展望』（三省堂、2001年）114頁以下。

8）　内野正幸「教育権から教育を受ける権利へ」ジュリスト1222号（2002年）102頁以下。同稿の注20において、内野は教育内容要求権説に対しては批判的な立場であったが、「改説したい」とある。

9）　坂田仰『学校・法・社会』（学事出版、2002年）35頁以下。

## V　主権者教育説の弱点

　戦後の日本において、戦前の国家主義・軍国主義的教育を排除し、国民に
対して日本国憲法の民主主義や平和主義という価値を教育を通じて注入する
ために、主権者教育説は一定の説明原理として有用であったことは確かであ
る[10]。しかし同時に、主権者教育説は、原理的に困難を抱えていることも直
視せざるをえないであろう。たとえば、主権者教育説の立場を徹底すれば、
教育内容だけではなく、あらゆる教育活動に対して強制的に憲法価値が盛り
込まれるだけでなく、それが実施されているかどうかを監視する制度が必要
とされる。すなわち現行の学習指導要領も法規性が肯定され、学習指導要領
に基づいた教科書および授業が、憲法価値の最低ラインを満たしているかに
ついて、文部科学省ないし教育委員会がチェックすることになり、教育にお
ける反憲法的要素が徹底的に排除されることになる。これでは、憲法価値と
いう名のもとに、特定の思想が排除されることにつながりかねない。

　これに対して、兼子のような立場では、反憲法的な価値にどう対峙するの
かが課題として突きつけられるであろう。この立場では、教科書検定など、
国レベルで問題が生じた場合には国民の教育権から対峙し、教育現場のレベ
ルでは教員同士の相互批判によって克服するものと想定される。しかし、そ
のようなプロセスに全面的に委ねられるのか、また現実的な場面で機能しう
るのかについても疑問がないとはいえない。

　もっとも主権者教育説の支持者であっても、反憲法的な価値の排除に対し
て、ドイツの「闘う民主制」のような積極的な制度構想を提案しているわけ
ではない。特に実際の現場の教員レベルにおいて、日本国憲法の条文（規範）
について多様な解釈余地があるという点を加味すれば、主権者教育説の主張
と、兼子のいう「教育内容指針」とはそれほど差がない可能性も高い。

　また主権者教育説は、日本国籍保有者としての「主権者」の養成を前提と
している時点で、やはり時代的な制約があったといわざるをえない。憲法学

---

10)　ただし、戦後すぐに唱えられた学説ではなく、本格的に展開されたのは1970年代前半である。

において国民主権が市民主権として、教育学において主権者教育が市民性（シティズンシップ）教育として再構成される時代において、「主権者」は実質的には日本国を構成する「市民」として読み替えられるべきである。日本の国際化の中で、学校にはますます外国籍の子どもたちが増えてくることを考えると、国籍に必ずしも依拠しないような主権者教育が求められる。

　この点、SDGs などの登場以前から、グローバルなレベルでの市民性教育も模索されてきた。しかし、このようなコスモポリタニズムに依拠した教育論は、スローガンで終わる可能性も否定できない。また西欧諸国であれば人権の尊重や寛容といった意識が中心として語られうるが、新興国では「事実上愛国心や遵法精神とほとんど変わらない意味でその言葉〔市民性教育－引用者注〕が使われがち」であり、その際、「国家と個人の関係や法そのものの妥当性は問い得ないものとされることも少なくない」[11]との近藤孝弘の指摘もあり、主権者教育のグローバルな読み替えも一筋縄ではいかない。

## VI　教育における普遍的な価値

　主権者教育説は、日本国憲法の価値を普遍的な価値ととらえ、それを教育内容に要請するという主張を有している[12]。この点、植野妙実子は、普遍的な理念を教えることは、ある憲法解釈を教えこむこととは異なり、人間が生きていくうえで必要なことであり、憲法に描かれている歴史的に証明された普遍的理念は教育内容の画定に不可欠であると指摘している[13]。ここでの「憲法に描かれている歴史的に証明された普遍的理念」とは、自由、平等などの普遍的価値を想定していると考えられるが、これは、いわゆる憲法パトリオティズムの議論[14]でも指摘されるところであり、このような普遍的価値

---

11)　近藤孝弘「ドイツの政治教育」名嶋義直・神田靖子編『右翼ポピュリズムに抗する市民性教育』（明石書店、2020年）6頁以下。
12)　日本国憲法典、すなわち日本国憲法全体ではなく、あくまで日本国憲法の価値である。ここには天皇制という問題が潜んでおり、天皇制は必ずしも普遍的な価値に支えられたものではないとみなされている。
13)　植野妙実子「憲法価値と公教育」日本教育法学会編『教育法の現代的争点』（法律文化社、2014年）26頁以下。

については憲法から要請されているととらえてもよかろう。

　ただし、自由や平等などの普遍的理念を盲目的に信奉させるような教育は、教育で禁じられるべきインドクトリネーションに陥り、そのような教育は禁止されることはいうまでもない。それゆえ、憲法に含まれている普遍主義的原理の観点から、現行の様々な制度を批判的にみるパースペクティブ（憲法リテラシー）が、主権者教育説では重要になるのではないだろうか。この点、永井も、現実の政治に対する公平な批判力を主権者教育の内容として認めているところである。

## Ⅶ　憲法リテラシーへ

　憲法リテラシーについて、日本の憲法教育は、そう手放しで喜べる状況ではない。日本の憲法教育は、社会科教育学および現場の社会科教員の努力もあるものの、未だ社会科・公民科全体がそうであるように、暗記型教科とみなされる文化が存在し、かつ日本国憲法を内容として取り扱える時間数も限られていることもあり、条文中心的なものとならざるえないところがある。そして、教育基本法14条2項による学校の政治的中立性[15]と学校の事なかれ主義により、児童・生徒自ら異議申し立てができる能力の涵養まで実現できていない現実は認めざるをえないであろう。

　実際、中学校公民分野の憲法教育を含む法教育領域では、ごみ収集やマンションのルール、クラスの出し物や掃除当番の決め方といったそれほど価値の対立がみられない事例が採用されており、校則のように子どもたちにとって、よりリアルな事例が取り上げられていない。この点、法務省の法教育研究会報告書である『はじめての法教育』[16]の影響もあり、全国的に普及する

---

14)　ヤン＝ヴェルナー・ミュラー（斎藤一久・田畑真一・小池洋平監訳）『憲法パトリオティズム』（法政大学出版局、2017年）参照。

15)　斎藤一久「第14条」荒牧重人他編『新基本法コンメンタール・教育関係法』（日本評論社、2015年）54頁以下、安原陽平「第14条2項」日本教育法学会編『コンメンタール教育基本法』（学陽書房、2021年）382頁以下参照。

16)　法教育研究会『はじめての法教育』（ぎょうせい、2005年）。

ために当たり障りのない題材が選択されたという事情もあると考えられる。しかし、ブラック校則が話題になり、文部科学省が「校則は、学校が教育目的を達成するために必要かつ合理的な範囲内において定められるものです」[17]と改めて確認し、校則の見直し事例について各教育委員会などに通知を出す今日、憲法リテラシーを獲得する教育を実現するためにも、校則も含めて、学校に即したリアルな事例を取り上げ、その中で異議申立てができる能力を涵養すべきである。

　この点、参考になるのがアメリカン大学ロースクールの実践である[18]。アメリカのワシントンDCにあるアメリカン大学ロースクールには、マーシャル・ブレナン憲法リテラシープロジェクトという授業があり、ロースクールの学生が2人1組となって、近隣の高校に出向いて憲法などを教えている[19]。ロースクールの学生が担当することもあり、日本の憲法教育よりもアカデミックかつリアリティーのある点が特徴的である。合衆国最高裁判所の教育分野でのランドマーク的な判決であるティンカー判決、ブラウン判決だけでなく、いじめ、セクハラ、妊娠・中絶、持ち物検査など生徒に身近な人権問題も扱っている。当該プロジェジェクトの教科書として、ジャミン・ラスキン『我ら生徒』[20]では、以下が項目として挙げられている。

---

17)　2021年6月8日付文部科学省初等中等教育局児童生徒課事務連絡「校則の見直し等に関する取組事例について」（https://www.mext.go.jp/a_menu/shotou/seitoshidou/1414737_00004.htm［最終閲覧2022年12月1日］）。

18)　http://www.wcl.american.edu/marshallbrennan/［最終閲覧2022年12月1日］。詳しくは斎藤一久「『法教育』における憲法教育と憲法学」法学セミナー661号（2010年）29頁以下、See Maryam Ahranjani, *The Marshall-Brennan Constitutional Literacy Project: A Case Study in Law and Social Justice*, in Lynn M. Nybell, Jeffrey J. Schook and Janet L. Fin, eds., Childhood, Youth, and Social Work in Transformation（Columbia University Press, 2009）, 353.

19)　1999年にワシントンDCにあるアメリカ大学で始まり、今年で24年目となる。現在では、全米で20校、すなわち全体の約10％のロースクールにおいてプログラムが設置されている。

20)　Jamie B. Raskin, We the Students（CQ Press, 2015）. ラスキンはこのプロジェクトの創設者であり、アメリカン大学ロースクールの教授であったが、現在は、アメリカ合衆国連邦議会下院議員である。

1　「われら人民」：我々の憲法と裁判所
2　生徒の声と最高裁の選択：第1修正条項と学校内での言論
3　生徒新聞の自由：印刷に適した（学校がチェックする）あらゆるニュース
4　教会と学校の分離の壁
5　第14修正条項：生徒の身体検査
6　憲法と生徒の懲戒：学校における「デュー・プロセス」と「残虐で異常な刑罰」
7　人種差別に対する平等保護：黒人差別から多文化主義的デモクラシー
8　学校におけるその他の制限：健康、ジェンダー、市民権、性的志向
9　学校内でのハラスメント、黒板の血痕：学校におけるセクシャル・ハラスメント、いじめ、拳銃による暴力
10　生徒の健康な身体：障害、プライバシー、妊娠、セクシャリティー

　当該授業実践を参考にすれば、日本における憲法教育でも、子どもの権利を中心として、校則問題、信仰に基づく武道の拒否、国旗敬礼・国歌斉唱拒否、持ち物検査と黙秘権、少年法、障害者、LGBTQ＋、同性婚、セクシャル・ハラスメント、携帯電話の学校への持ち込み、インターネットサイトの閲覧制限、ネットいじめなど、子どもたちにとって、よりリアリティーのある問題を憲法教育として取り上げるべきであると考える[21]。

## Ⅷ　主権者教育説の展望

　主権者教育自体は、2016年に18歳選挙権が実現した際に話題になった。しかし、投票率だけをみても、2016年の参議院通常選挙の10代の投票率が46.78％だったにもかかわらず、2018年には32.28％、2020年には35.42％であった。投票率全体の平均が40％半ばであることと比較すると、投票率に伸び悩みがみられ、主権者教育が十分成功しているとはいえない状況にある。

---

21)　筆者の編集した高校生向けの憲法教育教材として、斎藤一久編著『高校生のための選挙入門』（三省堂、2016年）、斎藤一久編著『高校生のための憲法入門』（三省堂、2017年）がある。

　しかし、小学校6年生の社会科において、従来、歴史から始まっていたカリキュラムが、日本国憲法などの公民から始まるようになり、高校における現代社会が公共に新しく再編されるなど、主権者教育を含めた公民教育が現在、注目されているともいえる。

　もちろん主権者教育は選挙に関してだけにはとどまらないであろう。法教育、租税教育、人権教育など、様々に展開している。また先に示したように、憲法リテラシーとしての展開も可能であるように思われる。このような実践的な観点からすれば、教育法学における主権者教育説をめぐる議論は、かなり空中戦のようにもとらえられる。そして兼子の指摘するように、主権者教育の内容は社会科教育学に委ねるべきとも考えられる。

　ところで、教育系の大学院が修士課程から教職大学院に移行している中で、「実際の学校現場における教育活動と教育学を融合できる大学教員」が求められているという、一見、説得的なスローガンの下、実際には憲法学などの教科専門教員が削減されている状況が教育系の各大学にはある[22]。このような制度改変の中で、専門的観点からの教育内容への要請はやはり見直されてよいであろうし、とりわけ社会科において憲法学の果たす役割は大きい。実際、憲法学者は社会科の教科書を執筆し、大学入学共通テストの出題にも関係しているのであるから。

　もっとも法的拘束力という意味での要請の強度については、永井説および兼子説の両方から、引き続き、問われ続けなければならない課題ではある。

---

22)　斎藤一久「教職大学院における社会科教育――『理論と実践の往還』という理念と現実」日本社会科教育学会編『教科専門性をはぐくむ教師教育』（東信堂、2022年）219頁以下参照。

## 第 15 章

# 人権としての教育と国民の教育権

堀尾　輝久

## I　まえがき

　私たちはいま、日本国憲法のもとで、二つの教育基本法（1947年、2006年）をもっている。そうであればこそ、改めて、憲法の原理・原則を支える人間と社会・政治の思想（人権、民主主義、国民主権、平和主義）から教育の原理・原則を導き出し確認することが必要である。さらに人権としての教育及び教育の自由の原則と不可分の国民主権と国民の教育権の構造を具体的に展開することが求められている。

### 1　憲法と二つの教育基本法

　国の型、国政の根本を定める憲法とその国の教育のあり方、その原則は深くかかわっている。戦前の国と教育の姿が、帝国憲法＝教育勅語体制と呼ばれ、戦後改革によって出現した新しい姿が、憲法＝教育基本法体制といわれてきたことも、このことを示している。憲法の原理、その精神の実現は、教育に託されている。そのことを、47年教育基本法は端的にこう書いていた。

　「われらは、さきに、日本国憲法を確定し、民主的で文化的な国家を建設して、世界の平和と人類の福祉に貢献しようとする決意を示した。この理想の実現は、根本において教育の力にまつべきものである。」「ここに、日本国憲法の精神に則り、教育の目的を明示して、新しい日本の教育の基本を確立するため、この法律を制定する。」

憲法の精神に則るこの法律のめざすもの、その教育の理念・目的・その方向性は明白であろう。

私たちは、それを「未完のプロジェクト」としてとらえ、その精神の現実化をとおしてさらに発展させる課題にとりくんできた[1]。その教育基本法は2006年12月、安部内閣のもとで「改正」（実際は廃止）が強行され、（新）教育基本法がそれにかわった。

この改正は、憲法改正へのワンステップであることが危惧され、いまもその危慎はあるが、国会論議で、改正教育基本法が憲法の精神に反しないものだという政府答弁があり、改正法前文にも「憲法の精神にのっとり」という文言は残った。2009年夏の政権交代で誕生した民主党中心の政権は、2006年末の国会では自公民政権の教育基本法改正案に対して、代案を出して反対したのだった。短命に終わった民主党政権ではあったが、この民主党の教育基本法案の前文には「日本国憲法の精神と新たな理念に基づく教育」と書かれていた。その限り、憲法の精神に矛盾するものではないはずである[2]。立憲野党連合の教育政策策定の際にも新教育基本法をどうするのかは47年教育基本法の復活案も含めて問われてくる。

このようにみてくれば、いま、私たちは、日本国憲法のもとで、二つの教育基本法をもつことになるともいえる。それだけにこの時点で、原点に立ち帰って、「憲法と教育」の関係、教育をとおしてその実現が期待されている「憲法の精神」とは何なのか、それを保障する学校制度や教育行財政のあり方はどうあればよいのかについて検討することが求められている。

## 2　二つの視座から

憲法と教育の関係を問う際、人権条項の一つとして列記された「教育を受ける権利」（26条）が注目されるのは当然のことだが、問題はそこでの「教育」とは何かであり、さらに「受ける権利」を保障するのは国であるという短絡

1)　堀尾輝久『いま、教育基本法を読む』（岩波書店、2000年）。
2)　筒井美穂（文科大臣政務官）「新 政権の教育について」〈インターヴュー〉クレスコ2010年1月号。

的結論をも導きかねない。ちなみに自民党憲法改正案（2012年）にも、26条
文言はほとんどそのまま残されている。したがって私たちの「憲法と教育」
を問う視座は「人権としての教育」の思想を深めることを中軸にすえて憲法
全体を支える原理と教育の関係について検討しなければならない。

　そのためには、まず、憲法の人権条項の「人間と教育」にとっての意義を
確かめることから始め、ついで、国民主権と教育（つまりは国民の教育権）
の関係を検討しよう。その際、国際的な条約、宣言、勧告も重要なリファレ
ンスとなろう。

## Ⅱ　人権と教育

　憲法第二章は戦争放棄そして憲法前文では平和的生存権を規定し、第三章
は国民の権利及び義務を規定している。その11条には「この憲法が国民に保
障する基本的人権は、侵すことのできない永久の権利として、現在及び将来
の国民に与へられる。」とあり、13条以下に基本的人権の具体的内容が列挙
されている。そこではすべての国民が個人として尊重され、生命、自由及び
幸福追求の権利（13条）、健康で文化的な生存の権利（25条）、思想、良心、
信教の自由（19条、20条）、表現の自由（21条）、そして生涯をとおしての学
ぶ自由と教育への権利（23条、26条）、さらに労働の権利（27条）が規定さ
れている。なかでも学習と教育への権利は、それ自体人間としての基本権で
あるとともに、諸々の人権を十全のものとする条件である。このことから、
学習・教育は二重の意味で基本的人権だといえる。

　このことは、教科書裁判や教師の研修権裁判をとおして主張され、学力テ
スト旭川事件最高裁判決（1976年）でも、学習権は子どもの成長発達にかか
わる固有の権利として確認されたところである。

　学習権（right to learning）の重要性については、今日では、ユネスコ学
習権宣言（The Right to learn, 1985）に端的に表現されている。そこには「学
習権は、人間の生存にとって不可欠の手段」であり「学習権を承知するか否
かは、人類にとって、これまでにもまして重要な課題となっている」と書き
出され、個人の幸福にとっても、戦争を避け、平和をつくるためにも学ばな

ければならない、「"学習"こそはキーワードである」とある。

　さらに「学習権なくしては人間的発達はありえず」学習活動をとおして人間は「自らの歴史をつくる主体」となること、それは「人類すべての者の基本的人権」であると明記している。

　なお、ユネスコ「21世紀の教育のための国際委員会報告書」（J. ドロール委員会、1996）の英文タイトルは "Learning: the treasure within"、仏語は "L'Education; un trésor est caché dedans" となっている。"学ぶこと（教育）：そこに宝が隠されている"。英語の learning が仏語では éducation になっていることに注目。日本語の「教育」を「学び」を軸にとらえ直されねばならない。

## 1　子どもの権利と人権と子どもの人権

　憲法の保障する基本的人権は、すべての国民（ピープル）のものであるとすれば、そこには当然、子どもも含まれている。子どもも人権の主体である。憲法の人権規定は、当然、子どもにも適用されてよい。しかしそれは人権条文の字義を子どもにもあてはめる、あるいは従来の条文解釈の対象を子どもにも広げるというのではまったく不十分である。子どもの視点から、子どもの固有の権利の視点を媒介させて、子どもにとっての人権（子どもの人権）をとらえ直すことが求められている。とりわけ子どもの権利条約（1989年）を批准（1994年）したわが国においては、いまやこの視点からの思考作業は不可欠である。人権とは人間の権利だというとき、人間とは子どもであり老人であり、男であり女であり、健常者であり障害者である。人権とはそれらのすべてを貫く人間としての普遍的な権利であるという視点ととともに、その差異に即し、それぞれの生存・存在の態様、そしてライフステージ（人生段階）に応じての人間としての権利が保障されるべきだという思想もまた深められてきた[3]。

　子どもに即していえば、子どもにとっての人権とは、子どもが人間であり尊厳ある存在であるという視点を前提としたうえで、さらに、その人権とは、子ども時代の権利（子どもの権利）の視点を欠かせないことも確認されてきた。そして今日では、人権とは子ども期の権利、老年期の権利、女性の権利、

障害者の権利、外国人の権利の総体としてとらえられてよい。

## 2　子どもの権利の視点から憲法をよむ

　さて、このように人権再把握を前提として、子どもの権利（人権）の視点から、改めて憲法の人権条文を読めばどのように読めるのか。

　まず、11条の基本的人権の主体としての国民（ピープル）に子どもも含まれていることの前提的確認のうえで、13条の個人の尊厳と幸福追求の権利は、子どもにとっては何よりもまず、子どもを尊厳ある存在としてその人格を尊重すること、そして子どもが、平和的で文化的な環境のもとで生存・成長する権利、発達と学習の権利が不可欠なのである。そこではまた、とりわけ乳幼児期からの、その欲求・要求に応える受容的・応答的人間関係が保障されていなければならない。

　子どもにとっての幸福追求の権利は、生存・成長・発達の権利、学ぶ権利、あそびの権利、それを可能にする環境条件への権利、そして人間関係づくりを求める権利、それに応えるおとなたちの責任（義務）を含んだ関係的権利としてとらえられなければならない。思想・信教への自由（19条、20条）も成人だけのものではない。子どもは生まれるや否や、活発な精神・身体活動を行っている主体であり、柔軟な精神活動は豊かな人格発達の中軸を担う。憲法のいう精神の自由は、子どもにとっては上記のような精神活動の自由であり、加えて発達の可能態としてある精神の領域への権力的介入や強制に対しては格段の配慮が求められる。ファシズムは子どもの権利を踏みにじるもの（ワロン・コルチャック）というとき、その侵害の中心は、子どもの精神の自由への抑圧にほかならない。それは将来にわたっての人格権の侵害にも通じている。23条の学問の自由も、子どもを含む国民すべての学ぶ権利と自

---

3)　堀尾輝久『子どもの権利とは何か』（岩波書店、1986年）、同「いまなぜ子どもの人権か」『チルドレンズ・ライツ』（日本評論社、1989年）、同『人権としての教育』（岩波書店、1991年〔新版2019年〕）、同「地球時代の子ども観——子どもの権利条約を支えるもの」（子どもの人権を考える）日本学術会議公開講座、日学双書16（1992年）、同「地球時代へ向けて　平和人権共生の文化を」堀尾輝久・河内徳子編『教育国際資料集』（青木書店、1998年）、同『子育て教育の基本を考える』第7章（童心社、2007年）、大江洋『関係的権利論』（勁草書房、2004年）。

由を規定するものとして読まれねばならない。学問の自由は、大学人・研究者・教師に限られたものではありえない。旧来の憲法通説は抜本的に問い直されねばならない。専門家の探求の自由は、国民の学習権の特殊形態として位置づけ直されねばならない[4]。

　子どもにとっての精神活動の自由、そして学びの権利が保障されるためには、それにふさわしい環境（自然・人間関係）と教育が必要である。26条は、まさしく人間的成長・発達・そして学びの要求・必要に応える「教育への権利」規定として読まれねばならない。ときに受動的印象を与える「教育を受ける権利」の表現は「教育への権利」（right to education）と理解されねばならない[5]。

　したがってまた、押しつけ教育は、たとえそれが真理・真実であろうとも、自由な精神活動の一環としての学習の権利の視点から批判されてよい。ましてや真理・真実をゆがめる教育（教育の名に値しない）が押しつけられるとき、学習権の視点から拒否されよう。人間的成長・発達に必要な学びの要求は、現代を生きる人間としての広い教養と主権者・市民としての教養、さらに勤労者であり社会人としての教養への要求として、要求自体が発展していくのである。

　こうして、憲法の11条から27条までの条項は、子どもの視点、成長・発達する主体としての視点からの一貫する視点から読み解くことによって、人権思想そのものをゆたかにし、かつそれを根づかせる視点が得られるのではないかと考えている。そのことによってまた、憲法97条のいうように「人類の多年にわたる自由獲得の努力の成果」としての人権が「現在及び将来（傍点筆者）の国民に対し、侵すことのできない永久の権利」と書かれた意味も、より深く理解できるのではなかろうか[6]　〔なお自民党改憲案では97条は全面

---

4）　堀尾輝久「国民の学習権」『人権としての教育』（岩波書店、1991年、新版2019年）所収。
5）　堀尾輝久『教育の自由と権利〔新版〕』（青木書店、2006年）。right to education は「教育を受ける権利」と訳されてはならない。〔Cf. 世界人権宣言26條 in『人権宣言集』（岩波書店、1952年）は「教育を受ける権利」と訳したまま版を重ねている。なお堀尾輝久・家永教科書裁判証言 in『教育の自由と権利』（青木書店、1975年、新版2006年）参照。〕
6）　ユネスコ総会で採択された「現代世代の未来世代への責任に関する宣言」（1997年）。前掲注３）堀尾・河内編『教育国際資料』所収も参考になろう。

削除されている]。

　以上のように発達可能態としての子どもの人権は、個人の尊厳、幸福追求権、生存と成長と発達の権利の視点、さらにはすこやかな生存・発達のための平和的で文化的な環境への権利、発達に不可欠な受容的・応答的人間関係（子どもの権利条約12条）[7]、そして学習の権利（憲法23条とユネスコ学習権宣言）、それにふさわしい教育を求める権利（26条）であり、その教育には労働主体としての教養と、市民としての主権者としての教養が含まれている。

　このような子どもの人権の視点は人権一般を、その土台からとらえ直し、根づかようとするものである。

## Ⅲ　国民主権と国民の教育権

　つぎに国民主権と国民の教育権の関係について考察しよう。

　国民主権と民主主義を軸とする現代国家において、教育もまた、この二つの原則と深く結びついている。憲法に国民主権が規定されているといっても、国民が学校教育・社会教育をとおして真理・真実をゆがめられ、批判精神を抑えられ、マス・コミもそれに手を貸して、諾々として権力者の言に従う「国民教育」がなされているとすれば、それは国民主権の名に値しない。国民主権が内実をもつためには、国民一人ひとりが学ぶ主体、理性の主体として批判精神をもち、ゆたかな人間的感受性と共感能力が開花されていることが不可欠である。国民主権とは人民主権にほかならず、このような内実をもった国民（人民）主権によってはじめて、対外的な国家の主権、一国の独立も保たれるのである[8]。

　国民主権にとって、国民自らが学ぶ主体、教育の主人であることが不可欠

---

7)　国連子どもの権利委員会の General Comment No7 は、子どもの権利を乳幼児期からととらえることを求め、わが国でも、いわゆる意見表明権（12条）の、子どもの成長・発達に不可欠な受容的・応答的人間関係の視点からのとらえ直しもすすんでいる。

8)　フランス革命期の歴史研究をとおして、人民主権と国民主権の違いを主張してきた杉原泰雄氏は近著『憲法と資本主義』（勁草書房、2008年）で、日本国憲法の国民主権を人民主権と重ねて理解する可能性について示唆している。なお、日本国憲法成立過程でのこの論議は、堀尾輝久・山住正己『教育の理念』（東京大学出版会、1976年）戦後教育改革シリーズ第2巻、第5章に詳しい。

であり、これを「国民の教育権」（教育権は国民にあり）と表現してきたのである。こうして、国民主権と国民の教育権は不可分一体のものであり、国民から教育権を奪うことは「主権の僭奪」（コンドルセ）にほかならない。

　民主主義（デモスクラートス）と固く結びつく国民（人民）主権は、国民（人民）の教育権によって、実質的に支えられているのであり、日本国憲法のもとで国民主権を認める者は国民の教育権を否定することはできないはずである。

　戦後日本の教育をめぐる不幸な政治のもとで教育裁判が多発したが、その争いは、国家の教育権論と国民の教育権論の対立のごとき様相もみられたが、しかし国民主権に立つ現憲法を前提とする限り、国家の教育権論は成り立たない。

　その折衷的立場と見なされることの多い学力テスト旭川事件最高裁判決（1976年）も、国民の教育権論に立つものとみてよい。問題は国民の教育権論の内部に、国家あるいは行政の役割をどう位置づけているか、教育の政治的・宗教的中立性や教育の自由の内容がどのように理解されて、位置づけられているか。その違いによって、現実には複数の国民の教育権論が、ときに折衷的に、ときに対立的に論議されているのであり、いずれにせよ国民主権を認める限り国民の教育権そのものを否定することはできないといってよい。

　問題の旭川学力テスト事件最高裁判決も、私の視角からすれば、子どもの学習権を中軸とする国民の教育権論の一つの具体的展開例として、読むことができる[9]。

　そこでは、26条の解釈として「この規定の背後には、国民各自が、一個の人間として、また、一市民として、成長、発達し、自己の人格を完成、実現するために必要な学習をする固有の権利を有する」とのべ、子どもにとってはその「学習要求」の充足を「大人一般に対して要求する権利」として認め、「換言すれば、子どもの教育は、教育を施す者の支配的権能ではなく、何よりもまず、子どもの学習をする権利に対応し、その充足をはかりうる立場に

---

9)　堀尾輝久「学力テスト最高裁判決の問題点」ジュリスト1976年8月号（前掲注5）『新版教育の自由と権利』所収）。

ある者の責務に属するものとしてとらえられているのである」とのべる。

　続けてその責務を誰が負い、このような教育の内容方法を、誰がいかにして決めるのかという問題に対する「一定の結論は、当然には導き出されない」とのべ「子どもの教育の結果に利害と関心をもつ関係者が、それぞれその教育の内容及び方法につき深甚な関心を抱き、それぞれの立場からその決定、実施に対する支配権ないし発言権を主張するのは、極めて自然な成行き」であり、その主張が「矛盾対立」する場合「右の関係者らのそれぞれの主張によつて立つ憲法上の根拠に照らして各主張の妥当すべき範囲を画するのが、最も合理的な解釈態度」だとのべ、関係者である親、教師、地方行政当局、国等、教育関係者の、それぞれの責任と権限の範囲を示そうとする論旨の展開となっている。

　そして「親の教育の自由」、「教師の教授の自由」を「一定の範囲」において認め、国についても「国政の一部として広く適切な教育政策を樹立、実施すべく……必要かつ相当と認められる範囲において、教育内容についてもこれを決定する権能を有する」。しかし、その際にも教育が「本来人間の、内面的価値に関する文化的営み」であるゆえ、教育内容に関する「国家的介入」についてはできるだけ抑制的であることが要請される。「殊に個人の基本的自由を認め、その人格の独立を国政上尊重すべきものとしている憲法の下においては、子どもが自由かつ独立の人格として成長することを妨げるような国家的介入、例えば、誤った知識や一方的な観念を子どもに植えつけるような内容の教育を施すことを強制するようなことは、憲法26条、13条の規定上からも許されない」とのべている。

　さらに教育基本法10条の「不当な支配」についても「行政権力に対する抑制的態度」を表明したものとのべている。

　ここに示されているものは、子どもの学習・教育への権力的統制・介入を退けるという近代憲法・教育原則（freedom of education）の確認的表明にほかならない。

　本判決でもう一つ重要な点は、学力テストという具体的政策に即して、その合法判断を示したが、そこでは合法性と教育的妥当性を区別し「教育政策上はたして適当な措置であるかどうかについては問題がありうべく、……特

にその妥当性に批判の余地がある」と指摘していることである。

　教育政策の妥当性、ましてや教育実践の妥当性は裁判にはなじまない。そ
れゆえに教育にかかわる当事者の責任と権限を教育という事柄に即して分節
化し、関係づけ、構造化することが必要なのである。そして判決文自体がそ
の一つの試論的問題提起となっているのである。

　ここで示されていることは、子育てと教育にかかわる当事者（アクター）
としての親、保育士、教師、学校、住民・国民、行政（地方・国）がそれぞ
れ、教育的働きかけの自由（liberties of educational practices）と行政的責
任（provision）をもち、その多様な要求を討論（話し合い）をとおしてよ
り高い質のものにまとめる筋道と方法を検討することを求めるものである。

## Ⅳ　人権としての教育と国民の教育権の構造

　これを受けて、私たちは、国民主権と一体としての国民の教育権論、人権
としての教育、子どもの発達と学習の権利と教育への権利を保障するシステ
ム、そこでは誰がどのような責任を負うのか、行政の責任はどうあるべきか
と具体的に再検討、再構築することが求められている[10]。

　その際、常に意識さるべきことは、教育的働きかけは、発達と学びの主体
としての子どもの欲求、要求、関心と利益（needs と interests）を前提とし、
その自由な精神・身体活動を励まし、その可能性をゆたかに開花させる働き
かけであり、関係づくりであり、環境条件づくりにあること、そこでは「強
制」は本来的になじまないことである[11]。

　学びは子どもにとってまずは受容的・応答的人間関係の中で行われる主体
的な活動であり、刻々の発見、発明の驚きと喜びの過程である。子どものゆ

---

10)　堀尾輝久『人権としての教育』（岩波書店、1991年）、とくに、第1章「国民の学習権」、第3
章「国民の教育権の構造」参照。

11)　堀尾輝久『教育に強制はなじまない』（大月書店、2006年）。なお、教育の自由——教育の権
力的統制からの自由（Freedom of education）と教育的働きかけの自由（Liberties of educational
practices）、の二つの意味とその関連については、同書および「国民の教育権と教育の自由再論」
世界2007年12月号（『人権としての教育〔新版〕』（岩波書店、2019年）所収）参照。

たかな人格形成のためには、平和的・文化的・応答的環境のもとでの学びこ
そが保障されなければならない。

　子どもの成長・発達の筋道をその誕生からたどれば、養育の責任はまず親
にあり、保育期・幼年期をとおして親の配慮とともに保育園や幼稚園の実践、
なかまとの遊びが重要である。

　行政はそのための条件整備を整え、そのナショナル・ミニマム（保育所基
準、学校設置基準等）を保障する責任を負っている。

　地域住民そして国民もまた子どもたちの現在と未来〔未来世代の権利〕に
関心をもち、その発言が保障されていなければならない。

　子どもに働きかける当事者（アクター）たちの間には、意見の相違のある
ことも当然に予想される。親と保育者・教師、教師集団と学校、住民・国民、
そして教育行政の間の主張の違いと相互の緊張はさけられない。しかしそれ
は子どもの要求の受けとめ方を中心に、未来社会を展望しつつ、〔未来世代
の権利の視点を含んで〕討論と熟慮をとおして、より質の高い合意形成に至
る源泉でもある。

　子どもの成長と発達、学習と教育にかかわる当事者たちの責任と権限（あ
るいは権利）は、それぞれ、その歴史を含んで、その内容も異なっている。
例えば親の子どもの養育は親権とみなされ、自然権的な位置づけがなされて
きた。今日ではその権利性は子に対する親義務としてとらえられるようにな
ってきた。そして学齢期になれば、その義務は学校と教師に託される。しか
しそれは親（ないし養育者）の責任のすべてを学校と教師にまかせるという
ことではなく、教師に対して直接・間接にその要求・要望を伝え、父母間に
異論のある時は、教師を交えて話し合う「対話による合意づくり」が求めら
れる。

　そこでは学級・学年・学校 PTA がそれぞれ重要な役割りを負う。教師の
責任は教育の専門性の保持者としての資格制度（免許状）によって担保され
るものだが、さらに日常不断の研修に裏づけられた教育実践をとおして吟味
され、高められていく。教師の「教育権」が権力的に一人歩きしてはならず、
それはあくまで、子どもに対する教育責務として、また親（国民）の付託に
応じるものとしての誠実さと開かれた精神、子どもの発達と学びの権利に応

えるための不断の研修とゆたかな人間性が求められているのである。学校の管理責任を負う校長は生徒と教師、その親（保護者）との関係を調整する役割をもち、学校環境を備えるための条件整備を教育行政に求める責任を負っている。

　行政は求められる教育条件整備（教育費無償化、少人数学級、特別ニーズのある子どもへの配慮のための条件づくり等）の責任を負っている。教育の自由（freedom of education）及び教育の地方自治の原則的承認のうえでの中央教育行政と地方教育行政の責任と権限、とりわけ教育委員会のあり方も問われてくる。

　［教育の自由（freedom of education）の原理のもと、教育への権力的介入・統制の排除を前提に、］子育て教育の当事者たちの、子どもの発達と学習・教育への権利を保障するための、権利と義務の、責任と権限の関係とその構造（structure of liberties of educational practices）こそが「国民の教育権」の具体的展開として提示され、討議されなければならない。近年の「参加と共同の学校づくり」や「学び、の共同体」論はこの国民の教育権の具体的な展開の一つだといえよう[12]。


［付記］
　この論考は『日本の科学者』2010年3月号（Vol45 No3）に掲載されたものに最小限の補正をくわえたものである。
　国民の教育権論については戦後教育学とともに、その役割は終わったとして批判され、無視される事が多かったが、近年若い世代の研究者からは戦後教育学の再評価の動きがみられることはうれしい。
　批判にしろ再評価にしろ、対象とする論者（例えば堀尾）の関連論文の検討が不十分なことが多い。今回機会をいただいたので、あえて古い論文ではあるが、今後の「憲法と教育」の問題、人権としての教育の視点からの国民教育権論の展開に、学説史的視点を含めて参考にして頂きたいとの思いで掲載した。関連する著作として、『現代教育の思想と構造』（岩波書店、1971年）のほか、『人権としての教育』（岩波書店、1991年、新版2019年）がある。新版は世取山洋介解説、前川

---

12）　浦野東洋一『開かれた学校づくり』（同時代社、2007年）、佐藤学『教育改革をデザインする』（岩波書店、1999年）など。

喜平推薦なのだが、教育法研究者でこの著作（旧版も）を検討、批判したものを私は未見である。このなかに「国民の教育権と教育の自由論再考——西原博史氏の言説に応えて」（世界2007年12月号）が「追補」として収録されている。本稿を補うものである。表題に「再論」としたのもその意である。

　注記（11）の『教育に強制はなじまない』（大月書店、2006年）は、君が代斉唱予防訴訟裁判での意見書と法廷証言記録であり、私の意見書は裁判官にわかりやすく人権と子どもの権利の視点からの教育論と国民の教育権論を展開したもので、東京地裁勝訴判決（難波判決）にも貢献したと密かに自負してきたものだが、この著作｛意見書、法廷陳述｝についての専門的論評も見たことがない（なお、堀尾「君が代予防訴訟——東京地裁判決に思うこと」生活指導2007年２月号所収、cf. 映画『教育と愛国』も必見）。


　なお本書には兼子教育法学と永井教育法学の解説的論考が予定されているようでうれしいことである。教育法学会の発展を願いつつ創刊された「季刊教育法」の編集委員会では永井、兼子、堀尾の３人は毎回のように、よく論争的議論をし、学びあったのだった。兼子さんとは共著の『教育と人権』（岩波書店）があり（この私の部分を軸に『人権としての教育』をまとめた）。永井さんとは学術会議主催のシンポジウム『子どもの人権を考える』（1992年３月７日　司会・利谷信義）で議論を交わした事が懐かしく思い出される。私のテーマは「地球時代の子ども観　子どもの権利条約を支えるもの」、永井さんのテーマは「子こどもの権利条約を読む」、馬場一雄さんが「子どもの権利　小児医師の立場」から参加。条約批准の２年前のシンポだった（記録は学術会議、日学双書16号（1992年））。

　なお私は子どもの権利条約市民・NGO の代表として国連に報告書を出す仕事を続けている。事務局長は世取山洋介さんだった。会の編集で『子どもの権利条約と日本の子ども期　第４・５回最終所見を読み解く』（本の泉社、2020年）を出版した。現在は第６・７回審査へ向けての市民・NGO 報告書づくりに取り組もうとしている。

　また９条地球憲章の会代表として『地球平和憲章日本発モデル案』の解説付きブックレット（花伝社、2021年）を出したが、私自身の軍国少年から平和主義者への歩みを『地球時代と平和への思想』（本の泉社）として纏めつつある（近刊）。近況報告をかねて。

（2022年10月記）

# ［補　論］

宮盛　邦友

　堀尾輝久の教育権論の特質は、近代教育思想と近代公教育制度の連関をふまえた上での、「日本国憲法・教育基本法体制」にあり、その核心は、「人権としての教育（学習権）」である。ヨーロッパ近代における矛盾をはらんだ中で登場する「権利としての教育」の思想が、戦後日本の日本国憲法26条［教育を受ける権利］という法規定に直接的に結実した、というのが、堀尾が「日本国憲法・教育基本法体制」という用語に込めた意味である。この［教育を受ける権利］（教育への権利、学習権）は、憲法学においては、社会権として法解釈されるところであるが、堀尾は、法哲学的・法社会学的解釈によって、教育権を自由権や社会権を構成する人権のカタログの一つとしてとらえるのではなく、子どもの学習権を通して人権そのものを問いなおす、ということを主張している。すなわち、堀尾は教育権を通して、現代にふさわしい新しい人権論に挑戦している、と理解することができるのである。これは、憲法学における静態的な人権論に対する教育学を基盤とした教育法学における動態的な人権論であり、憲法学に対する一つの問題提起となっている。

　これをさらに理論的に説明すれば、人権としての教育とは、一方で、生涯にわたる発達と学習の権利によって、他方で、子どもの権利を保障・救済する主体の権利のありさまを問う子どもの権利、によって成り立っている。これは、成長・発達権と関係的権利によって構成される、堀尾の「子どもの権利論」である。特に、1989年以降、子どもの権利条約を背景として、堀尾が子どもの権利論を軸として教育学・教育法学・総合人間学を展開しているが、それは国民の教育権論の新たな地平として理解する必要があるだろう。

　これをさらに実践的に説明すれば、家永三郎教科書検定訴訟における堀尾の証言を通じて、第2次訴訟東京地裁判決である杉本判決（1970年）に堀尾教育権論が全面的に採用されていることは押さえておく必要がある。採用さ

れた理由は、法学者や歴史学者のような法解釈学や歴史実証主義では解明することができない、教育学者による、「教育とは何か」という教育条理を堀尾が証言したからであろう。堀尾教育権論は、学問と社会をつないだ思想である、ということができるだろう。

　1980年代以降、ポストモダンや新自由主義によって、堀尾教育権論は近代主義である、といったような批判がなされ、過去の遺物であるかのような理解がなされることもしばしばあるが、堀尾の学問方法意識からすれば、近代に自覚的な現代にふさわしい教育権論に挑戦した先駆的思想であることが分かる。教育法学を発展させようとする私たちにとって堀尾の教育権論は、今後もぶつかり稽古の相手として、繰り返し、学び直す必要があるだろう。

《参考文献》
堀尾輝久『現代教育の思想と構造——国民の教育権と教育の自由の確立のために』
　（岩波書店、1971年）
堀尾輝久『新版　教育の自由と権利　国民の学習権と教師の責務』（青木書店、
　2002年）
堀尾輝久『人権としての教育』（岩波現代文庫、2019年）

第 16 章

# 民主主義とシティズンシップ教育

植野　妙実子

## I　はじめに

　元来、民主政の論理は、国民の総意を代表する議会が、法律を制定し、行政を監督するものである。他方で法の支配あるいは法治国家の原理は、立法権を含めて国権の発動がすべて法に従うべきものであるとする思想である。この場合「法」は、通常の立法権に左右されず、むしろこれを拘束する法ととらえられ、自然法や人類普遍の原理を基礎にすえる憲法の優位を意味する[1]。

　今日の民主主義社会においては、民主政の論理だけをおしすすめるのではなく、法の支配や法治国家の原理と組み合わせて「民主主義（もしくは自由民主主義）」というものを定義する。この民主主義の目的は、人々の自由や権利の保障を確実なものにすることである。民主政の論理は手段としては用いられるが、人類普遍の価値やそれを体現している憲法を根底からおびやかすことはできない。これが今日の民主主義の到達地点である[2]。

　ところで、シティズンシップ教育が注目されるようになった。シティズンシップ教育とは、一般的には、子どもたちが将来、市民としての十分な役割

---

1)　田上穣治「法の支配と民主政」田上穣治編『体系憲法事典』（青林書院新社、1968年）46-47頁参照。

2)　例えば、次のものを参照。植野妙実子「フランスにおける憲法裁判と憲法学の進展」比較法雑誌55巻4号（2022年）35-68頁。

が果たせるように、近年欧米諸国の学校教育で導入されているもの、といわれる[3]。シティズンシップは、市民性とも訳され、シティズンシップ教育は公民教育、市民教育とも訳される。このシティズンシップ教育が民主主義を学ぶ教育を含むものであるなら、民主主義とは何かを知る必要がある。そしてそれがどのように具体化されているのかも知る必要がある。

　18歳選挙権の導入により、政治的教養を育む教育が再認識されるようになっている。そうしたなかでシティズンシップ教育の重要性も説かれている。民主主義の意義をとらえると同時にそれを認識するための教育が、日本においてどのような状況にあるのか検討していきたい。

## Ⅰ　民主主義の意義

### 1　立憲主義

　1789年のフランス人権宣言は、現在でもフランスで適用されている人権宣言であるが、その16条には、「権利の保障が確保されておらず、また権力の分立が定められていないすべての社会は、憲法をもたない」と定められている。すなわち、憲法には、権利の保障と権力分立が定められている必要があり、そうした憲法を持つのが、真に憲法を持っている社会であることを示している。これは人権保障が人間にとって重要である、と同時に、権力が専横でなく、分立されていて、互いに統制（コントロール）をきかすときにはじめて人権保障が十全となることを示している。そして、こうした憲法にしたがって政治が行われている国家を立憲主義国家という。

　立憲主義は今日、国家の権力を制約する思想、仕組みをさすが、いわゆる近代立憲主義に基づく国家は、硬性憲法を持ち、憲法の最高法規性を確保し、国家権力の制約を確実なものとするための違憲審査制を採用している[4]。日本国憲法においても、98条1項に、「この憲法は、国の最高法規」と定められ、これに反する法律、命令等は、効力を有しないことが明示されており、それ

---

3)　石田徹ほか編『「18歳選挙権」時代のシティズンシップ教育』（法律文化社、2019年）。
4)　長谷部恭男「立憲主義」大石眞・石川健治編『憲法の争点』ジュリスト増刊（2008年）6-7頁。

を担保するための裁判所の違憲法令審査権が81条に定められている。他方で、96条の憲法改正手続においては、国会の特別多数による発議と主権者である国民による国民投票での過半数の賛成が必要であると定め、日本国憲法の硬性度の高さも示している[5]。また憲法改正は、改正前の憲法を憲法改正手続にそって原憲法に対して修正・削除・追加等の変更を加えることをさし、憲法の理念や原則、基本的性格をかえるものとならないことも一般的に承認されている[6]。

さらに、立憲主義と、民主主義や平和主義との関係も問われる。

立憲主義と民主主義の関係においては、民主主義が多数決によって決定されることから、そのプロセスを前提にして、社会全体で統一的に決定されるべき事項と各個人、各団体の決定に委ねられるべき事項との区分が必要とされ、後者が政治的に決定されることに歯止めをかけることが重要とされる[7]。

立憲主義と平和主義との関係においては、権利の保障が十全に行われるためには、平和が前提として必要であることが指摘できる。日本国憲法は、人権保障、国民主権、永久平和主義を基本原理として掲げているが、前文に「恒久の平和を念願」し、「平和を維持」すること、そして全世界の国民が「平和のうちに生存する権利」すなわち平和的生存権を有することを定めている。また、「第二章　戦争の放棄」として、戦力の不保持・交戦権の否認を明示して、平和主義を明らかにしているが、これらは、戦争の反省をふまえ、平和でなければ人権の保障はない、という認識を示したものである。

## 2　自由民主主義

今日の民主主義は、リベラル・デモクラシー（自由民主主義もしくは自由主義的デモクラシー）と呼ばれる。ここに法の支配や法治国家の観念が組み込まれてきている。

自由主義的デモクラシーは、すべての権力が人民から発することを認め、

---

5)　大田裕之「憲法改正手続法の諸問題」大石・石川編・前掲書（注4）326-327頁。
6)　芹沢斉「憲法改正行為の限界」大石・石川編・前掲書（注4）328-329頁。
7)　この考え方を違憲審査のあり方にまで及ぼすものについては、阪口正二郎『立憲主義と民主主義』（日本評論社、2001年）参照。

同時に自由や権利を侵害しないことに留意している。ここから権力分立制の
採用の必要もでてくる。さらに、広大な領域をカバーする必要性があること
から間接民主制が一般的となり、そこに部分的に直接民主制を採用すること
で、より民意を反映する政治の遂行がなされることが認識されている。また、
権力をめぐる複数の集団の競争が重要とされ、こうした集団が政党と呼ばれ
るようになった。この集団は、政治のプロ集団となるが、間接民主制を一般
とする場合には、「人民の意思なるものがもはや生のままで表明されず、貫
徹されない」という問題を抱えることにもなった[8]。

　このような今日の民主主義においては、第一には、国民の声がより反映し
やすい選挙制度をおくことが必要となる。第二には、直接民主制の要素や参
加デモクラシーを促す仕組みを採用することが必要となる。第三には、政党
のあり方の向上や改善、政策本位の政治へと導く必要もある。政党が政策の
プロ集団としての役割を十分に果たすことが求められる。第四には、国民が
政治に常に関心をもち、自らの生活と政治がどのように結びついているのか、
個人と社会との関係を自覚する必要がある。この最後の点が、政治的教養を
育む教育やシティズンシップ教育に深く関わってくる。

　自由民主主義は歴史的に人類が獲得した知恵であり、原理でもある。対抗
するものに独裁的専横主義、ファシズムがある。独裁主義とは、特定の個人
あるいは集団に権力が独占され、大衆の政治的自由が抑圧されている政治状
態をいう[9]。ファシズムとは、全体主義の一種である。イタリアにおいてム
ッソリーニが、1921年にファシスト党を創設したときに、その名称として用
いられ普及した。主な特色として反議会制民主主義、反共産主義、反ユダヤ
主義などが挙げられる。また、イデオロギー的には、「共産主義・自由主義・
国際主義を排除して、全体主義・超国家主義・軍国主義を唱え、政治制度で
は、議会制度を否定して一党制による独裁の樹立をめざし、権力分立制に反

8)　佐々木毅「デモクラシー」大学教育社編『現代政治学事典』（ブレーン出版、1991年）705-706
頁。
9)　有澤秀重「独裁」同上729頁。さらに進んで現代の独裁を「大衆操作によって大衆の支持を調
達しつつ、遂行される少数者の専断的支配」と定義する場合もある。阿部齋「独裁」高柳先男ほか
編『政治学小辞典』（有斐閣、1999年）329頁。

対して中央集権化を求めた」との指摘がある[10]。議会制民主主義基盤の脆弱性がファシズム体制化の主因ともいわれる。

## 3　議院内閣制と地方自治

　日本においては、間接民主制を中心とする議院内閣制すなわち行政を担当する内閣が議会を通して形成され、その存立が議会に依存する、という制度を採用する民主主義国家である。議院内閣制の特徴として、①内閣は議会の意思によって形成される、②閣僚が基本的に議会に議席を持つ、③議会は内閣に対して不信任決議権を持つ、④内閣は議会に対して解散権を持つ、が挙げられる[11]。権力分立を前提としながらも立法権と行政権との間に一定の連携関係を認めることで「抑制と均衡」をはかると考えられていたが、今日ではむしろ、「融合と協働」がみられ、権力分立の点からは弱い型と指摘される。したがって、いかに統制を働かせるか、権力の暴走を抑えることができるかが課題となる。

　なお日本国憲法においては、国会と内閣の関係について、①内閣は行政権の行使について国会に対して連帯責任を負う（66条3項）、②内閣総理大臣は国会議員のなかから国会が指名する（67条1項）、③過半数の国務大臣は国会議員のなかから選ぶ必要がある（68条1項）、④衆議院で内閣不信任案が可決されるか、あるいは信任決議案が否決された場合、10日以内に衆議院が解散されない限り、内閣は総辞職しなければならない（69条）、⑤衆議院議員総選挙後に初めて国会が召集されたとき、内閣は総辞職しなければならない（70条）といった規定がある。これらの条文から、憲法は行政権の担い手たる内閣の存続が議会の信任に依存しているという意味で議院内閣制をとっているということが明らかになっている[12]。

---

10)　犬童一男「ファシズム」高柳ほか編・前掲書（注9）376頁。ナチズムはファシズムの一典型であるが議会制を利用して大衆操作をはかり、全体主義・権威主義的独裁を強めるなかで、個人主義・自由主義・民主主義などのそれまでに形成されてきた西欧的社会的価値を否定した。

11)　村松岐夫「議院内閣制」同上70頁。

12)　毛利透「第64条」芹沢斉ほか編『新教育法コンメンタール憲法』別冊法学セミナー210号（2011年）366頁。

　実際には、国会の政党分布において、自民党の圧倒的多数が示されており[13]、連立は過半数をとるための数合わせとして行われているにすぎない。このことは政党の競争作用が働いていないことを意味する。また投票率も60％に届いていない。政策を決定する選挙権の行使を国民が十分に認識していないことが表れている。しかも衆議院は政府の都合のよいときに解散が行われるような慣例が確立しており（憲法7条に基づく解散）、本来の「抑制と均衡」の作用は働いていない。また選挙制度が一部比例制を採用してはいるものの、国民の声を反映する形になっておらず複雑である[14]。

　これらのことから日本では国民の政治的無関心が拡大しており、民意に基づく政治が行われているとはいえない、と指摘できる。18歳選挙権を契機として子どもの政治的教養を育む教育が必要であるばかりではなく、大人に対しても政治に対する認識を一層高める方策が必要である。

　国レベルでの議院内閣制を補完する形で民主主義の充実を担うものとして、日本では地方自治の制度がある。地方自治は、地方分権のもとで各地域の自主性を認めるものである。地方自治の構成概念として、団体自治と住民自治がある[15]。地方自治においては国政と異なり二元型代表制統治構造をとる。二元代表制とは、憲法93条が示すように、地方公共団体の組織に関する憲法上の要件として、住民の直接公選による議員で構成される議会を議事機関として設置することと、地方公共団体の執行機関である地方公共団体の長および「法律の定めるその他の吏員」が住民の直接選挙で選ばれることが定められている。実際には、「法律の定めるその他の吏員」は存在しない。かつては、

13)　例えば、2019年の参議院選挙では、定数は124（半数改選により）であったが、自民党57、公明党14、立憲民主党17などで、圧倒的に自民党が強かった。投票率は48.8％であった。ここ10年間で行われている参議院議員選挙の投票率は50％を少しこえるほどで60％にはいたっていない。2021年11月の衆議院議員選挙では小選挙区と比例代表をあわせて465であったが、自民党が単独で国会を安定的に運営するためのいわゆる「絶対安定多数」の261議席を確保した。投票率は、55.9％であった。
14)　上脇博之『なぜ4割の得票で8割の議席なのか』（日本機関紙出版センター、2013年）参照。
15)　団体自治とは、「国から独立した団体を設け、この団体が自己の事務を自己の機関により自己の責任において処理すること」をさし、住民自治とは、「地域の住民が地域的な行政需要を自己の意思に基づき自己の責任において処理すること」をさす。松本英明『地方自治法の概要〔第6次改訂版〕』（学陽書房、2014年）1-2頁参照。

教育委員会委員が住民の直接選挙で選ばれることになっていたが、1956年に
廃止された。なぜこのような二元代表制をとるのかについては、「議決機関
としての議会と執行機関としての長とをともに直接民意に基礎をおく住民の
代表機関として対立させ、それぞれの権限を分かち、その自主性を尊重しな
がら相互の間の均衡と調和とをはかるという見地に立って、地方自治の運営
をはかろうとしている」と説明されている[16]。

　地方自治を憲法で保障することの意味については、第一に、「地方自治の
本旨」という積極的な指標を明記したことであり（92条）、国に対し地方自
治を防衛すると同時に、自治の発展を誘導する概念を有していること、第二
に、地方自治が憲法によって保障されたことで、地方自治制度の中核部分は
立法権によっても制約できないこと、第三に、自治体は行政を執行する権能
を持ち法律の範囲内で条例を制定することもできる（94条）、公共サービス
の提供のみでなく、地域の安全と秩序を維持し、福祉を増進するため、住民
を管理する権限を有することが挙げられる[17]。

　さらに、日本の民主主義において地方自治が有用であることは、次のよう
な点にある。第一に、権力の分割であり、権力が集中するとその恣意的運用
や腐敗などの弊害が多くでてくるが、権力を分割することでそうした弊害を
防ぐ。とりわけ今日においては行政権の肥大化現象がみられるが、地方自治
の強化が国の行政権の抑制につながる。第二に、民主主義の強化であり、国
民が主権者として直接に国政に参加できるのは選挙のときぐらいであるが、
地方公共団体においては、選挙のみならず、直接請求制度や住民訴訟など参
加の手段が多様に保障されている。これらの手段を活用することで住民が権
力を直接にコントロールすることができ、政治や行政に住民の意思が反映さ
れやすい。第三に、地域の実情に即した行政の確保が可能となる。自治の実
現によって、住民の多様な要求にきめ細かく応えることができる。第四に、
人権の保障であり、政治の決定過程に自らも参加することで人権意識も広が
ることになる[18]。

---

16)　野中俊彦ほか『憲法Ⅱ〔第3版〕』（有斐閣、2001）年349頁。

17)　吉田善明『日本国憲法〔新版〕』（三省堂、1995年）200頁。

　このような地方自治の実現のためには、一つには、国と二段階の地方自治体（主に都道府県と市町村）とでどのように任務分担をするのかを明確にすることが必要となる。二つには、財政の問題があり、国の支援が必要なところにゆき届くようでなければ、地方自治は画餅に帰す。さらに、そもそも地方自治体間の格差の問題も存在する。このように様々な問題を抱えているが、地方自治は教育とも大いに関わる。1995年の地方分権推進法、1999年の地方分権一括法、さらに2006年の地方分権改革推進法、2011年の地方自治法の抜本的改正などにより、地方自治の理念は一層深められてきたが、他方で財政力の強化のための市町村合併も進められている。一般的な区分では、特別区や市町村は小学校・中学校を管轄し、都道府県は高等学校を管轄するが、一連の推進や改革が教育の場にどのように影響してきたか、教育自治も同時に進められてきたと評価できるのかは疑わしい[19]。国政のみならず、こうした地方自治の意義をとらえることも政治的教養を育む教育やシティズンシップ教育には必要なことである。

　ところで、地方教育行政の組織及び運営に関する法律の改正が2014年6月に成立し、翌年4月より施行されることになった。この改正は、教育の政治的中立性、継続性、安定性を確保しつつ、地方教育行政における責任体制の明確化、迅速な危機管理体制の構築、地方公共団体の長と教育委員会との連携強化、地方に対する国の関与の見直し等制度の抜本的改革を行うものとしており[20]、首長が直接教育長を任命すること、教育長と教育委員会との関係や教育委員によるチェック機能の強化、すべての地方公共団体に首長と教育

18)　仲地博「第八章 地方自治 総説」小林孝輔・芹沢斉編『基本法コンメンタール憲法〔第5版〕』別冊法学セミナー189号（2006年）415-416頁。
19)　植野妙実子『基本に学ぶ憲法』（日本評論社、2019年）371-408頁。2000年までの状況においては次のものが詳しい。日本教育法学会編『自治・分権と教育法』三省堂2001年。文科省は新しい地方教育行政のあり方として「全国的な教育水準の確保と市町村や学校の自由度の拡大」、「説明責任の徹底」、「保護者や地域住民の参画の拡大」を挙げている。文科省のHP、初等中等教育局初等中等教育企画課によるものであるが、この登録は2009年以前である。https://www.mext.go.jp/b_menu/shingi/chukyo/chukyo0/toushin/attach/1382462.htm, last visited, 7 October 2022. また次のものも参照。小川正人「自治体行政の環境変容と地方行政の課題」http://www.nier.go.jp/06_jigyou/symposium/sympo_r01_02, last visited, 20 October 2022.
20)　文部科学省初等中等教育局長通知、26文科初第460号（平成26年7月17日）参照。

委員会で構成する総合教育会議を設置し、教育に関する大綱を首長が策定することなどがもりこまれた。

　このように国の教育政策のあり方もさることながら、地方自治体の存在は教育のあり方に重要なものでもあることから、地方自治体がどのように運営されているかは、常に住民が関心を持ってみるべきことといえる。

## Ⅲ　シティズンシップ教育の意義

### 1　教育基本法14条の解釈

　教育基本法14条は次のように定める。

「第14条1項　良識ある公民として必要な政治的教養は、教育上尊重されなければならない。

2項　法律に定める学校は、特定の政党を支持し、又はこれに反対するための政治教育その他政治的活動をしてはならない。」

　旧教育基本法8条も、ほぼ同様の条文を持っていた[21]。14条は、教育において「政治」をどのように扱うかについて定めた条文である。教育基本法前文及び1条で定める教育目的を実現するために領域を「政治」に特定して教育内容を定めた条文である。前文には、「民主的で文化的な国家を更に発展させる」ことを願うとし、1条には、「教育は、人格の完成を目指し、平和で民主的な国家及び社会の形成者として必要な資質を備えた心身ともに健康な国民の育成を期して行われなければならない」ことが掲げられている。

　既述したように、民主主義社会においては、国民は主権者として国家や社会を形成し、諸課題の解決に主体的に参加・参画することが必要とされる。その前提となるのは、「政治的教養」であり、それは教育を通じて伝えられる。したがって14条は、憲法上の参政権や表現の自由などを行使する主体の基本権能力の実質化を図るために不可欠な条文である[22]。

---

21)　旧教育基本法8条の解釈及びその改正動向については、植野妙実子「政治教育（8条）」日本教育法学会編『教育基本法改正批判』法律時報増刊（2004年）108-111頁。
22)　斉藤一久「教育基本法 第14条」荒牧重人ほか編『新基本法コンメンタール教育関係法』別冊法学セミナー237号（2015年）55頁。

　しかしながら１項では、良識ある公民として必要な政治的教養が教育上尊重されるべきとするが、２項では、法律で定める学校は、政治教育その他政治的活動をしてはならないとして、政治的中立性の確保を促している。そこから旧教育基本法８条をめぐっても、この関係をどのように解釈すべきか問題となっていた。両者の関係については１項に重点があるとするのが通説的見解で、「１項所定の政治教育を実現するために、またそのかぎりで２項所定事項が禁止されるという関係にある」と説かれていた[23]。

　この政治的教養とは、①民主政治、政党、憲法、地方自治等、現代民主政治上の各種の制度についての知識、②現実の政治への理解力、及びこれに対する公正な批判力、③民主国家の公民として必要な政治道徳及び政治的信念などであり、単に知識として身につけるにとどまるものではないと解されている[24]。

　こうした政治的教養が適切に養われるよう努めるべきであるが、２項に示すように党派的政治教育に陥ることがないようにすることが必要である。ただし、２項の解釈において、禁止される政治教育の対象を「直接・間接を問わず、特定の政党を支持し、又はこれに反対するための政治教育、すなわち党派的政治教育をいう」としている[25]のは、対象が広すぎるという批判ある[26]。つまり「間接」まで含むことは禁止の対象の範囲が曖昧になり、わかりづらくなる。党派性が明らかな場合に限るべきである。実際、政策を取り上げて批判したり、行われている政策とは異なる、あるべき政策を考えたりすることは十分に政治的教養を育むことにつながるものである。

　2015年６月の公職選挙法の改正の成立（改正国民投票法の成立は2014年６月）により、選挙権の年齢が20歳から18歳に引き下げられた。同時に選挙運動の禁止も20歳未満から18歳未満に引き下げられた。2016年６月から施行されている。このような改正にともない、政治的教養を育む教育は重要性を示

---

23)　森英樹「教育基本法　第８条」永井憲一編『基本法コンメンタール教育関係法』別冊法学セミナー115号（1992年）52頁。
24)　田中壮一郎監修・教育基本法研究会編『逐条解説改正教育基本法』（第一法規、2007年）164頁。
25)　同上166頁。
26)　斉藤一久「教育基本法　第14条」荒牧ほか編・前掲書（注22）56頁。

している。にわかにシティズンシップ教育の必要性が指摘されるようになってきたのもそのためである[27]。

## 2　子どもの権利条約

　政治的教養を身につけさせる教育は、単に知識や理念、原則を教える教育ではなく、生徒自身が自分で考え、意見を発表したり議論をしたりすることが重要となる。そのため各学校には自治会活動や各種の運動や団体も存在する。しかしこうした活動はややもすると政治的活動ととらえかねない。1969年、文部省通達「高校における政治的教育と政治的活動について」（文初高483号）においては、生徒が本来の教育活動の目的を逸脱して、政治的活動の手段として学校を利用することは許されない、としていた。おりしも全共闘運動の影響が高校にも波及しているときであった。

　1989年11月20日に国連で採択された子どもの権利条約は、日本において1994年5月22日に発効している[28]。その12条には子どもの意見表明権、13条には子どもの表現・情報の自由、14条には子どもの思想・良心・宗教の自由、15条には子どもの結社・集会の自由、16条には子どものプライバシー・通信・名誉の保護、17条には子どものマス・メディアへのアクセスが定められている。もちろん、これらの権利が全くの制限なしに認められているわけではない。12条は、「自己の見解をまとめる力のある子ども」に対する権利としている。13条2項では、一定の制約があることを明らかにし、その制限が法律によって定められ、かつ、①他の者の権利または信用の尊重、②国の安全、公共秩序または公衆の健康もしくは道徳の保護、という目的のために必要とされるもの、としている。それ以外の自由も公共の安全、公共秩序、公衆の健康もしくは道徳の保護または他の者の権利及び自由の保護のために民主的社会において必要なもの以外の制限は課すことはないという形で定められている（14条、15条）。また15条には、国の安全も制限の対象に挙げられている。

---

27)　総務省は高校生副教材『私たちが拓く日本の未来』を主権者教育の取り組みとして示している。
28)　例えば、広沢明『憲法と子どもの権利条約』（エイデル研究所、1993年）は、日本における子どもの権利条約からくる課題を扱っている。

17条には、子どもの多様な国内的および国際的な情報源からの情報および資料等へのアクセス、いわゆる知る権利の保障を示している[29]。こうしたことからも子どもの意見表明権を中心にすえた政治的教養を育む教育は重要だといえるが、日本では、積極的になされてこなかった。むしろ教育基本法14条2項に抵触するのではないかという現場の教師の萎縮がみられた。また学校教育措置と子どもの市民的自由との衝突が指摘されていた[30]。他方で、常軌を逸した厳しい校則を持つ学校もあり、そもそも学校の場自体で子どもの権利や自由の尊重が行われていない場合もある。子どもの個人の尊重や人格権の尊重、すなわち子どもの権利や自由の保障は政治的教養を育む教育の基本にあるものである。こうした自覚が教師や学校には求められる。

## 3　シティズンシップ教育

　2000年代に入って、シティズンシップ教育が注目されるようになってきた。イギリスでは、若者の政治的無関心の増加や社会意識の低下という状況の改善のために2002年ブレア政権がシティズンシップ教育をはじめた。これはクリックレポート『シティズンシップのための教育及び学校における民主主義の教育』に基づくもので、シティズンシップの教科内容は、政治的リテラシー、共同体参画、社会的道徳責任、とされている[31]。その背景には移民の流入とイギリスが出生地主義をとるため、「イングランド人とは何かというアイデンティティが揺らいでゆく」というものがあり、「それを、コミュニタリアン（共和主義）的なアプローチで統合をめざす」とするものであった[32]。

---

29)　子どもの権利条約の現実については、永井憲一・寺脇隆夫編『解説子どもの権利条約』（日本評論社、1990年）参照。
30)　中川律「学校教育措置と子ども・生徒の市民的自由」日本教育法学会編『教育法の現代的争点』（法律文化社、2014年）336-341頁。また西原博史『学校が愛国心を教えるとき』（日本評論社、2003年）も参照。
31)　杉浦真理『シティズンシップ教育のすすめ』（法律文化社、2013年）14-15頁。またシティズンシップ教育に消極的であったイギリスが積極的になる経緯、手法、課題については、大村和正「イギリスにおけるシティズンシップ教育の政治」石田徹ほか編・前掲書（注3）104-123頁参照。なお、クリックレポートについては長沼豊・大久保正弘編『社会を変える教育』（紀伊国屋書店、2012年）参照。
32)　同上16頁。

手段としては、多くのワークショップを通じての教育、あるいはディスカッ
ショングループが活用されている、という。また、ボランティアを含むコミ
ュニティワークを含む奉仕（サービスラーニング）の重視もある[33]。

　日本では、2004年に経済産業省が調査研究「社会の階層化と分裂の政策的
インプリケーション」を実施して、社会における階層化や分裂現象が顕著と
なっていることを問題提起し、その有効な解決方策の一つとしてシティズン
シップ教育の可能性を示唆した[34]。

　その後、2006年に経済産業省は、三菱総研の協力を得て「シティズンシッ
プ教育宣言」を出している。そこには次のように書かれている。「わが国の
社会が、市民一人ひとりの権利や個性が尊重され、自立・自律した個々人が
自分の意思に基づいて多様な能力を発揮し、自己実現するとともに、地域や
社会での課題を見つけ、その解決やサービス提供に関する企画・検討、決定、
実施、評価の過程において、個人としての権利と義務を行使しながら、多様
な関係者と積極的に（アクティブに）関わることで成り立つような社会であ
ってほしい」、「それが、社会の持続的な発展にもつながる」としている。

　成熟した市民社会形成の兆しがあるにもかかわらず、社会の複雑化が進行
し、市民が容易に自発的に社会との関わりを持てる環境にはない。社会人に
求められる能力獲得への期待が高まっているが、そうした教育学習環境が未
整備であるので、シティズンシップ教育を普及させて、市民一人ひとりの権
利や個性が尊重され、自立・自律した個人が自分の意思に基づいて多様な能
力を発揮し、成熟した市民社会が形成されるようにする、と述べている[35]。

　この場合のシティズンシップ教育は、教基法14条1項に基づく政治的教養
を育む教育も含んではいるが、シティズンシップが発揮される分野として、
公的・共同的な活動（社会・文化活動）、政治活動、経済活動の三つの分野
を挙げているように、多方向的・多分野的なものであり、よりよい社会の実

33)　同上16頁。
34)　小玉重夫「主権者教育を推進していくうえでの課題」文部科学省主権者教育推進会議2019年
9月17日資料3、3頁。
35)　この宣言は、経済産業省『シティズンシップ教育と経済社会の人々の活躍についての研究会
報告書』（2006年3月）によるものである。

現に寄与するという目的の下で、権利と義務を行使し、多様な関係者と積極的に関わる人間を育成する教育としている。確かに政治的活動と経済的活動、社会的活動は深く関わっている[36]。しかし、各分野において他者との関わりを積極的にすることがシティズンシップ教育の真髄だとはいえないであろう。

## 4　18歳選挙権

　2011年12月総務省では、常時啓発事業のあり方等研究会の最終報告書『社会に参加し、自ら考え、自ら判断する主権者を目指して〜新たなステージ「主権者教育」へ〜』をまとめている。そこには、「選挙は、民主政治の基盤をなすものであり、選挙が公正に行われなければその健全な発達を期することはできない。このことは、国民一人ひとりが、政治や選挙に十分な関心を持ち、候補者の人物や政見、政党の政策を判断できる目を持ち、自分の一票を進んで投票することをもってはじめて達成できる」とし、「選挙時だけではなく常日頃からあらゆる機会を通じて、政治・選挙に関する意識の醸成、向上を図っていくことが重要」として常時啓発の必要性を述べている。しかしながら、投票率の低さや若者の選挙離れがみられるなかで、諸外国では政治教育に積極的に取り組んでいるのに対し、日本では、「児童・生徒が学校内の身近な問題について自分たちで考え、主体的に発言し、決定に参画していくという学校民主主義の実践がほとんどなされていない」と指摘し、「将来を担う子どもたちに対し、主権者としての自覚を促し、必要な知識と判断力、行動力の習熟を進める政治教育を充実させること」を取り組むべき課題としている。そしてこうした主権者教育のキーワードとして「社会参加」と「政治的リテラシー」を挙げている。常時啓発のあり方として主権者教育を提唱して、国として取り組むべき具体的な方策も示している[37]。

---

36)　植野妙実子「若者・子どもの権利を考える」人権のひろば146号（2022年）1-4頁参照。
37)　常時啓発事業のあり方等研究会最終報告書『社会に参加し、自ら考え、自ら判断する主権者を目指して〜新たなステージ「主権者教育」へ〜』（2011年12月）。ここにおける「主権者教育」は、いわゆる主権者教育権論が憲法改正への批判を意識しつつ展開しているのとは異なり、「まっさらな主権者教育」である。しかしながら、その内容としては後者も、現代民主政治に関する各種の制度に関する知識、現実の政治の理解力と、公正な批判力、主権者としての実践的な政治道徳及び政治的信念、を示し、類似性がみられる。永井憲一『主権者教育権の理論』（三省堂、1991年）255頁。

　日本において、政治的教養を育む教育についての扱いの変化がみられるのは、日本国憲法の改正手続に関する法律の一部を改正する法律（平26法律75号）が成立してからである。この改正により、2018年6月21日以後に行われる国民投票から18歳を迎えた者が投票権を有することになった。あわせて公職選挙法も改正され（平27法律43号）、2016年6月19日以後に初めて行われる国政選挙から、18歳を迎えた者が国政選挙および地方選挙において選挙権を有し、さらに選挙運動を行うことが認められることになった。

　これにともない高等学校、中等教育学校及び高等部をおく特別支援学校（以下高等学校等という）にも国民投票の投票権や選挙権を有する生徒が在籍することとなった。これまで1969年の通知にしたがい、抑制的に行われてきた政治的教養を育む教育はここで見直しを迫られることになった。

　文科省は2015年10月20日の通知において、選挙権年齢の引下げが行われたことから、政治的教養を育む教育について、「習得した知識を活用し、主体的な選択・判断を行い、他者と協働しながら様々な課題を解決していくという国家・社会の形成者としての資質や能力を育むことが、より一層求められます」とし、「このため、議会制民主主義など民主主義の意義、政策形成の仕組みや選挙の仕組みなどの政治や選挙の理解に加えて現実の具体的な政治的事象も取り扱い、生徒が国民投票の投票権や選挙権を有する者として自らの判断で権利を行使することができるよう、具体的かつ実践的な指導を行うことが重要です」と示した。この通知にともない、1969年の通知を廃止している。

　あらたな通知においては、政治的教養の教育に関して「公民科での指導が中心となるが、総合的な学習の時間や特別活動におけるホームルーム活動、生徒会活動、学校行事なども活用して適切な指導を行うこと」としているが、学校は政治的中立性の確保をすること、教員は公正中立な立場を求められることも注意しており、実際には、この方向転換の扱いが難しいことも指摘されている[38]。

　文科省では、主権者教育の推進に関する検討チーム中間まとめを2015年3

38）　さしあたり、斉藤一久・前掲論文（注22）58頁。

月31日に出し、さらに最終まとめを2016年6月13日に出している。その最終
まとめをふまえて、同日、主権者教育の推進プロジェクトを文科省・総務省・
明推協（明るい選挙推進協会）等の連携で行うことを明らかにし、「単に政
治の仕組みについて必要な知識の習得のみならず、主権者として社会のなか
で自立し、他者と連携・協働しながら、社会を生き抜く力や地域の問題解決
を社会の構成員の一員として主体的に担う力を育む主権者教育を推進」する、
「子供たちの発達段階に応じ、学校、家庭、地域が互いに連携・協働し、社
会全体で多様な取組が実施できるよう各種推進方策を実施」する、としてい
る。ここには高等学校のみならず、小・中学校、幼稚園等、大学等も対象と
なっている[39]。

　その後、文科省では、2018年8月から2021年3月末日まで、主権者教育推
進会議が開催されている。この時点においては、主権者教育という言葉がま
さに政治的教養を育む教育として定着したかのようにみえた。

　他方で、総務省の方では、2016年7月に実施された第24回参議院議員選挙
において、新たに有権者となった18歳・19歳がはじめて選挙権行使を行った。
その動向を調査し、主権者教育の取り組みと課題について検討している。こ
こでは、18歳と19歳の投票率差（18歳の投票率に比べ19歳の投票率が約9ポ
イント低い）の分析から、主権者教育の重要性や住民票の異動にともなう選
挙制度のあり方、また学校側の政治的中立性の確保と主権者教育の取り組み
の難しさなどを指摘している。さらに今後の主権者教育は、子どもの段階か
ら自ら考え、判断する学習が重要となる、各年代に応じて身近な問題から社
会問題までを題材に様々な主体で取り組むことが不可欠としている[40]。

　結果的に、2022年度から高等学校では従来の「現代社会」に代わって新し
い必修科目として「公共」がはじまった。この科目がはたしてこれまで模索
されてきたことに応えるものであるのかが問われる。つまり、生徒が近い将
来、社会に参画し、様々な課題と向き合い、それを解決する力を養うことに

---

39)　文部科学省「主権者教育の推進に関する検討チーム」最終まとめ～主権者として求められる
力を育むために～、https://www.mext.go.jp/a_menu/sports/ikusei/1372381.htm, last visited, 7
October 2022.

40)　総務省の主権者教育の推進に関する有識者会議「とりまとめ」（2017年3月）。

つながるものであるのか、さらに導入の契機となっている政治的教養を一層
高めるものとなっているのか、が問われる。

　私見では、政治的教養を育む教育は、個人の尊重、平等原則、権利や自由
の保障、民主主義、権力分立、法の支配すなわち立憲主義、そして何よりも
前提として重要な平和主義、これらを確認することがその内容をなすと思わ
れる。これらは民主主義社会に共通する普遍的な価値であり原理である。そ
うした理念や原則は日本国憲法に示されている。憲法の内容を知るというこ
とはそうした理念や原則を知ることである。また、実際に知識として日本の
民主主義のあり方を議院内閣制のみならず地方自治も含めて学習することが
必要である。しかしながら、「公共」が実際にこのようなことを学ぶ教育に
なっているのか疑問に思われる[41]。

　2016年6月27日に示された高等学校学習指導要領における「公共（仮称）」
の改訂の方向性（案）からはそうしたこと、すなわち日本国憲法の理念や原
則を学ぶことが重要視されているようには読み取れない。日本国憲法に定め
られている具体的な民主主義のあり方を学ぶようにも思えない。東京弁護士
会は、新科目『公共』の教科書を策定するにあたり、生徒が日本国憲法の定
める基本原理・理念を十分学習することができる内容を盛り込むべきである、
とする意見書を出している[42]。

　文科省は、2022年6月1日に「教職員等の選挙運動の禁止等について」の
通知をだし、「公務員は全体の奉仕者であって一部の奉仕者ではなく、公共
の利益のために勤務すべき職責があり、その政治的中立性を確保するととも
に、行政の公正な運営の確保を図る必要がある」という注意喚起を行ってい
る（4文科初556号）。政治的教養を育む教育に対し、教師の言動の萎縮をも

---

41)　「現代社会」においては、「現代の民主政治と政治参加の意義」、「個人の尊厳と法の支配」と
いう項目が明示されていたが、それらが「公共的な空間における基本原理」などという何を学ぶの
かわからないものにかわってきている。『新教育課程2022年度高等学校学習指導要領ポイント解説
公民』（第一学習社、2018年）参照。さらに、公共の新学習指導要領の目標の一つとして、「公共的
な空間に生き国民主権を担う公民として、自国を愛し、その平和と繁栄を図ること」が示されてい
る。
42)　「高等学校公民科新共通必履修科目『公共』についての意見書」（2019年12月9日）東京弁護
士会会長名で出ている。

たらすものともいえる。教師の専門性に信頼を寄せて自由な教育現場を作り
出すことがなければ効果的な政治的教養を育む教育は行われまい。

## Ⅳ　まとめにかえて

　文科省は、2022年8月9日に「次代の主権者育成に求められる政治的・経
済的教養の教育に関するタスクフォース取りまとめ」を出している。ここに
きて政治的教養と並んで経済的教養が登場してくるようになった。民主主義
社会を担うことの重要性が相対的に後退しているように思える。シティズン
シップ教育の主要な柱をなす、政治的リテラシーを学ぶということは実現し
ていない。国政のみならず地方政治のあり方についても具体的に学ぶことが
求められる。
　学ぶことは生きることにつながり、生きることは学ぶことでもある[43]。学
ぶことには、自らの権利がどのようにあるか知ることも含む。こうした教育
の基本が忘れられてはならない。

---

43)　喜多明人「インタヴュー：子どもの権利と教育法の課題」季刊教育法200号（2019年）9-10頁
参照。

【執筆者紹介】（執筆順）

植野妙実子（うえの・まみこ）　　　中央大学名誉教授
宮盛　邦友（みやもり・くにとも）　学習院大学准教授
寺川　史朗（てらかわ・しろう）　　龍谷大学教授
黒川　雅子（くろかわ・まさこ）　　淑徳大学教授
坂田　　仰（さかた・たかし）　　　日本女子大学教授
馬場　健一（ばば・けんいち）　　　神戸大学教授
佐藤　修司（さとう・しゅうじ）　　秋田大学教授
松原　幸恵（まつばら・ゆきえ）　　山口大学准教授
安原　陽平（やすはら・ようへい）　獨協大学准教授
石川多加子（いしかわ・たかこ）　　金沢大学准教授
早田　幸政（はやた・ゆきまさ）　　中央大学教授
堀井　祐介（ほりい・ゆうすけ）　　金沢大学教授
安達　和志（あだち・かずし）　　　神奈川大学教授
斎藤　一久（さいとう・かずひさ）　名古屋大学教授
堀尾　輝久（ほりお・てるひさ）　　東京大学名誉教授

## 【編著者紹介】

### 植野妙実子（うえの・まみこ）

中央大学名誉教授　法学博士　専攻：憲法・フランス公法

主著に、『男女平等原則の普遍性』（中央大学出版部、2021年）、『基本に学ぶ憲法』（日本評論社、2019年）、『フランスにおける憲法裁判』（中央大学出版部、2015年）、『法・制度・権利の今日的変容』（編著、中央大学出版部、2013年）、『21世紀の女性政策』（編著、同、2011年）など。

### 宮盛邦友（みやもり・くにとも）

学習院大学准教授　専攻：教育学・臨床教育学・教育法学

主著に、『現代学校改革の原理と計画のために』（学文社、2022年）、『現代の教師と教育実践〔第2版〕』（同、2019年）、『戦後史の中の教育基本法』（八月書館、2017年）、『子どもの生存・成長・学習を支える新しい社会的共同』（編著、北樹出版、2014年）など。

## 現代教育法
げん だい きょういく ほう

2023年3月25日　第1版第1刷発行

| | |
|---|---|
| 編著者 | 植野妙実子・宮盛邦友 |
| 発行所 | 株式会社 日本評論社 |

〒170-8474 東京都豊島区南大塚3-12-4
電話 03-3987-8621　　FAX 03-3987-8590
振替 00100-3-16　　https://www.nippyo.co.jp/

| | |
|---|---|
| 印刷所 | 精文堂印刷 |
| 製本所 | 難波製本 |
| 装　幀 | 図工ファイブ |

検印省略　© M. Ueno, K. Miyamori 2023

ISBN978-4-535-52670-9　　　Printed in Japan